EL EXTRAÑO QUE LLEVAMOS DENTRO

© del texto: 2000 Klett-Cotta - J.G. Cotta'sche
Buchhandlung Nachfolger GmbH, Stuttgart
© de la traducción: Arnau Figueras Deulofeu, 2019
© de esta edición: Arpa & Alfil Editores, S. L.

Primera edición: junio de 2019

ISBN: 978-84-16601-89-9
Depósito legal: B 1730-2019

Diseño de colección: Enric Jardí
Maquetación: Àngel Daniel
Impresión y encuadernación: Romanyà Valls
Impreso en La Torre de Claramunt

La publicación de este libro no habría sido posible
sin la inestimable ayuda de Frank Müller.

arpa
Manila, 65
08034 Barcelona
arpaeditores.com

Arno Gruen

EL EXTRAÑO
QUE LLEVAMOS DENTRO

El origen del odio y la violencia
en las personas y las sociedades

Traducción de Arnau Figueras Deulofeu

Dear Vic, dear Evelyn!
This book i read first
time 2002 and second time 2005;
After the second reading I realized
the great amount of emotional
information it contains!
Then I looked to find it in
spanisch – it was'nt translated!
As it seems to me one of the
most important books I ever
read the heritage of "
my mother was "the perfect
to use it for the translation!
It's in your hand to
read it
Abraçada
Frank

arpa

SUMARIO

PREFACIO

El extraño que llevamos dentro es esa parte de uno mismo que se extravió y que durante toda la vida, cada uno a su manera, tratamos de recuperar. Algunos lo hacen luchando consigo mismos, otros destruyendo a otros seres vivos. El conflicto entre estas dos orientaciones de la vida —ambas marcadas por la misma problemática— determinará el futuro de nuestra forma de ser humanos. Mi esperanza es que este libro contribuya a que logremos contener la parte destructiva antes de que se vuelva tan potente que se nos lleve por delante. Para ello no hacen falta iniciativas revolucionarias. Lo que me gustaría es, más bien, animar al compromiso diario de atender, día tras día y en cualquier circunstancia, al corazón.

Todos hemos experimentado la opresión y el rechazo profundos. En nuestra cultura es habitual que uno sea rechazado en su infancia porque no satisface las expectativas de los adultos. Al mismo tiempo, un niño no se puede considerar a sí mismo como víctima, pues ello contradeciría el mito de que todo sucede por amor y para su bien. Así, la condición de víctima se convierte en el origen de un estado inconsciente en el que la propia experiencia se tiene que expulsar y negar como si fuera algo extraño o ajeno. A partir de entonces, la persona buscará esa parte propia, sin ser consciente de ello. Es esa búsqueda lo que nos lleva a la perdición.

Los conocimientos que le ofrezco al lector en este libro están íntimamente relacionados con la vida y el sufrimiento de mis pacientes. A ellos les doy las gracias por la confianza que hizo posible nuestra labor compartida. Los padres de algunos de estos pacientes fueron criminales nazis. El coraje que demostraron al enfrentarse a ese destino contribuyó extraordinariamente a descifrar el enigma que se esconde en la transmisión de la propia condición de víctimas mediante la agresión.

Este trabajo me hizo sentir muy presente mi propio pasado: el choque del Imperio alemán con la República de Weimar y las repercusiones que tuvo en mi familia. El miedo, el hambre, el odio ciego: todo aquello que más tarde derivó en el nazismo en Alemania fue el telón de fondo de mis propias vivencias. Eso hizo que el proceso de escritura a menudo fuera doloroso.

Así pues, le doy las gracias a la señora Gertrud Hunziker-Fromm por su compromiso empático y por su profunda humanidad, lo cual amplió mi propia perspectiva. Hago extensivo este agradecimiento también a mi mujer, Simone Gruen-Müller, quien de todo corazón me apoyó y me alentó durante este período duro para mi familia. La ayuda comprensiva y creativa de Monika Schiffer al trasladar mis palabras en un lenguaje accesible para el lector contribuyó de forma decisiva a que mis inquietudes se transmitieran de una forma más inteligible. A todas ellas les doy las gracias de todo corazón.

Zúrich, febrero de 2000

ARNO GRUEN

EL EXTRAÑO

Vivimos en un mundo en el que cada vez somos más dependientes unos de otros y en el que, sin embargo, nos volvemos cada vez más unos contra otros. ¿Por qué las personas se vuelven en contra de lo que las une, en contra de lo que tienen en común: su condición de seres humanos?

Milovan Djilas, camarada de Tito en la guerra de los partisanos contra los nazis y posteriormente uno de sus críticos más feroces, describe en su texto autobiográfico *Tierra sin justicia* (1958) los horrores de un mundo de hombres en el que la actitud humana se despreciaba por considerarse una muestra de debilidad.

En una ocasión, después de la guerra, Sekula (montenegrino y yugoslavo) se encontró con un musulmán turco. Los dos iban de Bijelo Polje a Mojkovac. No se habían visto nunca antes. La carretera rural pasaba por una zona densamente boscosa y era tristemente conocida por los atracos por la espalda. El musulmán estaba contento de ir en compañía de un montenegrino. Y Sekula también se sentía más seguro con un turco, pues era de temer que hubiera turcos partisanos cerca. Los dos conversaron de modo amigable y se ofrecieron cigarrillos el uno al otro. El musulmán resultó ser un pacífico padre de familia. Por el camino, atravesando la naturaleza agreste, los dos hombres fueron conociéndose mejor.

Djilas escribe que más tarde Sekula dijo no sentir resentimiento contra el musulmán. Para él era como cualquier otra
persona, con la única diferencia de que era turco. Pero precisamente esa incapacidad de sentir rechazo contra el turco des-
pertó en Sekula un sentimiento de culpa. Djilas sigue diciendo:

> Era un caluroso día de verano. Puesto que el camino atravesaba
> un bosque siguiendo un arroyo, los dos viajeros sentían un fresco
> agradable. Cuando finalmente se sentaron para comer algo juntos
> y descansar, Sekula sacó su pistola. Era un arma bonita, y quería
> presumir un poco. El musulmán la observó con cara de elogio y
> quiso saber si estaba cargada. Sekula asintió y en ese momento
> se le ocurrió que podía matar fácilmente al turco, solo tenía que
> apretar el gatillo. (Sin embargo, en ese momento aún no había to-
> mado la decisión de hacerlo.) Dirigió la pistola hacia el musulmán
> y apuntó justo entre sus ojos. Después dijo: «Sí, está cargada, y
> ahora podría matarte». El musulmán se rio y pidió a Sekula que
> apartara el arma, ya que se podía disparar por accidente. En ese
> momento Sekula tomó conciencia de que tenía que matar a su
> compañero de viaje. Si dejaba vivir al turco, no podría soportar
> la vergüenza y la culpa. De modo que disparó, como al azar, entre
> los ojos sonrientes del hombre.

Cuando más adelante Sekula hablaba de la situación, afirmaba que en ese momento, cuando apuntó, de broma, la pistola
a la frente del musulmán, no tenía intención de matarlo. «Pero
luego fue como si su dedo apretara el gatillo sin que él se lo or-
denara. Algo en él estalló, algo con lo que había nacido y que
no podía contener». Debió de ser el momento en que Sekula se
sintió tan cerca del turco que la vergüenza se apoderó de él. Por
absurdo que pueda parecer, hizo lo que hizo no por odio, sino
por lo contrario: mató porque no podía odiar a aquel «extraño». Por eso sentía vergüenza y se sentía culpable. La amabilidad y la bondad que percibía en sí mismo se transformaron en
una sensación de debilidad. Una sensación que tenía que apla-

car. Cuando mató al otro, mató la sensibilidad humana que llevaba dentro de sí.

Klaus Barbie, el carnicero de la Gestapo en Lyon, quien torturó hasta la muerte al combatiente de la Resistencia francesa Jean Moulin, dijo en una entrevista con Neal Ascherson en 1983: «Cuando interrogué a Jean Moulin, tuve la sensación de que él era yo». Es decir, lo que aquel asesino le hizo a su víctima se lo hizo en cierto modo a sí mismo.

A lo que quiero llegar es a lo siguiente: el odio a los demás siempre tiene algo que ver con el odio a uno mismo. Si queremos entender por qué las personas torturamos y humillamos a otras personas, antes tenemos que analizar lo que detestamos en nosotros mismos. Pues el enemigo que creemos ver en otras personas tiene que encontrarse originariamente en nuestro propio interior. Queremos acallar esa parte de nosotros mismos aniquilando a ese otro que nos la recuerda porque se parece a nosotros. Solo de esa forma podemos mantener alejado aquello que en nosotros mismos se ha vuelto ajeno. Solo así podemos vernos como personas dignas.

Este proceso interior que intento describir es omnipresente y nos afecta de un modo u otro a cada uno de nosotros. Quisiera ilustrarlo ahora con un par de ejemplos de mi práctica profesional.

Un paciente me cuenta una vivencia de su infancia. Tenía cinco años cuando su padre se permitió gastarles una broma a dos conocidos que eran hermanos. El padre llamó a los dos hermanos (vivían en casas distintas) para comunicarles que el otro hermano había sufrido un accidente. Al parecer, le parecía gracioso imaginarse a los dos hermanos corriendo absolutamente aterrados para finalmente darse de narices el uno contra el otro a medio camino. Y eso fue exactamente lo que pasó.

Ese hombre, a quien todo el mundo apreciaba por ser un padre bueno y cariñoso, negaba sus motivaciones sádicas. Su dedicación y su cuidado eran solo una pose con la que encubría lo que en realidad caracterizaba la relación con su hijo, a saber, la falta de sensibilidad y de empatía. Aunque de niño el paciente fue expuesto a experiencias dolorosas e hirientes como la descrita, como adulto a menudo se comportaba exactamente igual que su padre. Un día fue invitado a cenar en casa de un hombre discapacitado. Ese hombre le contó una anécdota en la que un taxista le había ofendido a causa de su desvalimiento, y le habló del sentimiento de miedo y de desamparo que había tenido (el hombre era parapléjico). En la sesión de terapia el paciente contó, lleno de orgullo, que había demostrado a su anfitrión la agresividad con que se habría impuesto él en aquella situación. Ya no tenía acceso a su propia sensibilidad ni a su miedo; por el contrario, rechazaba esos sentimientos, al igual que su padre, por considerarlos una debilidad.

Otro ejemplo: una paciente pasa una tarde con dos conocidos cuya aprobación personal y profesional son muy importantes para ella. Hace cuanto está en sus manos para adaptarse a sus deseos y expectativas en lo social y en lo personal. Al cabo de un rato su marido se une al grupo. Desde el primer instante percibe a ese hombre como alguien desagradable, asqueroso, repugnante. Estos sentimientos la atormentan. Pero no puede deshacerse de ellos, aunque es consciente de que poco antes, esa misma tarde, su marido le había parecido simpático y comprensivo.

En la siguiente sesión de terapia le viene a la mente una imagen de su madre. Sus relaciones, ya fuera con los hijos, su marido o sus amantes, estaban marcadas exclusivamente por el sentido del deber. Todo giraba en torno a tener una conducta correcta. La paciente siempre había ansiado una relación cariñosa y afectuosa. Sin embargo, la madre despreciaba completamente esas necesidades. No solo rechazaba todo lo que entrañara cariño por ser una flaqueza, sino que para la hija había sido una fuente de peligro mortal. La infancia de la paciente estaba marcada por acontecimientos en los que su vida estuvo amenazada. Alguna vez se olvidaron de ella siendo un bebé, otra el cochecito descendió por una pendiente a toda velocidad y volcó porque su madre lo había aparcado en una cuesta sin ponerle el freno.

Aun así, todo el mundo consideraba que la madre era sumamente cariñosa y cuidadosa.

En la sesión de terapia, la paciente se dio cuenta poco a poco de que su reacción ante su marido tenía algo que ver con la relación con su madre. Había considerado a los dos conocidos, que esperaban de ella una buena conducta y a quienes quería agradar, como su madre. Eso había desatado en ella el antiguo horror. La invadió el miedo inconsciente a haber hecho algo que contraviniera las órdenes de su madre. El dictado de su madre —que la hija tampoco debía tener ninguna relación cariñosa— no se podía contradecir. Por eso tenía que rechazar a su marido y su amor.

Otro paciente, un geólogo de cincuenta años, me habló acerca de su padre, quien luchó como voluntario en la Wehrmacht de Hitler. El padre mostraba no solo una actitud extremadamente autoritaria para con su hijo, sino que lo castigaba físicamente por las mínimas desviaciones del comportamiento prescrito. A su esposa también la trataba con desprecio y violencia. Aun así, la madre nunca protegió al niño. Solamente una vez, cuando el hijo tenía siete años, ella intervino, pues creía que el padre, furioso, le pegaría hasta matarlo. Al hijo, obediente y siempre dispuesto a someterse, en su edad adulta lo atormentaron grandes sentimientos de culpa cuando dudaba de su padre. Vino a terapia porque, a pesar de todo, había conservado la sensación de que en el mundo en el que vivía algo no funcionaba bien. El paciente había tomado tempranamente la decisión de que nunca iba a tener hijos. Siempre que oía niños llorando se ponía furioso. Experimentaba ese llanto como un intento de obligarle a aceptar algo. Eso lo ponía tan frenético que tenía miedo a arrojar un niño contra la pared en el caso de encontrarse en tal situación. Y tan lejos no quería llegar.

Ahí nos encontramos con una persona que no quiere transmitir lo que le hicieron a ella. Aun así, inconscientemente la identificación seguía influyéndole. Su reacción ante niños llorando era la reacción de su padre ante él cuando era un bebé. Su ira era la ira de su padre. Había interiorizado por completo el odio de su padre como algo propio. Así, lo propio, y también la condena de su dolor recibida de su padre, se convierten en algo ajeno para luego condenarlo fuera de las fronteras del propio yo.

Un profesor universitario de matemáticas habla en la sesión de terapia acerca de un problema que siempre tiene en sus cursos introductorios. Tiene tendencia a profundizar demasiado en la materia y a detenerse demasiado en los detalles. Eso provoca que no logre dar toda la materia que habría que impartir en la clase. Así, los estudiantes tampoco pueden aprobar los exámenes, donde no se preguntan detalles sino un amplio espectro de conocimientos superficiales. El paciente tomó conciencia de que llevaba dentro la presión por ser minucioso. Cuando le pregunto por qué tiene que ser tan minucioso, aunque en el caso descrito es más bien contraproducente, él responde: «Mi madre era casi perfecta, y mi padre daba lecciones a todo el mundo. Pasaba por encima de todo el mundo y lo sabía todo mejor que los demás. Cuando yo tenía apenas dieciocho años, estaba trabajando en el jardín y me dijo cómo tenía que coger el rastrillo. Más tarde quise demostrarle que yo podía ser aún mejor. Por eso me hice matemático. Así lo superé de sobras, pues él era solo ingeniero mecánico. Yo tenía unos conocimientos aún más esenciales y amplios».

Le expliqué a mi paciente que detrás de la sabihondez de su padre en realidad se escondía el afán de controlarlo todo. No dejaba que los demás, especialmente su hijo, viviesen su vida. El paciente me dio la razón. «Sí», dijo, «no permitía que nadie estuviera por encima de él. Él tenía el poder. Cuando mi madre me sentaba en el lavabo y yo no hacía lo que ella quería, se quejaba y blasfemaba. Entonces venía mi padre y me pegaba». Yo dije: «Para usted tuvo que ser el terror absoluto. En una situación así al niño no le queda más remedio que capitular y someterse a los padres». Él: «Sí, las víctimas se unen a sus secuestradores». Yo: «Quizá su minuciosidad sea una forma de unirse a su padre. El terror que le provocó lo llevó a identificarse con él».

El paciente quedó muy afectado. «Soy adulto y, sin embargo, siento como si dependiera de fuerzas ajenas», dijo. Observaba su comportamiento desde la perspectiva de un niño. Se preguntaba por qué nunca quiso tener hijos: «No me puedo ver como padre. Nunca quise asumir ese papel». Ahí se hizo patente su resistencia al padre cruel e imprevisible. El paciente no quería ser como él. Pero esa actitud de rebeldía casi le imposibilitaba reconocer lo mucho que había incorporado el patrón de conducta del padre. La identificación inconsciente se manifestaba, por ejemplo, en forma de problemas que guardaban relación con su necesidad de ser minucioso.

Las personas asumen los valores de sus torturadores por miedo al terror que acarrearía la vivencia de sus propios impulsos. La necesidad y el desamparo cuando somos pequeños nos hacen dependientes de nuestros padres. Para sobrevivir emocionalmente, necesitamos una cierta confianza en que los padres nos darán amor, protección y seguridad. Ningún ser desamparado puede existir siendo consciente de que las personas de las que depende física y psíquicamente se van a mostrar frías e indiferentes ante sus necesidades. Ese miedo sería insoportable, incluso mortal. Nuestra supervivencia como niños depende, pues, de que nos las arreglemos con nuestros padres; también, y sobre todo, cuando realmente los padres son fríos e indiferentes o crueles y represores.

En tal caso ocurre lo que quiero describir en este libro: lo propio se escinde como algo ajeno o extraño, pues el niño solo puede ver a los padres como personas cariñosas bajo la condición de que su crueldad se interprete como una reacción a su propio ser: es decir, en principio los padres son buenos; y, si alguna vez son malos, será por nuestra culpa. Así crece en nosotros la vergüenza de ser como somos. De esta forma, el niño procesa la actitud insensible de los padres en relación consigo mismo. Todo lo que le es propio es rechazado y se va convirtiendo en una fuente potencial de terror interno. Sus sensaciones, sus necesidades, su forma de percibir las cosas se convierten en una amenaza existencial porque podrían llevar a los padres a quitarle el cuidado necesario para su supervivencia. La consecuencia es la identificación con los padres. Lo propio se rechaza considerándolo algo ajeno y, en cambio, asumimos la actitud de los padres, hostil para con los niños. «En realidad sé que lo hago todo bien, con los estudiantes», decía mi paciente, «pero no consigo sacarme de la cabeza la idea de que tengo que hacerlo mejor todavía. Y así lo estropeo todo».

Un paciente mayor, cirujano plástico de profesión, tenía muchas dificultades para pagar sus cuentas, sobre todo las facturas de la terapia. «De pequeño nunca tuve dinero», cuenta el cirujano. «Cuando iba al instituto ganaba un poco de dinero trabajando en una carpintería. Y tenía que dárselo a mi padre. Nunca pude decidir sobre mí mismo». Es un hombre que en muchos aspectos lleva una vida responsable y adulta, pero en esta cuestión parece estar todavía en mantillas. «Me admira que usted pueda exigir dinero sin tener mala conciencia. Yo siempre me siento mal cuando reclamo los honorarios a mis pacientes», dijo él. También teme ser tacaño. «Mi mujer me echa en cara que nunca le haga regalos. Cree que nunca la complazco. Y aquí, con usted, oigo la voz de mi padre. Dice que soy idiota si le pago tanto dinero».

Cuando le pregunto cómo se siente él, responde: «Como un idiota». Yo: «¿Opina usted que lo que sucede en las sesiones no tiene valor?». «No», contesta, y sin sombra de desprecio añade: «Lo que sucede aquí es magnífico. Pero algo dentro de mí no me deja pagar». Le indico que la remuneración es una contraprestación, tiene que ver con la igualdad. Él: «No, no es equivalente». Yo: «¿Se refiere a la contraprestación?». Él: «Mi madre es una santa. Me cuesta hacer regalos a las enfermeras de quirófano que me ayudan. Los regalos solo son algo superficial. No dicen nada de mi aprecio por los demás. Las enfermeras deberían saber, incluso sin regalos, lo mucho que las valoro. Mi expectativa es que el otro adivine mis sentimientos». Yo: «Usted quiere darles algo a las enfermeras, pero no puede. A mí me parece que usted niega el poder dar. Del hecho de no dar, su padre hizo una virtud. Pero usted me ha contado lo tacaño que era y cómo hacía pasar esa avaricia por un valor superior. Usted sufrió por ello, pero ¡deje eso atrás!».

«Sí», dijo él, «la semana pasada quería quedar con mi padre en Zúrich. Está débil y ya no ve bien. Sin embargo, quería venir a Zúrich en coche por la noche. Es demasiado tacaño para pagar el tren. Yo tenía miedo de que tuviera un accidente. De modo que le propuse reembolsarle el dinero del billete. Después del encuentro, cuando lo llevé a la estación, me vino la idea de no darle el dinero para el tren». Yo: «Está usted disociado. Una parte de usted piensa en la generosidad y puede actuar así. La otra es su padre, que no le permite algo así». El paciente suspiró aliviado. Estaba visiblemente contento de poder distanciarse por fin de ese padre interiorizado que nada tenía que ver con su propio ser.

En todos estos ejemplos, las personas reprimen lo que les es propio. Rechazan su propia visión, su empatía, sus sensaciones, porque se les ha enseñado que son despreciables, idiotas e inferiores. Uno convierte lo propio en algo ajeno, algo de lo que se avergüenza y, por tanto, que debe separar de sí y castigar. De ese modo, nuestra sensibilidad humana se convierte en el enemigo que amenaza nuestra existencia y que en todas partes —tanto en nosotros mismos como en los demás— debe combatirse y destruirse.

Una estudiante de un curso sobre terapia me pregunta durante una clase: «¿Cómo puede ser que yo misma, al trabajar con asilados, tenga de pronto pensamientos racistas? Anteayer hablé con un grupo de jóvenes albanos. Algunos dijeron: "*Quiero* una plaza de aprendiz". Entonces tuve la sensación de que eran unos extranjeros arrogantes. Ahora, con su conferencia, de repente me ha vuelto a la mente algo antiguo y olvidado: me obligaban siempre a decir *querría* en lugar de *quiero*. Por eso odié a aquellos jóvenes albanos, por algo que aprendí a odiar en mí».

«El combatiente», escribe Barbara Ehrenreich en *Ritos de sangre* (1997), «busca al enemigo y encuentra personas que de forma determinante son reconocibles como él mismo». En su libro *El honor del guerrero* (1998) Michael Ignatieff reproduce una conversación que tuvo con un guerrillero serbio en una casa de labranza en el este de Croacia:

> Me atrevo a expresarle que no soy capaz de diferenciar entre un serbio y un croata, y le pregunto: «¿Por qué piensas que eres tan diferente?». Él mira a su alrededor con desdén y coge un cigarrillo de su americana color caqui: «¿Lo ves? Esto son cigarrillos serbios. Allí enfrente [...] fuman cigarrillos croatas». «Pero ambas cosas son cigarrillos, ¿no?». «¡Los extranjeros no entendéis nada!». Se encoge de hombros y se pone de nuevo a limpiar su metralleta Zavosto. Pero, al parecer, la pregunta le ha irritado. Pasados unos minutos, tira su arma sobre la cama que está entre nosotros y dice: «Quiero decirte cómo lo veo. Los de allí enfrente quieren ser señoritos. Se consideran europeos modernos. Pero te digo una cosa: todos somos mierda balcánica».

Ignatieff sigue diciendo:

> O sea, primero me da a entender que croatas y serbios no tienen nada en común. Todo es diferente, hasta los cigarrillos. Pero un minuto más tarde dice que el problema real de los croatas es que se creen «mejores que nosotros». Al final llega a esta conclusión: en realidad todos somos lo mismo.

En su ensayo *El tabú de la virginidad* escribió Freud en 1918: «Precisamente las pequeñas diferencias (entre personas) son, cuando hay otras semejanzas, el origen de los sentimientos de extrañeza y hostilidad entre ellas».[1] ¿Por qué, se pregunta Ignatieff, los hermanos se odian con más vehemencia que los desconocidos? ¿Por qué los hombres y las mujeres siempre destacan sus diferencias, a pesar de que su material genético es idéntico, salvo uno o dos cromosomas? Su necesidad de marcar los límites entre sí parece ser tan grande que niegan coincidencias innegables como la capacidad intelectual y las presentan de otra forma, pese a que está demostrado desde hace tiempo lo contrario. La pregunta que está detrás de todo ello es la siguiente:

¿Por qué percibimos las pequeñas diferencias como una amenaza? ¿Cómo se llega a la paradoja de que vemos a otro ser como alguien extraño cuando es parecido a nosotros? Cuanto más cercanas son las relaciones entre grupos humanos, más hostiles son, previsiblemente, esos grupos unos con otros. Son los puntos en común lo que hace que las personas luchen entre sí, no las diferencias.

Este probablemente sea también el motivo por el cual, siguiendo a Freud, se puede decir que el origen de nuestra violencia es un miedo cuyo origen está en el propio yo.[2] Pero, a diferencia de Freud, para mí esto significa que el propio yo, puesto que se ha convertido en algo extraño o ajeno (él o partes de él), es una fuente constante de donde surgen nuestros miedos. En el ensayo «Lo ominoso» Freud da un ejemplo en el que él mismo experimenta su propia imagen como algo ajeno y, por tanto, como algo que hay que rechazar.

Es interesante experimentar el efecto que produce encontrarnos con la imagen de nuestra personalidad verdadera de forma imprevista e inesperada. E. Mach cuenta dos observaciones de ese tipo en *El análisis de las sensaciones*. Una vez se asustó, y no poco, al reconocer que el rostro que había visto era el suyo; en la otra ocasión, juzgó desfavorablemente a alguien que era supuestamente otra persona al subir al autobús: «Vaya maestro de escuela tan venido a menos». Yo puedo contar una aventura parecida: estaba sentado en un compartimento de un coche-cama cuando en una fuerte sacudida la puerta que daba al baño se abrió y vi entrar a un señor mayor en batín, con un gorro de dormir en la cabeza. Supuse que al salir del espacio entre dos compartimentos se había equivocado de dirección y se había metido por error en el mío; me levanté enseguida para informarle de la confusión, pero de pronto me di cuenta, perplejo, de que el intruso era mi propia imagen, que se reflejaba en el espejo que había detrás de la puerta que

comunicaba ambos cubículos. Todavía me acuerdo de que aquella
imagen me desagradó profundamente. En lugar de asustarnos por
nuestro doble, los dos —tanto Mach como yo— simplemente no lo
identificamos. ¿Acaso no será que el desagrado era un residuo de
aquella reacción arcaica que percibe al doble como algo ominoso?[3]

Es como si el yo, que contiene en sí mismo el desarrollo de
lo extraño o ajeno, separado del entorno donde uno se siente
reafirmado, de repente se viera como algo ajeno y, por tanto, re-
prochable. Así, el yo se convierte no únicamente en el lugar del
miedo, sino en su origen. La omnipresencia de tales experiencias indica no solo la difusión universal de lo extraño como un
factor determinante en nuestras relaciones con los demás y con
nosotros mismos, sino también el origen de nuestras enemista-
des mutuas y de la necesidad generalizada de castigar a otras
personas y a nosotros mismos.

En su obra *A Electra le sienta el luto*, el dramaturgo Eugene
O'Neill pone en boca de Orin, un soldado de la guerra civil norteamericana, estas palabras sobre el hecho de matar en el campo
de batalla: «Era como si uno matara al mismo hombre dos veces. Se apodera de mí la extraña sensación de que la guerra significa matar una y otra vez al mismo hombre, para comprobar,
al fin, que ese hombre soy yo».[4]

CÓMO EMPIEZA TODO

Ya sean genocidios, torturas o la humillación cotidiana que sufren los niños por parte de los padres, todos estos ejemplos de violencia y odio tienen algo en común: el sentimiento de repulsión ante lo otro, lo «extraño» o «ajeno». Quienes lo perpetran se consideran «personas», mientras que los demás no merecen este calificativo. El otro es degradado a *Unmensch*, al nivel de las bestias. Es como si, mediante este proceso, uno se purificara a sí mismo. Menospreciando y atormentando a otras personas, uno se libera de la sospecha de no ser inmaculado. El hecho de ser puro o de estar manchado pasa a ser una característica que diferencia a quienes son personas de aquellos que no lo son. Así, se desplaza la percepción a un nivel abstracto. El otro ya no es considerado en su condición humana individual. Ahora es únicamente componente de un grupo. Sus conductas, actitudes y sentimientos concretos desaparecen del campo visual y, en cambio, su personalidad se reduce a un solo atributo: la pertenencia al grupo. Esta abstracción imposibilita ver al otro con empatía.

La empatía es una cualidad fundamental de todos los humanos. Es una barrera que nos impide caer en la inhumanidad y es el núcleo de nuestra sensibilidad humana, es decir, el núcleo de lo que nos es propio. Sin embargo, si despreciamos lo que nos es propio y lo separamos de nosotros considerándolo algo que no nos pertenece, entonces la empatía no se puede desarrollar en libertad. Nuestra capacidad de comprender los sentimientos de los demás se atrofia. El proceso mediante el cual lo propio se convierte en extraño o ajeno impide, pues, que las personas se traten humanamente: con interés, sensibilidad y comprensión mutua. Y así la abstracción se convierte en la base de nuestras relaciones.

Los inicios de esta alienación están en la infancia. Esto se ve muy claramente en una frase que pronunció Hitler en 1934 en un discurso delante de la Organización de Mujeres Nacionalsocialistas: «Todo niño es una batalla».[1] Con esta frase expresó de una forma terriblemente clara lo que aún hoy en día en las culturas occidentales a menudo se considera una verdad incontrovertible: que hay una enemistad natural entre el bebé y los padres. En la lucha por la llamada socialización se tiene que lograr que el niño se someta a la voluntad de los padres y debe impedirse que satisfaga sus propias necesidades y placeres. El conflicto es inevitable, y para bien del niño se tiene que solucionar con la insistencia de los padres.

La presentación crítica de Sigrid Chamberlain del método oficial para educar en el Tercer Reich en *Adolf Hitler, die deutsche Mutter und ihr erstes Kind* [Adolf Hitler, la madre alemana y su primer hijo] ilustra sus efectos patológicos. Sin embargo, por desgracia describe también una ideología que —aunque sea de una forma velada— es típica de todas las llamadas grandes civilizaciones. Dice lo siguiente: la naturaleza de la relación entre padres e hijos es la de una lucha por el poder en la que tiene que impedirse que se imponga la voluntad «impura» del niño. Sin embargo, lo que se oculta en ello es que no se trata de «civilizar», sino de establecer el dominio. La socialización del niño así constituida debe encargarse de que la motivación a obedecer a los poderosos quede anclada profundamente en el alma humana. Pero esto solo se consigue acallando las necesidades, deseos y sentimientos que le son propios al niño.

Incluso Freud estuvo cautivado por esa ideología. Pese a todas sus ideas revolucionarias, con las que puso la infancia en el centro de nuestro pensamiento, se mantuvo fiel a la idea de la lucha «inevitable» entre padres e hijos. Freud opinaba que todo niño está dominado por unos impulsos universales y que no tiene otra intención que satisfacer sus deseos sin contemplaciones. Atribuyó a la cultura la tarea principal de acotar esos impulsos, antes de que otras personas pudieran sufrir daños por ello. Obviamente, las perspectivas de Freud y Hitler no pueden meterse en el mismo saco. Pero ambos tienen algo en común: la idea de que el niño al que se le permite llevar a cabo sus aspiraciones propias supone un peligro para la comunidad.

El libro de Sigrid Chamberlain es una contribución importante para explicar el intento de los dictadores nazis de perpetuarse en sus pretensiones de dominio. Este aspecto, cuyos efectos siguen notándose hoy en día, ha sido negado como proceso histórico. El libro publicado por la doctora nazi Johanna Haarer *Die deutsche Mutter und ihr erstes Kind* [La madre alemana y su primer hijo] (1941) se entregó durante el Tercer Reich a cientos de miles de padres primerizos por parte del NSDAP, el partido nazi. Incluso durante la «transición a la democracia» no se vio ningún motivo para retirarlo del mercado. El libro se editó durante mucho tiempo después de 1945. En él Haarer establece el fundamento ideológico de una educación en la que lo que es propio del niño se convierte en algo extraño o ajeno. Por eso querría resumir las afirmaciones esenciales de Haarer: los bebés y los niños pequeños tienden a ser insaciables. Nunca tienen bastante atención y mimos, quieren que se les lleve a cuestas todo el rato, lo cual para los adultos es, evidentemente, pesado.

> Los bebés tienen predisposición a chillar, furiosos y durante largo tiempo, como pasatiempo o para conseguir algo. Los bebés y los niños pequeños no quieren someterse, no quieren lo que quieren los «mayores», los ponen a prueba, les oponen resistencia y los tiranizan. Por su misma naturaleza son impuros, sucios, desaseados y ensucian todo lo que se les ofrece.[2]

Las cualidades que con más frecuencia atribuyen los padres a sus hijos son la suciedad, la impureza, el ansia, la intranquilidad y la rabia destructiva. Los niños son —también Freud lo vio así— insaciables en su pulsión, siempre ansiosos por seguir su principio de placer. Debería hacernos reflexionar que son justamente estas características las que siempre se atribuyen falsamente al otro al que odiamos, ya sean judíos, gitanos, chinos, católicos, croatas, serbios, chechenos, comunistas o quien sea.

El otro es siempre aquel cuya impureza, suciedad, etc. podría hacernos desaparecer. Hitler vio en los judíos ese grupo ajeno que podía desintegrar a «su» pueblo. De forma parecida, consideraba que la lucha contra la sífilis era una de las misiones más importantes de la nación. En consecuencia, la esterilización de los «enfermos hereditarios» le parecía absolutamente necesaria aun siendo una «segregación despiadada de los enfermos incurables».[3] En su fantasía veía cerebros, cuerpos y pueblos descompuestos y desintegrados de la misma forma.

El enemigo interior, que es idéntico al ajeno, es aquella parte del niño que se perdió porque la madre o el padre —o los dos— la rechazaron, porque al niño le hicieron experimentar el rechazo y el castigo cuando este persistió en su visión propia y verdadera. Digo «verdadera» porque las primeras percepciones de un niño se basan en percepciones experimentadas con empatía y, por tanto, solo pueden ser verdaderas. Más adelante demostraré que también Hitler tuvo que experimentar ese rechazo ante su propia vitalidad y que repelió esa parte interna suya como algo ajeno para mantener una conexión con sus padres. Haarer nos da una idea sobre cómo ocurre este proceso: el niño se presenta como un ser autoritario, como un desafío que sitúa a la madre ante una difícil tarea, que tiene que llevar a cabo de forma adecuada. «El niño chillón y desobediente tiene que hacer lo que la madre estime oportuno y, en el caso de que se porte mal, en cierto modo se le "echa", se le "lleva" a otra habitación, donde puede estar solo, y allí se le deja sin atención hasta que cambia de comportamiento».[4] Todo esto sucede, naturalmente, para bien del niño, y se presenta como un acto de amor. La batalla que la madre libra contra el niño refleja, sin embargo, la voluntad del padre, que algunas madres asumen porque se han sometido al mito masculino de la fuerza y la superioridad. De esta forma, lo ajeno en los padres se transmite a su propio hijo. El odio a lo propio produce niños que solo pueden considerarse íntegros si son capaces de dirigir ese odio hacia fuera. Rechazar lo propio como algo ajeno se convierte en el desencadenante de la necesidad de encontrar enemigos para mantener así la estructura personal alcanzada.

Las consecuencias de este proceso son terribles: uno niega no solamente que lo convirtieron en víctima; incluso ya no sabe reconocer las causas primigenias de su propia condición de víctima. Por el contrario, el proceso debe transmitirse convirtiendo a otros en víctimas. Esto sucede hasta que no se puede reconocer la propia condición de víctima. Hay que negarlo, puesto que, de no hacerlo, el antiguo terror que lo fundamenta todo volvería a salir a la superficie. Ningún niño, ni siquiera el que está amenazado en nosotros, puede oponerse a ese terror.

De niños estuvimos desamparados e indefensos. Nuestra supervivencia dependía de la conformidad con los padres. Por lo tanto, el terror interior de ser víctima es profundamente existencial. Es por eso que el miedo a perder el trabajo, posiciones sociales o roles sociales puede sacudir los cimientos de nuestra personalidad. Cuando nuestra autoestima se basa en el éxito, el estatus o las ganancias materiales, la posible pérdida de tales logros externos, pero también la amenaza derivada de tener más libertad (a lo cual volveré más adelante), tiene que vivirse como un peligro existencial, porque con ello reviven el antiguo terror de la indefensión, del desamparo y de la vergüenza. Creo que es ahí donde hay que buscar el motivo por el cual en tiempos de inestabilidad económica y/o moral aumenta el odio a los extranjeros. La angustia interior y la presión por huir del antiguo terror se incrementan tanto que solo se pueden rechazar con una energía reforzada. Esto sucede buscando lo propio, que es el desencadenante del terror interno, en desconocidos externos y combatiéndolo. Para ello obviamente uno encuentra más rápidamente lo propio en personas que le son parecidas.

Ahora entendemos la estremecedora verdad que Klaus Barbie expresó con su frase: «Cuando interrogaba a Jean Moulin, tuve la sensación de que él era yo mismo».

La aparición de lo ajeno y su externalización están en relación directa con lo más íntimo del ser humano, con su identidad. La pregunta siguiente es decisiva: ¿a partir de qué elemento se puede desarrollar la persona si todo lo que le es propio y que le hace ser un individuo es rechazado y convertido en algo ajeno? Entonces la identidad se reduce a la adaptación a circunstancias externas que aseguran la supervivencia anímica del niño: este hace cuanto puede por estar a la altura de las expectativas de la madre y del padre. El núcleo de este proceso es la identificación con los padres. Lo que es propio del niño es sustituido por lo ajeno de los padres.

Una identidad que se desarrolle de esa forma no se fundamenta en procesos internos propios sino en la voluntad de una autoridad. Esto entraña, evidentemente, consecuencias de gran alcance para el individuo, pero también para la sociedad. En su interesantísimo y al mismo tiempo triste libro *Purity and Exile* [Pureza y exilio], la antropóloga Liisa H. Malkki escribe sobre la evolución de dos grupos de hutus que en 1972 huyeron de Burundi a Tanzania para escapar del genocidio por parte de los tutsis.

Uno de los grupos fue alojado en el campo de refugiados de Mishamo, donde la vida estaba estrictamente reglamentada por normas y que se encontraba geográficamente un poco apartado, al oeste de Tanzania. Los otros refugiados se asentaron en la ciudad de Kigoma, a orillas del lago Tanganica, donde vivieron junto con los habitantes de la población. Malkki comparó a esos dos grupos entre 1985 y 1986 con respecto a sus ideas de patria y exilio, así como sobre el significado que atribuían los refugiados a su identidad e historia nacionales. Pese a que ambos grupos hutus procedían de la misma tribu, las diferencias eran extraordinarias: entre los habitantes del campo se detectaba que se habían dedicado a elaborar la «construcción y reconstrucción constante y pasional de su "historia" como "pueblo"». Su preocupación central parecía consistir en demostrar que eran diferentes a los tutsis (en realidad, los miembros de la tribu tutsi no se distinguen de los hutus ni en su anatomía ni en la lengua ni en los gestos). Su interior, podríamos decir, liberado de lo «ajeno», odiaba las partes ahora escindidas de su yo. Con esta delimitación afirmaban su identidad nacional y heroica. De esa forma crearon, por así decirlo, un lugar de *categorial purity* («pureza categórica»).

Otro sentimiento muy distinto desarrollaron los hutus que vivían integrados en la ciudad. Se veían simplemente como refugiados que se esforzaban por asimilarse a sus vecinos. En lugar de desarrollar identidades nacionales heroicas, desarrollaron un cierto cosmopolitismo abierto al mundo. Lo que es interesante del estudio es lo siguiente: ambos grupos partían de la misma situación, marcada por su condición de víctimas. Sin embargo, la evolución de la formación de su identidad se produjo de una forma totalmente distinta. Los habitantes del campo cultivaron la experiencia de ser víctimas como preocupación principal. Aquello supuso el núcleo de su sentimiento identitario. Para los otros refugiados, la condición interna de víctimas se mantuvo intacta, y quedó oculta. Al parecer, la consolidación de la condición de víctima tiene que ver con las estructuras sociales de las que está rodeado el grupo. Unas normas estrictas y la obligación de obedecer fomentan este sentimiento. Así pues, la desintegración de antiguas estructuras sociales, en el caso de personas cuya identidad se define mediante criterios externos como los roles, el estatus o el trabajo, no conduce automáticamente a la aparición del antiguo sentimiento de víctima. Cuando las circunstancias lo permiten, los afectados también pueden desarrollar identidades adaptándose a las nuevas estructuras sociales, como los refugiados de Kigoma.

Malkki opina que el comportamiento de los refugiados asentados en la ciudad equivale a un cambio radical del proceso de identificación. Yo no lo comparto. Porque eso supondría que se trataba de procesos de búsqueda interna de la identidad. Yo creo que las reacciones que Malkki observó significan algo totalmente distinto: que precisamente lo que por lo general entendemos por identidad nacional indica de hecho lo contrario, justamente la no existencia de una identidad verdadera. Si una identidad está determinada por el sentimiento interno de víctima, podemos observar evoluciones opuestas. Son el resultado de una socialización que nunca permitió una identidad verdadera.

Cuando actualmente hablamos de «identidad», nos referimos a la identidad «verdadera». Pero esto significa únicamente que la palabra nos ciega, por lo cual no diferenciamos entre identidad «verdadera» y su apariencia. A menudo nos referimos más bien a un estadio de transición de un proceso de socialización en el que lo propio se convierte en ajeno. En este sentido, Victor Turner usa también el término «fenómeno de transición» en su análisis de los procesos rituales en distintas culturas. Esta forma de identidad, que a menudo se define a través de los conceptos de nación y pueblo, no tiene ningún arraigo interno. Cuando las identidades están determinadas por lo ajeno o lo extraño, «no son ni lo uno ni lo otro [...] no están ni aquí ni allí; o quizás en ninguna parte (en el sentido de una topografía cultural reconocible), y están [...] en medio y debajo de todos los puntos perceptibles y ajustables en la *space-time topology* ("topología espacio-tiempo") de la clasificación cultural».[5]

Los refugiados que describe Malkki que vivían en la ciudad de Kigoma tenían la libertad de hacer algo por sí mismos. Los miembros del grupo que acabó en el campo, por el contrario, eran tratados como niños. Se les sometía a un estricto sistema de reglas y orden. Esta situación debió de remover antiguos sentimientos de víctima (reforzados por las horribles vivencias del genocidio). Así surgió la necesidad de proyectar lo ajeno interno hacia fuera. En la lucha de los hutus por la «pureza» nacional, los otros se convirtieron en extranjeros impuros a los que se les robó su individualidad, su integridad y su dignidad. Así pues, los refugiados del campo transmitieron lo que se les había hecho a ellos.

Los refugiados son quienes reflejan estos procesos de una forma más clara. Eso lo identificó también, probablemente de forma inconsciente, Hannah Arendt cuando habló de que «la abstracta desnudez de la mera condición de ser humano» para los refugiados de la Segunda Guerra Mundial «representaba el mayor peligro».[6] «Todos los refugiados tienen que afrontar la pérdida de su cultura, de su identidad y de sus costumbres».[7] Detrás de estas palabras se esconde la idea de que las personas a quienes se les arrebata su cultura y que luego están «desnudas», no tienen nada en su interior en lo que puedan apoyarse. Esto debería ser motivo suficiente como para repensar nuestra concepción de la identidad.

Cuando la identidad es una constelación fundamental de atributos de la personalidad inmanentes, entonces las observaciones apuntan a que muchas personas no poseen tal identidad. La mentalidad nazi estaba empeñada en quitar la identidad a las personas. El horror de los campos de concentración no tenía simplemente el objetivo de la aniquilación corporal. El objetivo principal era más bien destruir la dignidad humana, la *persona*. Eran personas sin una identidad real propia quienes tuvieron que quitarles a otras personas lo que ellos no poseían. Por venganza mataron lo ajeno que les era propio, lo cual les hubiese permitido tener una identidad real propia.

Paul Celan identificó la desesperación de aquellos que estuvieron a merced de este proyecto: «Ya nadie nos moldea con tierra y con arcilla, / ya nadie con su hálito despierta nuestro polvo / [...] / Una nada / fuimos, somos, seremos, / floreciendo: / rosa de / nada, de nadie».[8] Personas como él no pudieron ser ni humilladas ni extinguidas en su sustancia interior, él siguió siendo una rosa para siempre. Y el poeta surrealista francés Robert Desnos escribió en el campo de concentración: «Yo vivía sin caer, perseguido [...] entre los esclavos ocultos [...] y no obstante era libre [...] Ustedes los que viven, ¿qué hicieron de esos dones? [...] no me teman: he muerto [...] no queda nada ya».[*]

No hay duda de que muchas personas no tienen ninguna identidad interna consolidada. Ya hace muchos años, algunos estudios demostraron, sometiendo a individuos a la privación sensorial, que las personas a las que se las separa de su contexto social y cultural se vuelven psicóticas.[9] Lo que no se detectó, sin embargo, es que este proceso depende del grado de coherencia interna. El relato autobiográfico del almirante Byrd sobre su aislamiento durante meses en la región polar demuestra que tener una sólida vida interior permite ser independiente de la estimulación sensorial externa.[10] La doctora Evelyne Bone estuvo durante siete años en régimen de aislamiento en una prisión húngara. Su rico mundo de vivencias y pensamientos le permitió mantenerse cuerda.[11] A una persona cuyo interior se ha convertido en algo ajeno esto no le es posible. Ese probablemente sea el motivo por el cual en los estudios de privación sensorial tantos sujetos sufren colapsos psicóticos.

Las personas que pudieron desarrollar su coherencia interior y a partir de ello construyeron su sentimiento de identidad no pierden, bajo condiciones extremas de frustración y privación, la confianza ni la fe en sí mismos. La identidad típica de nuestra cultura, que se basa en la identificación con figuras autoritarias que infunden miedo, está, por el contrario, constantemente amenazada de desmoronarse. Estas personas solo pueden consolidar su personalidad mediante la creación de elementos enemigos, como los hutus del campo de refugiados. O bien se asimilan a las estructuras que los rodean, como hicieron los re-

---

[*] N. del T.: Versión española de Raúl Gustavo Aguirre.

fugiados hutus en Kigoma. Esto último también puede aplicarse a los admiradores de Hitler, quienes tras la caída del Tercer Reich inmediatamente se adaptaron a las nuevas costumbres democráticas de los vencedores.

En los dos casos descritos por Malkki, nos encontramos no ante un caso de autodeterminación sino ante las consecuencias de una alienación interior, que liga a las personas a una esclavitud no reconocida. Sin embargo, también hay una identidad que existe independiente del entorno y cuya base son aquellos procesos que se nos quitaron mediante la alienación. Mucha gente que en este siglo ha estado expuesta a experiencias terribles en los campos de exterminio da testimonio de esa identidad propia. También lo confirman los soldados norteamericanos que en la guerra de Vietnam no participaron en los actos atroces, en la violencia y en la tortura. Más adelante volveré a este tema con más detalle. Hasta el momento solo se ha indicado que lo ajeno que hay en nosotros es consecuencia de una cultura que no sabe apreciar la vitalidad de los niños. Estas estructuras son tanto la fuente de la violencia como la causa de la aparición de déficits de identidad.

Es difícil reconocerse en este sistema, pues nuestra percepción está determinada por un patrón de pensamiento que a su vez es la expresión de un punto de vista que depende de una identidad impuesta. Jan Philipp Reemtsma da un ejemplo de ello con su libro, extremadamente conmovedor, *En el zulo. Memorias de un secuestrado* (1997). Es el relato de un secuestro atravesado por el dolor y el sufrimiento, un documento del desamparo y la humillación que niega toda condición humana. No obstante, su propia vivencia llevó a Reemtsma a creer que una persona no posee ningún núcleo interior. «Quien se encuentra en una situación de absoluta impotencia no está ahí en vivo», escribe Reemtsma. Y añade: «El malentendido consiste en suponer que en el alma del hombre hay algo como un núcleo que se llama el "yo"». Se suele creer que «se da con él solamente al adentrarse de manera

consecuente en uno mismo, y también que a lo largo de toda la
vida se mantiene igual [...]. Y ¿por qué se mantiene igual? Porque existe ese yo. En situaciones extremas se pone a prueba este
yo. Si el cuerpo y el espíritu son vejados, el yo sufre heridas, pero
al final resiste, y todo el mundo puede decir: a pesar de todo,
¡sigue siendo como antes! A la idea de un yo así puede que esté
vinculada también la idea del "resistir". Uno ha resistido lo que
sea si el núcleo de la persona se mantiene indemne. Uno sale del
zulo como David Niven, vestido de oficial inglés, de la jaula ja-
ponesa: como aquel que era antes. Aplausos».

La búsqueda de Reemtsma de un yo fiable se realiza desde un punto de vista que niega lo interior. Por eso no puede reconocer que haya un yo que se base en una coherencia interna. Un yo de estas características no tiene nada que ver con la
superficialidad que exhibe David Niven: el orgullo masculino
y la postura corporal erguida y prusiana que demuestra invul-
nerabilidad al enemigo (pero no sabemos, obviamente, si el Niven privado defendía esa misma posición). Un yo así se alimen-
ta más bien de la capacidad de tener una percepción empática
y de conservar una dignidad que no se basa en la negación sino
en la percepción consciente del propio sufrimiento y el propio
dolor. Un yo así no se encontrará jamás en un mundo que no
quiere tener nada que ver con la vivencia interior y cuya idea de
identidad se fundamenta en criterios de rendimiento y mercado.
Reemtsma sigue diciendo:

> La filosofía occidental está [...] plagada por este problema. Cons-
> tantemente se pregunta por el núcleo interior [...]. Cuando [...]
> trato de recordar los sentimientos que tuve en el zulo, debo admitir
> [...] que no estaban simplemente allí [...]. Son mecanismos de
> una estructura personal en funcionamiento que se ha forjado en
> la costumbre europea de entenderse uno mismo como individuo,
> de dirigirse a uno mismo como «yo», y que entra en dificultades
> existenciales cuando se aleja de los espacios sociales necesarios
> para ello.

Reemtsma está decepcionado porque no se puede contar con el «yo» en caso de emergencia. No obstante, él no distingue entre un yo que se basa en procesos internos y una identidad que está separada de lo interior porque se ha convertido en algo ajeno. Eso lo lleva a la conclusión errónea de que no existe un núcleo interno. Queda, pues, atrapado en la semántica habitual de nuestra cultura. Por eso pasa por alto que es precisamente este núcleo, de cuya existencia duda, lo que en realidad le permite *buscar*. El yo que busca mantuvo el contacto interno con su mujer y su hijo y se esforzó por sobrevivir durante su situación de desesperación. El «yo» verdadero se esconde en el proceso de búsqueda, nada tiene en común con el constructo teórico de un yo que se encapricha en puras apariencias.

Es la búsqueda lo que diferencia a las personas. Un yo determinado por un interior impuesto busca solamente enemigos externos para localizar fuera del yo lo que tiene que rechazar en sí mismo y, si es necesario, combatirlo. Un yo basado en relaciones de identidad internas no requiere elementos enemigos para sostenerse.

El problema de la «falsa» identidad surge debido a un desarrollo que convierte lo propio en ajeno, que apuesta por la obediencia (directamente mediante la imposición o la recompensa). Una persona cuya socialización estuvo marcada por el hecho de tener que abandonar su yo vivirá según unas reglas psicológicas distintas a las de una persona que en su infancia fue aceptada y pudo desarrollarse en libertad. Quien tuvo que rechazar lo que le era propio a favor de una identificación con unos padres insensibles (y aquí se incluyen también los padres que consintieron a sus hijos, a lo cual volveré más adelante) a menudo durante toda su vida lo impulsa un terror interior inconsciente a idealizar al opresor y a transformar en odio el amor por lo propio. Así, un interior auténtico se malogra. Tampoco el propio sufrimiento y las propias heridas pueden aceptarse como reacción justificada a lo que se le hizo a esa persona. El miedo y la desprotección que se experimentaron se convierten en algo ajeno, ya que uno tuvo que negarlo bajo la presión del rechazo paterno por ser una insuficiencia vergonzosa. El niño está obligado a negar sus sentimientos, solo de esa forma puede mantener la conformidad, necesaria para la vida, con los opresores. Así, no únicamente lo interior se convierte en algo ajeno que se proyecta en los demás. También el dolor sufrido, que uno no puede admitir ante sí, tiene que externalizarse para poder conservar el vínculo con los opresores. Esto conduce no únicamente a que busquemos el dolor en los demás, sino que también lo provoquemos para, de este modo, apropiarnos de él.

Tales personas nunca tuvieron la posibilidad de desarrollar una confianza primigenia como componente estable de su personalidad. En vez de eso, asumen una «identidad falsa» que los lleva a idealizar autoridades represivas y a esperar la salvación precisamente de aquellos que en realidad son sus torturadores.

En tales circunstancias, no se puede desarrollar un interior que podría protegernos de la «desnudez abstracta» de nuestra condición humana, de la que habló Hannah Arendt. La desnudez se produce cuando se impide el despliegue de una verdadera identidad. Al contrario, es un componente de una identidad falsa que se basa en resultados y que se desintegra cuando el contexto social imposibilita dichos resultados.

Sin embargo, sobrevivir en los campos de exterminio o en el gulag solo era posible teniendo una identidad que se basara en procesos internos, como demostró también el estudio de T. Des Pres con supervivientes.[12] Si la identidad fuera solamente el resultado de «criterios externos», como cree Reemtsma, entonces deberíamos darle la razón a la filosofía nazi. (El productor cinematográfico Hans Gulde dijo una vez que el drama griego escenifica el intento de documentar la construcción de una identidad interior de esa índole.)[13]

Escribe Des Pres: «Sin un pasado no tenemos nada sobre lo que sostenernos, no tenemos ningún contexto a partir del cual podamos organizar nuestras energías para armar una versión moral de nuestro ser». No obstante, esto presupone la vivencia de un pasado verdadero, que un yo alienado de sí mismo no puede desarrollar. Además: «Con sus gritos la persona afirma su derecho a compartir su pasado, a reclamar ayuda y a oponer resistencia». Quienes tienen que negar su sufrimiento solamente pueden desahogarse a través del sufrimiento que supuestamente les infligen los «extraños». Ahí está la causa del sorprendente éxito de Hitler, quien logró transmitir su propia manía persecutoria como una experiencia real a toda la nación alemana. Millones de personas hicieron suyas las proyecciones patológicas de Hitler considerándolas una ofensa real, porque no podían admitir su verdadera condición de víctimas en su historia vital. Este peligro sigue existiendo. Este mecanismo psicológico sigue funcionando hoy en día cuando algunos políticos se presentan como víctimas en beneficio de sus intereses de poder. Las personas siguen siendo receptivas a un Hitler si no pueden desahogarse de su sufrimiento real.

«Callar», escribió Nadiezhda Mandelshtam en 1970, «es el verdadero crimen contra la humanidad». Las personas tienen que callar su sufrimiento porque este podría despertar de nuevo el antiguo terror. Lo trágico es que de este modo se reproducen las estructuras identitarias que se formaron porque el niño creció en un páramo de soledad emocional total, porque sus gritos nunca fueron escuchados y no encontraron una respuesta de sensibilidad humana. Quien ha experimentado la crueldad de tal insensibilidad apenas puede encontrar en las relaciones humanas una vinculación, un sentido, un hogar.

En tales circunstancias, una persona ya no puede percibir su propia condición de víctima. Y tampoco es capaz de vivir su sufrimiento como algo propio, pues se avergüenza del mismo y se odia por ello. Más bien buscará este odio, que se ha vuelto algo ajeno para él, en otra persona. Castigará o torturará a esa persona con la intención de liberarse del humillante sufrimiento. En las personas sin vida interior, aquí entra en juego una distorsión del sufrimiento derivada del sufrimiento real:

la *autocompasión*. La autocompasión hace posible que el victimario responsabilice al «extraño» por su propio comportamiento. Así el victimario no tiene que sentirse culpable, ni por su acción ni por su sentimiento latente de inferioridad. Eso es, precisamente, lo que le lleva a devaluar al otro considerándolo alguien débil. De esta forma se pone en marcha el ciclo: uno castiga al otro por algo por lo que uno mismo había sido castigado tiempo atrás.

Primo Levi escribe en su libro *Si esto es un hombre* (1992):

Nos rodeaba el mar del sufrimiento pasado y actual, y su nivel subía año tras año, de modo que estábamos al borde del ahogamiento. No tenía ningún sentido cerrar los ojos o apartar la vista porque ese mar estaba en todas partes y se extendía en todas direcciones hasta el horizonte [...]. Los justos que hay entre nosotros, ni en mayor ni en menor número que en otras comunidades humanas, tienen remordimientos de conciencia y están avergonzados; en pocas palabras: sufren por una culpa que no provocaron ellos sino otras personas, en la que ellos no obstante se sentían involucrados porque eran conscientes de que lo que ocurría a su alrededor —tanto en su entorno inmediato como en su interior— era inapelable».

Es como escribió Jean Améry (1966), torturado también por la Gestapo:

Quien ha sido torturado permanece torturado [...]. Quien fue sometido a la tortura ya no puede sentirse en casa en el mundo. La humillación del aniquilamiento no se puede borrar. La confianza en el mundo, desmoronada ya desde el primer golpe y hundida por completo en la tortura, no vuelve a recuperarse.

Pero la dignidad interior permaneció, sin dramatismo, en discordancia con nuestras expectativas de heroicidad o de rendimiento. El comportamiento de los supervivientes es parecido al de los llamados enfermos mentales. A ambos los caracteriza una dualidad: sumisión externa y persistencia interna en una visión propia. El escritor surafricano J. M. Coetzee lo entendió muy bien al describir esta dualidad en la resistencia de Ósip Mandelshtam contra Stalin. Este poeta, al que Stalin condenó a morir de hambre en un gulag soviético, enalteció al dictador en un poema; pero, solamente en apariencia, ya que, según Coetzee, «fabricó el armazón de una oda sin llenarlo realmente».

Tenemos que partir de la base de que cualquiera que haya crecido en nuestra cultura ha experimentado en cierto grado la alienación de lo propio. Por tanto, nos puede ocurrir a todos que alguna vez traicionemos nuestro interior o que lo dejemos de lado. Esto le ocurrió también a Reemtsma. Hablando de sí mismo en tercera persona, escribe: «Una vez tuvo la fantasía de que el secuestrado tenía que consolarlo, conmoverlo, ponerle la mano en el hombro». Y dice también Marcel Proust: «¿Cómo tenemos el valor de vivir en un mundo en el que se incita a amar por medio de una mentira que consiste en la necesidad de dejar que mitiguen nuestras penas aquellos que nos provocaron el dolor?».

Nos convertimos en cómplices de nuestros torturadores. Puesto que ellos no podían admitir nuestro sufrimiento y su propia condición de víctimas, nosotros también hemos negado nuestras penas. Hasta que no podamos comprender cómo nuestra propia percepción se convirtió en algo ajeno, no seremos capaces de encontrar el camino hacia nuestro propio yo.

Wole Soyinka describe el antídoto partiendo de la experiencia de la tortura en Nigeria: «El preso se dice enseguida a sí mismo: esta criatura no me puede alcanzar. No me puede salvar, por lo tanto tampoco puede destruirme (mentalmente). Esta criatura es insignificante, no es real. Solamente yo mismo soy la realidad».[14]

No es la vergüenza lo que nos protege de la fantasía de ser salvados por el torturador, sino la conciencia de nuestro desvalimiento ante la propia evolución. Solo de esta forma podemos reconocer que lo que nos enajena de nosotros mismos son las repercusiones de un mecanismo profundamente arraigado con el que antaño creímos proteger nuestra supervivencia: la obediencia.

LA OBEDIENCIA

Las causas de la obediencia están íntimamente relacionadas con los procesos de la alienación. Pues la violencia que convierte lo que nos es propio en algo extraño es la misma que nos fuerza a obedecer. La cantidad de violencia que el individuo experimenta determina el grado de su sometimiento a la autoridad.

Los trabajos de Stanley Milgram muestran cómo en nuestra cultura la obediencia juega un papel mucho más relevante de lo que querríamos admitir. Nosotros no nos consideramos a nosotros mismos personas obedientes. Milgram llevó a cabo sus investigaciones en Connecticut, uno de los primeros estados de Estados Unidos que en 1776 se sublevaron contra Inglaterra y que suelen considerarse muy democráticos. Milgram quería encontrar explicaciones a las aberraciones debidas a la obediencia durante el periodo nazi. Los trabajos de Theodor W. Adorno y Erich Fromm habían inspirado su experimento. Para su propio asombro, se demostró que incluso estadounidenses corrientes de clase media estaban dispuestos a cometer atrocidades cuando les pedía obediencia una persona a la que respetaban. El 65 % de los participantes en los estudios de Milgram siguieron sin grandes protestas las indicaciones del conductor del experimento, que se identificaba como una autoridad científica. En un falso proyecto de investigación, a varias personas se les aplicaron electrochoques (simulados) presuntamente por motivos pedagógicos, a pesar de que se desmayasen por el dolor (las «víctimas» fingían el dolor). Ni siquiera los gritos y la pérdida de conocimiento de los torturados lograron impedir que la mayoría de los participantes dejaran de seguir las indicaciones del conductor del estudio. Solo una de cada tres personas se negó a seguir adelante con la tortura. El experimento de Milgram se ha repetido en muchos países, también en Alemania, siempre con los mismos resultados.

¿Qué ocurre dentro de una persona que tortura a otra por obediencia? ¿Qué le ocurre a alguien que ve cómo su víctima se retuerce de dolor y, no obstante, sigue adelante con el maltrato? Milgram no llegó al fondo de la cuestión. Sin embargo, al ponerme en contacto con él por correspondencia, sí me confirmó que durante el experimento la mayor parte de sus participantes «obedientes» desarrollaron alteraciones psicosomáticas. Sudaban, temblaban, empezaban a tartamudear, se mordían los labios y sufrían calambres. Eso indica que experimentaban el dolor del otro con absoluta empatía, lo que es evidente leyendo los informes de la investigación. Sin embargo, no se dejaron influenciar de ninguna forma por sus reacciones psicosomáticas ante el sufrimiento de sus víctimas. Así pues, el dolor del otro, su sufrimiento, su desesperación no penetraron en su conciencia pese a las claras reacciones psicosomáticas. Posiblemente esto signifique que la aparición de reacciones psicosomáticas es ya un indicio de una alienación de la propia percepción y de los propios sentimientos.

LAS RAÍCES

Una paciente cuyo padre, un alto oficial de las SS, murió en la guerra y cuya madre se sentía comprometida con el estilo educativo nacionalsocialista de Haarer,[1] me contó acerca de un accidente de coche. Una lujosa limusina chocó con gran fuerza contra su vehículo por el lado del conductor estando ella al vo-

lante. El conductor no mostró ni preocupación por su estado
ni sentimientos de culpa, a pesar de que había puesto a la mujer
en peligro de muerte. Fue pura cuestión de suerte que la mujer
saliera ilesa. En la sesión de terapia, al principio la paciente no
mencionó el accidente. Solamente dijo que por la noche había
sufrido unos retortijones espantosos. Llegó a temer por su vida.
Esa misma noche soñó que tenía una almohada sobre su cabeza y que al quitársela liberaba su cerebro. No fue hasta que le
pregunté por lo que había ocurrido el día anterior que me habló, casi de paso, acerca del accidente.

Yo quería saber cómo se había sentido después del choque. «No sentí nada», respondió, «cuando las cosas se compli-
can pienso siempre en un conocido que estuvo largo tiempo en
el hospital. El cerebro lo enmascara todo. La cabeza me protege
del dolor». Yo: «¿Dolor?». Ella: «Ah, mi hija llamó y le conté lo
que había ocurrido. Enseguida preguntó: "¿Y tú?". Me conmo-
vió que lo preguntara». «¿Y?», quise saber yo. «¿Qué le pasó a
usted? ¿Qué fue de su dolor? Su indignación ante aquel hombre impasible que la había puesto en peligro...». «Yo solo sabía
que yo no sufriría», contestó la paciente. A lo que yo respondí:
«Ya, pero por la noche le volvieron el dolor y el miedo, pero sin
conexión con el suceso». Le pregunté qué sentimientos asocia-
ba con el cerebro en su sueño. «Estaba frío», dijo. A los pocos
segundos prosiguió: «Me avergüenzo de que no se me ocurrie-
ra». Con esto quería decir que en ese momento no reconoció
que el «cerebro frío» simbolizaba la historia de su vida. Yo: «Es
que no es tan sencillo. Usted siempre tiene que lidiar con su sufrimiento fríamente. Su madre se lo exigía. Siempre se sorpren-
de de que tanta gente crea que es usted fuerte. A menudo me ha
contado lo furiosa que se ponía su madre cuando usted mostraba miedo o dolor». «Sí, me elogiaban cuando no mostraba dolor. Mi padrastro me cortó unas verrugas que tenía en las manos anestesiándome solo con un espray frío. Tenía diez años, y
aguanté sin pestañear. Pero él empezó a encontrarse mal. El frío
se le metió dentro y le hizo daño. A mí aquello me puso conten-

tísima» (un indicio del regreso de los propios sentimientos; la persona se vuelve sádica manteniendo alejado su propio dolor). «El hombre del coche no estaba afectado en absoluto». «¿Y usted?», pregunté yo, «¿usted no estaba indignada?». «No», dijo ella, «cuando uno deja que alguien se le acerque significa que es débil. Cuando yo tenía dolores, mi madre siempre decía: "¡No te creas tan importante!". Hoy todavía cuenta llena de orgullo cómo una vez le dio la mano a Hitler». Yo: «Sí, para su madre él era un ejemplo de fortaleza. Por eso usted no podía mostrar dolor. Usted pasó sus peores apuros por la noche, de forma separada del accidente. Usted fue castigada por su sufrimiento». Ella: «Sí, por esta razón a menudo de pequeña no me daban de cenar, solo pan y agua. Pero yo siempre pensaba que sobreviviría a pesar del control de mi madre. A menudo mentía para esconder mi miedo. Y ella siempre decía: "El que miente engaña, y termina en la horca"». Yo: «Pues debió de experimentar un miedo enorme, de pequeña, un pánico terrible». Ella: «Sí, siempre sentía pánico cuando mi madre se presentaba en el internado de repente sin avisar».

Esta mujer se defiende contra su sufrimiento. Y nunca puede estar satisfecha. Pues eso la dejaría a merced del posible dolor. Su protección en la vida es su insatisfacción, su condición de víctima, que la protege de la hiriente conclusión de que su madre nunca la quiso. En la sesión también apunta lo siguiente: «Tengo miedo a mis propios deseos». Si viera a su madre como realmente era, es decir, insensible y sádica, el antiguo e inmenso dolor volvería a aparecer. Y ella no lo puede permitir. Tiene que seguir siendo «fuerte», en el sentido de Hitler y de una ideología «masculina». Hasta ese punto teme su sufrimiento. «Irradio fuerza, aunque detrás no hay nada. Mi cuerpo se opone a todo. Mi mano derecha se vuelve cada vez más dura, más rígida, mientras que mi cabeza quiere volverse más y más blanda. Entonces me viene esa dureza en el pecho, en el diafragma. Es una incapacidad. No quiero seguir petrificándome». Y justo después añade: «Sí quiero esta petrificación. Pero es doloroso. No, es incómodo».

A pesar de todo, la paciente no quiere tener ningún sentimiento. Sigue sometida obedientemente a las disposiciones de la madre. No debe sentir dolor alguno. El miedo es demasiado grande, el terror es demasiado poderoso; a fin de cuentas, está relacionado con una muerte emocional muy temprana. Ella aún no puede enfrentarse a ello. «No puedo gritar», dice la paciente. Y añade: «Y se repite la historia. Soy incapaz de darle a mi propia hija lo que me gustaría darle: algo positivo». Es decir: el afecto que ella de niña necesitaba y deseaba y que su madre le negó. «Mi madre siempre decía: "Nosotros solo queremos lo mejor para ti". La de veces que quise ver a mis padres bajo tierra. Me parecía injusto que me atribuyeran algo falsamente. Aunque sí era verdad que cuando yo hablaba de ellos los presentaba como unos imbéciles». Yo: «Para usted fue un periodo terrible, más terrible aún porque usted necesitaba el reconocimiento de su madre. Ningún crío puede sobrevivir sin esa aceptación. Usted tuvo que endurecer sus sentimientos; de otro modo el dolor la habría matado».

La paciente odiaba a su madre. Al mismo tiempo, el terror que esta desataba en ella era tan grande que no podía tolerar su dolor. Se identificaba con la ideología materna, según la cual ser fuerte significa no sentir dolor alguno. Lo que le era propio —sus deseos y necesidades de amor, cariño y afecto— se convirtió en algo ajeno que se proyectaba hacia fuera y que se percibía con desdén en los demás.

Estas son las raíces de la obediencia: un niño no es capaz de defenderse ante la frialdad amenazadora de la autoridad de los progenitores. Puesto que los padres consideran sus sentimientos como una muestra de debilidad y como algo sin valor, el niño aprende a avergonzarse de lo que le es propio. Así los padres hacen que el niño se sienta culpable por algo que lo amenaza. El resultado es una pérdida de la autoestima profundamente arraigada en la personalidad. Este déficit de autoestima se convierte en un estímulo que lleva a la obediencia y a la apropiación del dictado de los padres. Como en el experimento de

Milgram, la paciente no podía reconocerse a sí misma en su miedo y en su dolor pese a los síntomas somáticos. De hacerlo, se vería a sí misma como alguien débil y menospreciable.

Así pues, el origen de la obediencia hay que buscarlo en los procesos que crean en nosotros al otro. Con la obediencia renunciamos a nuestros propios sentimientos y percepciones. Si a una persona se le obliga a avanzar en esa dirección durante el proceso de desarrollo de su identidad, su evolución transcurre según leyes que son completamente distintas a las que establece el pensamiento psicológico corriente hoy en día. Entonces, el apego a la autoridad se convierte en un precepto fundamental de la vida. Aunque uno odia esa autoridad, se identifica con ella. La represión de lo propio desata odio y agresiones que, sin embargo, no se pueden encauzar contra el represor, sino que se transfieren a otras víctimas. Es típico de esta evolución negar la propia condición de víctima. Pues el propio sufrimiento y el propio dolor formaron parte anteriormente de lo que nos convirtió en seres sin valor. Así, la condición de víctimas se convierte en el fundamento inconsciente de la condición de agresores. Al mismo tiempo, la obediencia se vuelve una institución social con la que se transmite esta enfermedad, de la que todos estamos afectados en mayor o menor grado, pero que no reconocemos como tal.

No es fácil darse cuenta del terror que se esconde detrás de todo esto. Hemos aprendido demasiado bien a negarlo. En la praxis psicoterapéutica, nos enfrentamos una y otra vez a este terror. No obstante, no llegamos a percibirlo hasta que como terapeutas podemos admitirlo.

Un ejemplo: la infancia y la imagen familiar de un paciente estuvieron marcadas por un padre violento y castigador, que había sido miembro voluntario de las Waffen-SS. El paciente se siente responsable por su padre. No es consciente de los sentimientos de culpa que hay detrás, pese a que el sentimiento amenazante que lo atormenta constantemente es causado por el miedo a ser castigado.

Poco a poco se remueven en su interior las dudas sobre él y su padre. Según él, las conversaciones terapéuticas le han hecho sentir «más relajado»: «Me he vuelto más sensible, ahora percibo más cosas, también tristeza, y esto me desestabiliza (!). Antes era más fácil. Quería mantener la calma delante de los demás y construía un muro a mi alrededor. En mi infancia y juventud experimenté muchas cosas, pero me agobió, me hizo daño. Luego quise dejar de ser tan sensible. Ahora vuelven los sentimientos. Se trata también de satisfacer mis necesidades. Y esto me da miedo. Después de hacerlo estoy triste, y luego enfadado porque los demás sean más fuertes. Antes en estas situaciones me volvía insensible, esa era mi forma de solucionarlo. Antes siempre tenía dudas, nunca era capaz de decidirme. Ahora vuelve aquella inseguridad. Es como una flaqueza».

Le pregunto cómo cree que se origina este sentimiento. Él: «Me da miedo fracasar si tengo dudas». Yo: «¿Y dudar no podría ser el comienzo de algo?». Él: «Luego soy incapaz de actuar». Yo: «Para usted dudar probablemente signifique cuestionar a su padre». Él me da la razón: «Es lo que pasa con los superiores. Yo estoy sometido a una autoridad. En el experimento de Milgram yo sería uno de los que habría torturado por obediencia. Siempre tengo miedo a ser castigado».

Esto lo dice un hombre que en su trabajo es tan empático y emocional que algunos compañeros le echan en cara una excesiva identificación con las desgracias de los clientes. El intenso sentimiento de ser responsable por sus padres ilustra la persistencia con la que, cuando somos adultos, nos aferramos a la mentira que nos impusieron sobre nuestra biografía. El terror interno nos lleva a experimentar la agresión de los padres como una forma de amor. Esta tergiversación está grabada en lo hondo de nuestra alma. Y solo se puede eliminar si nos enfrentamos al terror que se esconde detrás y lo revivimos en el presente. Para ello hay que tomar distancia. Para desarrollar esta distancia, se necesita a otra persona que nos acompañe generando confianza para hacer que ese antiguo terror regrese a la superficie.

Este terror es tan grande que, a pesar de todos los conocimientos racionales, la mayoría de las personas solamente pueden ver a sus padres como los propios progenitores les enseñaron a verlos. Un ejemplo de ello lo da Martin Bormann, hijo del jefe de la cancillería de Hitler, en su libro *Leben gegen Schatten* [Vida contra la sombra] (1996). Su padre ya estuvo implicado a comienzos de los años veinte en crímenes como los asesinatos políticos (*Fememord*) de Parchim (con Rudolf Höss). No obstante, al hijo la vida política del padre solo le parece «difícil de comprender». De la autobiografía de Bormann se desprende claramente que su padre nunca estuvo a su lado. Sin embargo, lo describe como una persona a la que le debe nada más que agradecimiento: «Pues a mi padre y a mi madre les doy las gracias por mi vida, ¡sin su vida y su amor yo no existiría!». A Bormann hijo no le fue posible enfrentarse a sus experiencias reales. Había sido «obligado» a querer a su padre. Uno no puede separarse fácilmente de esta «no existencia» impuesta mediante la obediencia. Aunque estaba escindido de su experiencia real, Bormann logró crearse una vida tras la caída del estado nazi: se convirtió a la fe católica, cuyo padre había combatido. Y, como misionero, viajó al Congo para dedicar su vida a personas que habían sido víctimas.

También Kurt Meyer vivió una educación consagrada al mito de la fuerza y de la dureza emocional. Su padre fue el comandante de las Waffen-SS Kurt Meyer. El relato de Meyer *Geweint wird, wenn der Kopf ab ist* [Se llora cuando la cabeza está hecha polvo] (1998) refleja con pasión lo difícil que es acercarse a la verdad habiendo tenido padres que obligaban a obedecer mediante la humillación y el castigo. A menudo los niños que sufrieron un terror así tienen que lidiar durante toda la vida con una imagen paterna que presenta a los progenitores como personas cariñosas, afectuosas y cuidadosas. No hacerlo da miedo. Este miedo es tan enorme que uno lo rechaza incluso antes de llegar a experimentarlo.

Dimos un paseo por el parque de la ciudad en Hagen, donde había (y sigue habiendo) un monumento a los soldados que combatieron en la guerra, cercado por un pequeño muro circular. En el monumento estaban grabados los nombres de los caídos en las dos guerras mundiales y la típica frase: «A los hijos caídos» o algo parecido [...]. Yo tenía doce años y se me ocurrió dar la vuelta caminando por encima del muro. Así habríamos tenido la misma altura. No lo recuerdo con precisión: no sé qué mano levantaste ni qué mejilla alcanzaste. Me pegaste un bofetón por dar una vuelta por encima del muro del monumento a los caídos. Yo estaba muy avergonzado, y luego durante mucho tiempo no hablamos.

Y, no obstante, en otra parte escribe: «¡Mi padre y yo somos uno!». Y también: «No quise poner nada en juego, el amor de mis padres, de los amigos, de la familia». «Sentía confianza y seguridad en las relaciones personales, también a través de tus camaradas y amigos» (se dirige directamente al padre). Ahí vemos a un hombre que ha luchado de verdad consigo mismo para formarse una opinión de su padre. Conocía las atrocidades del padre y reconocía la magnitud de sus errores. Aun así, le cuesta muchísimo hacer frente al terror que siendo niño le quitó lo que le era propio. Para las personas que están totalmente escindidas de su pasado, de su propia condición de víctima, a menudo esto es directamente imposible. Más adelante me referiré con más detalle a este problema y sus consecuencias políticas.

Las personas se consideran a sí mismas seres autónomos, independientes y auténticos en cuanto a sus sentimientos. Pero solo unas pocas están en condiciones de serlo realmente debido a este tipo de identidad. Esto lo ilustra el relato de Kurt Meyer: «Hitler logró ya durante su vida que [aquí hace referencia a la juventud alemana] no tuvieseis que desarrollar una distancia crítica con vuestra propia experiencia. En su opinión, la juventud debía "pensar en clave alemana" y "actuar de forma alemana", y en cuanto "esos chavales" hubieran pasado por las organizaciones del Estado, estaba seguro de que entonces "nunca más en toda su vida serían libres"» (Meyer cita a partir de un discur-

so de Hitler en Reichenberg en 1938). En una carta de su padre
con motivo de la Navidad de 1947 leemos:

> Queridos, ahora mismo siento desde luego la dureza de nuestra
> separación y echo de menos con toda mi alma vuestras risas y
> vuestras caricias, y apenas puedo imaginarme que estáis con nuestra
> cariñosa madre y abuela bajo el árbol de Navidad y que pensáis
> en la soledad de vuestro padre.

Esto es una exhibición de emotividad que supuestamente
finge unos sentimientos verdaderos. Pero detrás de estas palabras se esconden solo dos sentimientos auténticos: la acusación
y la autocompasión. Una acusación porque el que escribe la carta no se puede imaginar que su familia esté festejando la Navidad sin él: ¡cuidadito si lo hacen y si además disfrutan! Y autocompasión porque lamenta su soledad. Para esa soledad, sin
embargo, había un buen motivo: Meyer estaba encarcelado por
el asesinato de soldados canadienses durante la guerra. Lo que
quería decir realmente el comandante de las SS en su carta lo
ponen de manifiesto otras líneas:

> [El amor] exige dedicación incondicional y no tolera la cobardía,
> el interés propio ni la pereza [...]. Poneos a prueba y veréis en
> vuestros actos el espejo de vuestra alma [...]. Aprended, trabajad,
> cantad y reíd, y contribuid con vuestras hacendosas manos a llevar
> las cargas de la familia. No hay tarea demasiado dura, ni caminos
> demasiado largos, y nunca la entrega es inútil.

Y más adelante: «Cualquier acto de desobediencia, cualquier falta de disciplina debe arder en vuestros corazones y ha
de obligaros a arrepentiros de la infracción y a pedir disculpas».

¿Cómo tiene un niño que hacer frente a esa contradicción?
¿Cómo puede afrontar el hecho de que su padre no quiere sino
hacerlo sumiso al decirle que lo quiere? Un niño necesita tanto creer en el amor que le da la vuelta a la realidad. Cuando es
adulto, el niño reconoce que al padre lo que le importó siempre

fue un «quiero», un «me gustaría», un «debéis» y la «voluntad» y la «actitud». Pero ¿cómo ha de percibir un niño la frialdad que se esconde detrás cuando lo que necesita para seguir viviendo es afecto y protección, cuando solo la certeza de estar en manos cariñosas y benévolas lo protege del terror y de la desesperación infinita? Cuando Meyer tenía cinco años, su padre le dio por carta a la madre unas indicaciones sobre cómo tenía que enseñar a nadar al chico: «¿Has seguido mi deseo y has enseñado a K. (!) a nadar? El chaval ya es suficientemente mayor; átale una cuerda alrededor del cuerpo y al agua. No te preocupes por sus gritos, eso le fortalece los pulmones y por tanto es un incentivo de más». Y añade: «Tus hijos deben "saber que se han ganado una paliza". Tienen que "ser educados para convertirse en miembros útiles y decentes de la sociedad humana" [...]. Castígalos, instrúyelos, diles a los chavales el motivo de su castigo y nada más».

Este padre no conoce otra cosa aparte de la dureza. Lo que pretende ser preocupación paterna por la educación del chico es puro sentimentalismo. Nada tiene que ver con los sentimientos de afecto. Más bien lo contrario: detrás solamente se esconden frialdad e ignorancia respecto a las necesidades del niño. Al padre lo que le importa es su propia imagen. Enamorado de sí mismo, juega un papel en el que se gusta. Él mismo es un chico obediente que busca aceptación. Eso es lo que personas como Kurt Meyer, con conceptos como «honor», «lealtad» o «entrega incondicional» realmente querían decir y exigían.

Uno se pregunta qué sienten estas personas cuando se pone en cuestión la veracidad de sus sentimientos. La respuesta es deprimente: no sienten nada, y a veces incluso son conscientes de ello. Guillermo II, el último emperador alemán, confió al príncipe Eulenburg lo siguiente:

> El káiser se acordaba con amargura de los métodos educativos que se le aplicaron, sobre todo de la falta de amor de su madre y de los experimentos equivocados de su educador. «Quería hacer de mí su ideal de príncipe [...]. Es por ello que no siento absolutamente

nada donde otros sufren [...]. Me falta algo que los demás tienen. En mí ha muerto toda lírica».[2]

La opción que le quedaba, según Meyer, era ponerse a prueba por medio de la «eficacia». Un «valor» que, desposeído en su abstracción de cualquier conexión emocional, también hace posible finalmente matar sin sentir nada. Sin embargo, las ataduras permanecen. Deshacerse de ellas es muy difícil porque con ello vuelve a conjurarse el terror que antaño nos obligó a reinterpretar como amor la violencia paterna. En un epílogo conmovedor y muy empático al libro de Kurt Meyer, escribe Heinrich von Trott zu Solz:

> Parece como si Kurt Meyer (en este libro) diera con los límites de su propia inhibición en el ámbito de dominio del padre. Pues por más convincente que sea la agudeza política de esta aproximación crítica a la vida de Kurt Meyer padre, el general de las Waffen-SS, y al tiempo en que vivió, por más que aquí se experimente y se interprete existencialmente el problema general de la generación de la posguerra, se ve claramente lo difícil que es para él determinar su propia posición con respecto al padre.

La obediencia está profundamente arraigada en el proceso que lleva a la enajenación de lo propio y cuyo núcleo crea la imposibilidad de percibir a los padres como son en realidad. Este problema no solo se manifiesta en la relación con la madre y el padre. Hoy en día estamos muy orgullosos de ser racionales y realistas. Sin embargo, es un hecho que las negaciones cotidianas son una parte «normal» de nuestra cultura. En general, enfrentarnos a la verdad nos cuesta. Estamos todos presos del miedo a ver lo que realmente es. Reconocerlo supondría un tipo muy distinto de psicopatología al que es habitual hoy en día. Clasificamos como normales a aquellas personas que se adaptan a la negación general y que, así, operan con éxito en nuestra cultura. Es esperanzador que haya personas que, al menos hasta cierto punto, se pueden liberar. La película danesa *Celebración*, de

Thomas Vinterberg (premio del Jurado en Canes 1998), muestra que es posible sacar a la luz la negación.

Dos proyectos de investigación que se dedicaron al desarrollo
de la autonomía han demostrado que lo que nos lleva a confor-
mar nuestra sensibilidad humana o a la alienación ya se manifiesta a una edad temprana. En 1972 Helen Bluvol y Ann Roskam llevaron a cabo estudios en un instituto. Investigaron a dos
grupos de alumnos: uno con un éxito escolar extraordinario y
otro que, aun obteniendo unos resultados que se podían clasificar como suficientes, no mostraba un gran interés por el éxito.
El primero se distinguió por una fuerte necesidad de confirmación; los alumnos reaccionaban con miedo cuando tenían la impresión de que se desviaban de las normas de comportamiento
comunes. Los estudiantes de este grupo también eran incapaces
de percibir a los padres como personas independientes y dife-
renciadas. Tendían a idealizar no solo a sus padres sino también
a otras figuras de autoridad, como los profesores. Por el contrario, el grupo de los alumnos menos centrados en el éxito escolar
describía a los padres como figuras reales, con partes buenas y
malas. Las idealizaciones eran algo ajeno a ellos.

Bluvol y Roskam descubrieron otra cosa: los estudiantes
centrados en el éxito, que idealizaban a sus padres, tenían una
fuerte tendencia a tratar a sus compañeros de clase como a personas inferiores. Solo entonces se percibían a sí mismos como
«autónomos». Ahí vemos las repercusiones de lo ajeno y de la
obediencia. El grupo que con respecto al éxito y a la «buena conducta» se sometía a las normas generales y, por tanto, estaba más
sujeto al sistema de las expectativas autoritarias de los padres,
se sentía independiente precisamente cuando podía hacer sentir
inferior a los demás. Lo cual significa: experimentamos el sentimiento de libertad y autonomía cuando castigamos lo ajeno en
los demás —y así también en nosotros mismos.

Así se producen dos evoluciones problemáticas. Una: en el
caso de los alumnos centrados en el rendimiento, la ambición

está ligada al proceso de la alienación. La ambición entendida como una «lucha con uno mismo» puede motivar a potenciar las propias posibilidades. No obstante, si tiene como objetivo la confirmación del comportamiento obediente es resultado de la alienación. Dos: en esta evolución la «autonomía» se transmuta en una perversión y conlleva una distorsión del estado emocional. Dominar a otra persona y desprestigiarla transmite un sentimiento de libertad porque libera de la carga de la propia condición de víctima.

Es la obediencia lo que pone en marcha estos procesos. En el invierno de 1632-1633 el padre jesuita Lejeune pasó varios meses cerca del actual Quebec, en Canadá, para predicar ante los indios montagnais-naskapi las enseñanzas y mandamientos del cristianismo jesuita. Sus anotaciones[3] son ejemplos impresionantes de los efectos que provoca una religión basada en la obediencia. Los indios conversos empezaron enseguida a buscar víctimas para poder castigarlas. Lejeune habla de un indio que «tenía más aprecio al rezo que a la vida, y que prefería morir a dejar de rezar». Escribe sobre niños que gritaban: «¡Castigamos a los desobedientes!». Los conversos decían: «Se nos ha enseñado que Dios ama a los obedientes; y vemos cómo los franceses ejercen la obediencia. Tienen tal respeto por esta virtud que castigan a todo aquel que fracasa».

Es como si la sumisión forzada bajo principios abstractos llevase a un supuesto «encuentro con uno mismo» porque así uno se percibe a sí mismo como alguien bueno y creyente y es aceptado por la autoridad. Las observaciones de Lejeune permiten deducir que entre los indios montagnais también había quienes tempranamente tendieron a rechazar lo propio. Pero no hubo muchos que se convirtieran. Eso indica que, si bien hubo evoluciones identitarias de sumisión, no fueron recompensadas ni fomentadas socialmente. En aquella comunidad la obediencia y el castigo no tenían valor cultural. No fue hasta la llegada de las enseñanzas de los jesuitas, abstractas y basadas en la obediencia, que se agudizó una propensión subliminal a estas actitudes. Así, el castigo se convirtió en la transmisión de la propia condición de víctima.

La propia vitalidad, que uno ya no puede experimentar ni tolerar, se convierte así en la víctima. Es como si una parte de la propia psique fuera sustituida por un cuerpo ajeno, el de la autoridad. Lo propio, no obstante, es perseguido en adelante como algo ajeno, externo a la propia imagen. Cuando esto ocurre, una persona pierde el acceso a su dolor y a su miedo.

En principio, el miedo debe permanecer reprimido. Este es el motivo por el que personas que originalmente fueron víctimas infligen miedo y dolor a otras. Solamente de esta forma pueden apropiarse de nuevo del miedo y del dolor que se les arrebató y luego eliminarlo.

Hasta qué punto el miedo puede llegar a estar escindido de la conciencia lo ilustra el siguiente caso. Un paciente austriaco, que hoy tiene cincuenta años, habla sobre su padre, tal y como lo veía a los doce años. El padre era maestro en el Tirol y atravesó con los alumnos un glaciar sin cuerda de seguridad. «Todo el mundo tenía que clavar el piolet en el hielo para avanzar. Papá era un hombre religioso e intrépido. No veía peligros. Los niños tenían miedo, pero estaban todos ultraconcentrados en el asunto». Tras una pausa le digo: «Él negaba el miedo, pero su comportamiento con los alumnos fue irresponsable». El paciente: «¿Eso cree? Yo nunca lo he visto así. Pero ahora, en este instante, me viene algo a la memoria. Yo tenía cuatro años. Papá se fue de excursión con su clase del instituto a un lago. Yo iba en el sillín para niños de su bicicleta. El lago estaba a ocho kilómetros del sitio donde vivíamos. En el agua había una balsa, a unos cincuenta metros de la orilla, atada a una cuerda. Los alumnos la empujaron hasta la orilla. Yo me subí y volvieron a empujarla hacia el centro del lago. Jugaban conmigo, balanceaban la balsa de un lado para otro. La balsa estaba mojada, resbalé y me caí al agua. De pronto estaba en el fondo del lago. Me acuerdo de que estaba en el fondo, a unos cuatro o cinco metros de profundidad, veía agua verde y no sentía ningún miedo. Veía con toda claridad las burbujas de aire. De repente apareció mi padre y me llevó a la orilla. Vomité. Él me vació los pulmones, me salvó, pero no recuerdo en absoluto lo que sucedió después». Le digo: «¡Entonces estuvo usted a punto de ahogarse!». «Sí, supongo que así fue. Más adelante me costó aprender a nadar». «Me parece que ahí está su miedo, en esta dificultad». «Sí», dice el paciente, «los alumnos me gastaron una broma. Pero ¿dónde estaba mi padre? ¿No lo vio? Yo a menudo pasé por situaciones de peligro en las que otros habrían muerto».

El hombre vino a la terapia porque se había dado cuenta de que identificaba demasiado tarde las dificultades que le producían los socios comerciales. Negaba peligros que procedían de otros y no reconocía si esas personas querían perjudicarle. Hasta que no tuvo problemas financieros por esa razón, no se dio cuenta de que algo no funcionaba correctamente en su capacidad de evaluación.

Gracias a otra paciente vamos a ver algo sobre el terror interno que se esconde detrás de esta negación. Esa mujer, una bióloga, me contó que en las relaciones interpersonales solo actuaba con racionalidad y no se permitía tener sentimientos: «Mi corazón y mis sentimientos no le interesan a nadie» (al decir esto se echa a llorar, lo cual al inicio de la terapia, dos años antes, no ocurría). «Me esfumo. ¿Qué hago mal para ponerme triste cuando dejo fluir mis sentimientos? Nadie es capaz de quererme cuando expreso mis sentimientos. Cuando le digo a Lorain lo que pienso (o sea, lo que siento) me odia. Y el odio en ella me da miedo. Su frialdad me mata. Mi madre aún puede conmigo. Yo solo puedo protegerme escondiéndome detrás de un muro. Dicen que ahora no voy a morir. Nunca había pensado en morir. Tenía un ataúd imaginario en el que me metía como refugio cuando era pequeña. Qué extraño, la muerte me viene ahora a la memoria cuando hablo de no encerrarme dentro de un muro. ¡Ahora veo que el ataúd en el que me cobijaba en mi infancia era una muerte contra la muerte!».

En la siguiente sesión se produjo un diálogo del que se desprende lo confusa y turbia que puede ser la gestión de los padres con respecto a los sentimientos de sus hijos. Lo que los padres consideran atención y cuidado porque creen estar ayudando al niño en su necesidad en realidad suele ser lo contrario. No entienden de ninguna manera la necesidad de su hijo y solo lo usan para verse a sí mismos como alguien amigable, generoso y protector. «El llanto de la última sesión me hizo bien», dice la paciente. «Es curioso darse cuenta de que expresar el dolor ayuda. ¡Extraordinario! Cómo se siente uno encerrado, cuando no lo puede hacer. Me duele que mis sentimientos para con mi madre no fueran correctos, me deja sin palabras. En la última sesión, cuando hablé sobre el sacrificio de mi perro enfermo, usted dijo que estaba experimentando unos sentimientos terribles, como si hubiesen matado a un amigo. Ahí me quedé boquiabierta. *Era terrible.* Todo el mundo diría que estaba loca: "Pero si no lo has matado tú". Me hace bien *tener derecho a vivir algo terrible.* ¿Cuál era el motivo de la falta de amor de mi madre? ¿Por qué tuvo que ser así conmigo, hasta el punto de que yo tenía la fantasía de encerrarme en un ataúd?».

Esta paciente se había vuelto fría e insensible porque no le habían reconocido sus sentimientos de miedo y tristeza. Esto se le transmite a un niño no tolerándole sentimientos como la tristeza bajo el pretexto de la atención y el cuidado.

Ahora querría profundizar mediante otro ejemplo en el terror subyacente que gira en torno a la escisión de los sentimientos en general y más concretamente del miedo y el dolor.

Una trabajadora social describe su horror por la sonrisa desfigurada y burlona de uno de sus clientes: «Ese sádico, cuando maltrata a mujeres y relata sus actos, esboza aquella sonrisa sarcástica. De hecho, tiene que sonreír así para experimentar su propio dolor. En cuanto revive su propio trauma, su dolor y su sonrisa desaparecen». «Esto», digo yo, «también tiene que ver con su pena». «Sí, mamá nos lo hacía. Cuando mostrábamos nuestro sufrimiento nos castigaba. Por eso dije, cuando entré hoy, que podría hacer algo de una tremenda frialdad». Yo: «Es como si uno pudiera infligir dolor a los demás para percibirse a sí mismo y entonces castigar el sufrimiento en los demás». «Es como la manía masculina patriarcal de mi padre, su apetencia por los campos de batalla, y la tendencia homicida de mi madre. Me avergüenzo por ello». «Yo creo que se trata de otra cosa. Su madre negaba su dolor, por eso no le era accesible a usted. No la podía conmover con su dolor ni su pena». «Es una absurdidad y una locura». La paciente llora: «La imagen que tengo de mí está relacionada con cadáveres despedazados, pero todo está separado de los sentimientos. Me alimentan con la mentalidad del campo de batalla, es un tiovivo maligno». La paciente me cuenta en ese momento cómo percibía a su madre, que la hacía sentir desamparada e impotente. Para huir de ese insoportable desamparo, tuvo que identificarse con ella. «Quizá mis hermanos tengan razón al decir que toda esa historia, nuestra historia familiar, no les interesa. ¿Por qué tengo yo que seguir con eso? Ese general de las Waffen-SS, Kurt Meyer, era como mi padre. Al salir de la prisión canadiense, Meyer volvió a colgar la foto de Hitler en su habitación. Igual que mi padre, que escribió desde el frente diciendo que todo lo hacía por su hijo. Estoy llena de odio, también contra usted, porque no puedo soportar el odio. Usted me hace ver lo atrapada que estoy por mis padres. Me siento asquerosa. ¿Quizá quiera usted tener poder sobre mí? Exactamente como el antiguo terapeuta de una de mis clientas, quien durante años abusó de ella sexualmente y le hizo creer que la estaba curando con la sexualidad. Ayer me sentí así de desesperada con usted». Yo: «Su madre le generó desamparo y usted no podía mostrarlo, no tenía derecho a sentir nada. Y ahora usted no puede expresar su rabia conmigo». Ella: «Una vez lo hice. Saqué un insuficiente en clase de francés. Aquello fue lo peor para mi madre. Entonces me tumbé en la cama y me puse a gritar tan fuerte que ella se fue sacudiendo la cabeza con desaprobación. ¡Ese día la engañé! Esto tiene que ver con el poder». «Detrás se esconde el desamparo que compartimos todos», le digo yo. «Ahora tengo un miedo tremendo a estar siguiéndole la corriente, a que todo lo que ocurre aquí no tenga nada que ver conmigo». Intenta dejar salir su rabia y le da mucho miedo. «No sé distinguir la sonrisa de la agresividad. En casa era todo hipocresía». La sesión termina, y al salir dice: «Dígamelo, por favor: ¿me va a echar?».

El odio de su madre a la vitalidad la persigue, le causa un terror y un miedo enormes. Pero del desamparo surge también la agresión que en aquel entonces no solo tuvo que reprimir sino que le dio la sensación de que la madre tenía razón al decirle que ella no servía para nada. El retorno del dolor y la tristeza es una queja contra esa madre. Por eso refuerza el terror interno. Pero empieza, no obstante, a atreverse a expresar y a exteriorizar sus antiguos sentimientos.

Pasadas varias sesiones, la paciente habla de nuevo acerca de su cliente sádico: «Su sonrisa burlona desaparece cuando reconoce su dolor en los demás. Pero ahora tengo la sensación de que lo estoy aburriendo. O que lo desprecio». Yo: «Me parece que todo esto son caminos por los que usted se esfuma». «Pero si no lo hago, todo lleva al odio, y entonces va todo mal, luego echo pestes de los que están a mi alrededor. Zygmund era muy respetuoso conmigo y empecé a estropearlo. Reaccioné como mi madre. Es un odio indiscriminado. Me sabe mal, ella estaba atada, pero me parece que sigo metida en su sistema. Ella también era una víctima. Buscaba una relación de proximidad con mi padre, se aferraba a la ilusión del héroe. Ojalá se hubiera separado de él». Pero su madre no se podía separar; necesitaba un héroe porque rechazaba su propia feminidad, desde un punto de vista machista, como algo de escaso valor.

«Cuando tenía cuatro años, hubo un episodio de ahogamiento en la piscina. Resbalé y caí al agua. Con mis últimas fuerzas me agarré a la pierna de otro niño. Nadie se había fijado en mí.

Pero cuando ese otro niño también cayó, lo salvaron y por tanto también me rescataron a mí. No se lo pude contar a mi madre. De haberlo hecho, habría sido por mi culpa, porque ella estaba ahí (¡y no había prestado atención!). Me aferraba al odio por parte de mi madre, cuando ella se aferraba a él, al padre».

«Cuando recibo muestras de respeto por parte de compañeros de trabajo, tengo miedo. Pero cuando permanezco en el odio, como con Zygmund, entonces todo va bien». Aquí se ve claramente cómo el odio nos protege de la percepción del propio dolor. «En una relación íntima no puedo tolerar respeto alguno. Zygmund no es un héroe. Es un inepto. Por eso lo odio. A esto se aferraba mamá, a su odio». En el fondo su madre también odiaba a su marido, al héroe que luego soltó contra sus hijos. «Su odio les llegaba a todos; yo también soy así. Quien no aprobaba su odio lo pasaba mal. Esa era la única forma de estar cerca de ella, de unirse a ella para no entrar en el ángulo de tiro de su odio». Yo: «Y unirse con su madre en su odio la salvó a usted de un dolor inaudito». «Dios mío, sí, mi madre está encerrada en su edificio de odio y yo quiero salir. Tengo la llave en la mano pero no me atrevo a meterla en la cerradura. Anoche soñé con un niño cuya madre lo llevaba al médico. El niño ya estaba muerto cuando llegaba a la consulta; él quería algo propio. Qué difícil es tener algo positivo».

Nos acercamos aquí al terror interno que los niños experimentan muy tempranamente durante el proceso descrito de alienación de lo propio y que impulsa dicho cambio. Una paciente describe la maldad con que la miraba su madre: «Su mirada era como veneno, mortal. Sigo notando el miedo. Yo nunca tenía derecho a estar enfadada, no tenía derecho a nada, solo tenía que trabajar. Y mi padre me amargaba tanto para hacerme sentir culpable. "¿Estarías mejor con otra gente que en casa?", me preguntaba. Habría podido preguntarse alguna vez por qué no me gustaba estar en casa. El lamento de papá me afligía muchísimo. Uno no entiende el mundo, de niña tenía la respiración como cortada. Como un grito que no llega a salir, un grito sordo. Es como si tuviese los pulmones dañados».

El peligro que también describió la paciente que hemos mencionado consiste en reconocer como propio lo que se ha convertido en extraño. Por eso no podemos experimentar nada positivo, ni nuestra propia vitalidad ni el amor de los demás. Convirtiéndonos en víctimas, aun sin reconocerlo, debemos traspasar a otros el castigo al que fuimos sometidos.

El extraño que llevamos dentro es la verdadera víctima de nuestro yo. Este yo queda desfigurado mediante la obediencia, que hace prácticamente imposible reconocer la verdad de todo el proceso. La obediencia —se podría decir— no solo sirve para someterse al represor, sino también para encubrir sus actos. Dicho de otra forma: la obediencia es el fundamento del poder. Hace posible dirigir la rabia acumulada contra los responsables del poder. No obstante, la rabia está ahí, exactamente como el odio contra la propia víctima, que se rechaza por ser algo extraño, para llegar a acuerdos con los poderosos.

LA SERVIDUMBRE VOLUNTARIA

Lo que he descrito aquí es el fundamento de todas las llamadas civilizaciones avanzadas. Reproduce los mecanismos psicológicos que determinan el comportamiento de las personas en estas sociedades, basadas en el poder y la violencia. Mi trabajo a lo largo de décadas con pacientes, pero también mi análisis de las evoluciones históricas,[4] me han llevado al convencimiento de que la base de nuestra «civilización avanzada» es el afán de tener el mundo bajo control, de poseer, de dominar y al mismo tiempo de crear mecanismos que hagan posible la negación y el encubrimiento de dicha motivación.

El combustible de este proceso es la obediencia, que se expresa y se reproduce mediante el dictado de los padres: te castigo solamente por tu bien. Todos los intentos de contrarrestar este fundamento a través de fórmulas educativas liberales están condenados al fracaso, pues no identifican su núcleo más profundo. Este consiste en la alienación interna que empieza ya desde el nacimiento (si no antes).

En estos procesos la persona permanece atada y presa. Los pacientes que acuden a la psicoterapia buscan, por cegados que estén, una salida a esta situación. Enfermaron porque, sin ser realmente conscientes de ello, se opusieron a la alienación de su propia alma. Su rebelión interior impide que se adapten por completo. Ello conduce a que los demás los clasifiquen como *outsiders*, ovejas negras o incluso traidores a la causa común. Vienen a la terapia porque buscan apoyo para no tener que clasificarse como «enfermos», es decir, para sentirse como aquellos que «logran» comportarse de forma «correcta»: «exitosamente», «sin miedo», «sin depresión», «sin tensión». Esto también es una señal de la alienación general.

Ahora me gustaría centrar la atención en los adaptados, que se clasifican como «no enfermos»; en los que tienen éxito en la competición, en la dominación, en la posesión, en la conquista, es decir, en aquellos que aparentemente están libres de miedo, tensión y sufrimiento. El intento de dividir a las personas entre enfermos y no enfermos está condenado al fracaso, porque no tiene en cuenta la verdadera enfermedad que nos convierte en víctimas. Pero si ignoramos este fundamento de nuestro desarrollo, nuestra conciencia histórica será necesariamente incompleta. El afán por entender la historia del hombre fracasará mientras no seamos capaces de reconocer en nosotros la omnipresencia de lo ajeno.

No podemos comprenderlo porque tenemos que negar el terror y el sufrimiento al que estuvimos expuestos. Esta ocultación de las fuentes de la condición de víctima lleva a que la obediencia se escenifique una y otra vez y que se transmita. Al mismo tiempo, lo pérfido de la obediencia es su seguro incorporado: contravenirla significa quedar sobrecargado de culpa. Al mismo tiempo nos consideramos libres y autónomos.

Todo ser vivo necesita estímulos para su existencia. Para sobrevivir emocionalmente, una persona necesita esta estimulación también en las relaciones interpersonales. El aislamiento no solo reduce la conciencia, sino que conduce a la locura. Klaus y Kennell indicaron que las miradas entre madre e hijo justo después del parto representan la dinámica estimulante que tiene el recién nacido.[5] Si en dicho proceso un niño no obtiene reacción alguna, ello supone algo tan espantoso como una amenaza física. Así pues, el asesinato no es solamente un proceso físico sino también psíquico.

Cuando un niño se ve expuesto a un terror interno como este, tiene que hacer todo lo que puede para sobrevivir. En este punto se pone en marcha lo que Sándor Ferenczi ya en 1932 describió como la transmutación de miedo y terror en una sensación de protección.[6] Este proceso está anclado en un entorno social que permite a los adultos abusar de la dependencia de un niño para aumentar su propia autoestima. Esto conduce a que de pronto un niño rechace sus propios sentimientos y percepciones para mantener una ligazón vital con los adultos que lo abastecen. El niño lleva esto a cabo sometiéndose íntegramente a las expectativas del adulto. Ferenczi lo describió así:

> Los hijos se sienten física y moralmente desamparados, su personalidad está demasiado poco consolidada como para poder protestar ni siquiera de pensamiento, la arrolladora fuerza y autoridad del adulto lo dejan mudo, incluso a menudo lo desposeen de sus sentidos. Pero ese mismo miedo, al llegar a un punto álgido, lo obliga automáticamente a someterse a la voluntad del agresor, a adivinar todos sus deseos y a seguirlos, a olvidarse de sí mismo por completo, a identificarse totalmente con el agresor.[7]

Esta identificación no solo lleva a que la víctima se una al agresor sino también a que lo idealice. A ojos de la víctima, el agresor empieza a irradiar seguridad y protección. Al mismo tiempo la víctima comienza a percibir su dolor como una debilidad, porque el agresor prohíbe estos sentimientos. Si percibiera estos sentimientos en su víctima, debería sentirse culpable. Eso hay que impedirlo con violencia. Pero el dolor y la rabia resultantes siguen existiendo en la víctima, solo que ahora se dirigen hacia lo propio, que se percibe como ajeno. Pertenece al proceso normal de adaptación dirigir esa rabia hacia fuera, contra lo extraño. La omnipresencia de este proceso es determinante para el desarrollo de nuestra historia.

La historia se ha escrito pensando mayoritariamente en los dominadores, los conquistadores y los poderosos comandantes. La mayor parte de los sistemas de pensamiento sociológicos e históricos se basan en la autoridad, la visión de futuro y la soberanía. Yo creo que en realidad es todo lo contrario. Nuestra historia gira en torno a aquellos que son considerados capaces de adaptarse: aquellos que dirigen su rabia y su odio a lo ajeno fuera de su propio ser. En verdad los grandes combatientes huyen de su gran dolor para destruirlo fuera de su ser en supuestos enemigos.

Erich Neumann se pregunta «si, a fin de cuentas, en una época de danza macabra, de la que el nacionalismo en Alemania no fue más que un preludio, la cuestión de la ética [...] es pertinente». Su respuesta es sí, pues uno «debe reconocer que desde siempre la máxima aspiración de la especie humana ha ido encaminada a la formación del individuo [...] [pero] una psicología que vea la individualidad precisamente hoy como el problema central de la comunidad está luchando, al parecer, por una causa perdida. Sin embargo, una y otra vez se ha puesto de manifiesto que las causas perdidas son el campo donde ocurre lo decisivo para la humanidad».[8] A menudo la crítica dice que esto es una psicologización. Detrás de esta objeción se esconde una malhumorada intención: quitarle a la persona su responsabilidad consigo misma para que pueda evadir su culpa real (y su sentimiento de responsabilidad).

Así pues, no se trata de hacer declaraciones políticas, económicas o sociológicas. La división del trabajo en nuestra cultura, consistente en muchos niveles, refleja una tendencia a fragmentar a las personas. No obstante, el organismo debe ser analizado en su totalidad. Precisamente ese es el cometido de una psicología que está al servicio de la individualidad. La cuestión central que tiene que ocuparnos es averiguar qué parte de nuestro ser hemos perdido, cómo y por qué ocurrió algo así y de qué manera podemos recuperar esa parte de nuestro ser.[9]

La impotencia derivada de la pérdida de las propias raíces despierta en la persona una necesidad interna de poner el poder y la posesión por encima de todo. No obstante, esto conduce a que la persona se distancie de sí misma: un ciclo que desembocó en aquella danza macabra de la que hablaba Neumann. Las teorías tradicionales sobre el Estado que se desarrollaron a partir del siglo III a. C. para justificar las estructuras sociales de poder pueden leerse como correlatos de la obediencia, cuyas estructuras sirven al mantenimiento del Estado. Esto es aplicable a todas las formas de Estado. Diamond escribe: «Como vio acertadamente Marx, el proceso de la formación y el funcionamiento del Estado puede generalizarse más allá de la forma específica de cada Estado».[10] El resultado es la explotación del individuo, de quien lo propio se convierte en ajeno, lo cual para la mayor parte de las personas significa la pérdida de su fuerza creativa y de su autonomía.

La pérdida del yo está íntimamente relacionada con nuestros problemas políticos y sociales. Étienne de La Boétie describió en 1550 a dónde podían llevar la alienación de lo propio y la idealización del opresor. Su libro lleva el título significativo de *Discurso sobre la servidumbre voluntaria* (1991). Dice La Boétie:

> Por ahora quiero entender solamente si es posible y cómo puede ser que tantas personas, tantos pueblos, tantas ciudades, tantas naciones a veces soporten un solo tirano que no tiene más poder que el que ellos mismos le dan; que tanto poder tiene para dañarlos en la medida en que ellos lo quieren soportar, que solo les puede hacer daño cuando prefieren soportarlo a contradecirlo. Es algo notable y no obstante tan habitual que uno más bien debe lamentarlo que asombrarse, ya que millones y millones de personas sirven mise-

rablemente, con el yugo en el cuello, no obligados por una fuerza mayor sino por el simple nombre de un hombre cuya fuerza no deben temer, pues está solo, y cuyas cualidades no deben amar, pues es inhumano y cruel para con ellos. Esta es nuestra debilidad como humanos: a menudo nos vemos obligados a obedecer a la fuerza.

La Boétie se refiere a las consecuencias políticas de una identificación con el agresor cuyas raíces cuatrocientos años más tarde Sándor Ferenczi localizará en nuestra infancia. La Boétie sigue diciendo:

> El tirano tiene a los demás, a los que están a su alrededor, implorando su favor; no solo tienen que hacer lo que él quiere, sino que tienen que pensar lo que él quiere y a menudo, para satisfacerlo, incluso deben anticiparse a sus pensamientos. No es suficiente con obedecerlo; deben complacerlo; tienen que atormentarse y matarse trabajando en sus oficios; deben disfrutar en sus goces, siempre deben abandonar su gusto por el suyo, tienen que renunciar a su temperamento y negar su naturaleza, deben prestar atención a sus palabras, su voz, sus gestos y miradas; ojos, pies, manos, todo tiene que estar al acecho para espiar sus intenciones y adivinar sus pensamientos.

La Boétie también observó la transmisión de la condición de víctima, el castigo del extraño: «No es que el tirano no les haga daño; pero estos perdidos y abandonados de Dios y de los hombres están satisfechos soportando el mal y no se lo devuelven a quien se lo inflige, no, sino a quienes lo sufren como ellos y no pueden hacer nada».

LA TRANSMISIÓN DE LA CONDICIÓN DE VÍCTIMA

Mediante el proceso de alienación interna y de identificación con el agresor, se causan profundas heridas a las personas. No obstante, no pueden percibirlas, puesto que esto sería una violación del precepto de la obediencia, que impone en nosotros el poder resultante de la idealización del agresor para asegurar su existencia. El resultado es lo que en nuestra cultura se considera un comportamiento «normal»: el intento a lo largo de toda la vida de controlar esa parte dolorosa de nuestro ser que hemos perdido y que nos hace sentir impotentes convirtiendo a otras personas en víctimas para castigarlas por el sufrimiento que nosotros no podemos padecer y para que sean las víctimas que nosotros no podemos ser.

Este proceso se desarrolla más allá de la conciencia. La negación del dolor es responsable tanto de su aparición en la primera infancia como de la obediencia que sigue fomentando. Para un niño la negación de ese primer sufrimiento se asemeja a una muerte, como señaló Françoise Dolto.[11] Para salvarse de esta muerte, el niño tiene que desplazar esta experiencia terrible a otra persona. Este desplazamiento está condicionado por el hecho de que uno no puede identificar la fuente, es decir, al agresor real. En resumen: lo inconsciente del proceso hace referencia tanto a una falta de conciencia con respecto al dolor como a su desplazamiento (*displacement*). Esto conduce a que la vivencia de la propia condición de víctima se transforme en una *búsqueda de otras víctimas* para apropiarse del dolor que no puede ser identificado en su origen. Eso dijo también Viktor von Weizsäcker al afirmar que una persona puede ser «la vida no vivida» de otra persona.[12] Es una vida sustitutiva, que toma el lugar de la propia, lo que acarrea consecuencias devastadoras para la víctima.

Lo que ocurre aquí se puede observar en el ámbito político en todo el mundo. Y aún con más claridad se ve la dinámica del proceso si se recurre a observaciones del ámbito de la psiquiatría forense. Murray Cox, un psiquiatra británico que trabajó en Broadmoor, la prisión más antigua de Inglaterra para asesinos psicóticos, documentó afirmaciones de sus pacientes.[13] Uno de los asesinos dijo: «La historia de mi vida es demasiado grande para mí». Como se demostró, quería decir que la historia de su vida era demasiado para él, es decir, demasiado espantosa para «vivirla» de verdad. Otro dijo: «Él (su víctima) está muerto médicamente; yo, en cambio, lo estoy a otro nivel». Un tercer asesino: «No podemos morir tranquilamente, hay que tener una historia». No sabía identificar su historia, solo la de las víctimas que había asesinado. Durante un debate sobre la enucleación de un ojo comentó uno de los pacientes de Cox «lo tremendamente doloroso que debía de ser sacarse su propio ojo», en el sentido de hacerse algo así a uno mismo. Cox dijo acto seguido: «Sí, pero quizá fuera aún más doloroso no sacarse el ojo [...], ¡piensa en todo lo que podrías ver!». Con el ejemplo de mi paciente que de niña se escondía en un ataúd imaginario, ya hemos visto que el dolor se puede cubrir con dolor.

Cuando Cox le preguntó a uno de los asesinos por qué había matado a una persona, este respondió: «Le quité la vida porque necesitaba una». Él mismo estaba muerto, no sentía nada. Otro paciente (con el que trabajé junto con Cox en 1990) contó que su madre lo roció con agua hirviendo cuando tenía tres años. Nos contó acerca de este terrible suceso sin mostrar reacción emocional alguna. Nada hacía pensar en el terror interno que se supondría en relación con un incidente de esta índole. Lo mismo ocurría con mi paciente del que hablaré más adelante. Él tampoco había experimentado ningún terror interno cuando a los cuatro años casi murió ahogado. Pero el sufrimiento no se pierde, solo se desplaza su lugar en la propia vida. Uno tiene que encontrarlo una y otra vez. Esto ocurre o bien buscándolo en las otras personas que odiamos o infligiéndose dolor a uno mismo. Pero nuestra cultura considera solamente lo segundo como una actitud enferma. No obstante, son los demás quienes deben interesarnos aquí. Su incapacidad de experimentar su propio dolor se ve como algo «normal», a pesar de que destruye nuestra vida.

En este punto se puede objetar que nos entregamos con gran pasión a nuestro dolor, como puso de manifiesto, por ejemplo, la conmoción por la muerte de la princesa Diana. Millones de personas expresaron su consternación y su tristeza por el destino de una mujer cuya vida fue tan trágica porque experimentó poco dolor. ¿Dónde estuvo, sin embargo, la consternación cuando en Ruanda millones de personas eran asesinadas o cuando muchas mujeres eran violadas sistemáticamente y niños y viejos eran masacrados con crueldad? Lo que en el caso de Diana de Gales parece dolor, en realidad es solo apariencia. Es siempre el supuesto sufrimiento de otra persona lo que realzamos inmerecidamente para sentirlo como propio. Quizás en ese dolor desplazado hacia fuera se exprese también una suerte de rebelión contra la represión de nuestras propias penas, a las que fuimos expuestos de pequeños. La puesta en escena pública del dolor sirve, no obstante, sobre todo para la confirmación de la imagen propia del «estar sufriendo». Uno se siente elogiado porque muestra un dolor «correcto».

Incluso este «estar sufriendo» se basa en una alienación. La mayoría de los padres no pueden soportar que un niño sea reservado, testarudo o que esté deprimido (lo que se correspondería con una verdadera sensación de sufrimiento). Esto significaría que han hecho algo mal. Verse como la causa del sufrimiento de su hijo conlleva para muchos padres una bajada de la autoestima. Por lo tanto, el niño aprende con lágrimas en los ojos a adaptarse a un «estar sufriendo» tipificado que conmueve a los padres porque entonces se sienten poderosos. Así la hipocresía sustituye a los verdaderos sentimientos; este sentimentalismo se convierte en la manera de negar los verdaderos sentimientos.

El dolor real que experimentamos y que nos pondría tristes no tiene en este proceso importancia alguna. Hasta qué punto lo importante es la imagen y mostrar el hecho de «estar sufriendo» lo demuestran las reacciones ante los «disidentes»: quien no participa de la escenificación pública del dolor es tildado de traidor e incluso a veces es atacado. El dolor verdadero no permitiría algo así. Uno estaría demasiado triste. Esto pone de manifiesto que el dolor puede incluso negarse bajo el pretexto del dolor, lo que mantiene en pie la disposición a infligir dolor a otras personas.

La presión interior para negar el dolor empieza tempranamente. Donald Winnicott le atribuyó la responsabilidad de los traumas que experimenta un bebé en el parto, cuando no encuentra reacción ante su propio dolor porque su entorno no lo identifica.[14] Por eso un niño puede desarrollar muy tempranamente mecanismos de defensa contra tales traumas. Pirkko Niemelä demostró en una serie de estudios sobre familias en Finlandia cómo los padres mediante la idealización de los roles de madre e hijo imposibilitan la identificación del dolor.[15] Esta idealización no permite que la madre o el hijo experimenten ningún sentimiento agresivo. Este no reconocimiento es lo traumático. En otro sitio describí cómo ese estado emocional ambivalente determina la relación de muchos padres con sus hijos.[16] Es la negación de las emociones lo que provoca el trauma.

Los bebés que se traumatizaron durante el parto presentan trastornos hormonales en varios ámbitos. Por ejemplo, frecuentemente tienen un umbral de serotonina bajo. Ello puede conllevar más adelante irritabilidad y una repetición compulsiva de comportamientos sociales violentos mayor de lo normal (incluido el asesinato y el suicidio).[17] Los umbrales de serotonina más bajos reducen la inhibición de la agresión. Probablemente a ello se deba que los niños traumatizados con umbrales de serotonina bajos presenten con frecuencia un comportamiento violento. Se vuelven agresivos, como describe Lloyd deMause,[18] para eludir su desamparo. Es la negación de su sufrimiento lo que provoca este absoluto desamparo.

Joseph C. Rheingold observó a madres en la maternidad del Boston City Hospital.[19] Allí se dio cuenta de que algunas intentaban desesperadamente hacer marcha atrás en su maternidad y querían eliminar a sus hijos. De este modo parecían tratar de evitar un peligro espantoso. Al parecer, la amenaza que percibían procedía de sus madres. Escribe Rheingold: «Una vez oí a una mujer justo después del parto suplicar a su difunta madre que no la matara».[20] Rheingold concluyó que las mujeres tienen miedo a ser mujer porque temen la venganza de sus madres. Rheingold remite a un problema que tiene su origen en el hecho de que en nuestra cultura la habitual represión patriarcal conlleva el autoodio de las mujeres. En el fondo, escribe Rheingold, estas madres no quieren matar a su hijo en absoluto: «Más bien tienen miedo a tener algo dentro que las obligue a hacerlo».

Es como si el pensamiento de asesinar al hijo que tienen las madres sea dictado por el profundo miedo ante al terror a ser aniquiladas por su propia madre. En este conflicto no se trata tanto de la relación de la madre con el niño, sino más bien de la relación con su madre. Este horror y su negación son, no obstante, elementos decisivos para que el niño se traumatice, el cual no encuentra respuesta a su propio sufrimiento, lo que en última instancia lleva a la alienación de sus propias percepciones.

Ferenczi dijo que los niños se traumatizan también cuando sus madres (yo incluiría aquí también a los padres) los tratan de mala gana o con impaciencia.[21] Johnson creía que un bebé se apropia del imago de su madre, incluyendo la hostilidad percibida empáticamente.[22] Así, un niño puede experimentar sentimientos de aniquilación aunque sus padres no tengan conciencia de estarlo pensando ni se comporten de ninguna manera con abierta hostilidad. Los niños pequeños no sienten, por tanto, miedo a la muerte como tal (los niños enfermos de cáncer, por ejemplo, encaran el acercamiento de su muerte con mucha entereza), sino ante una catástrofe que los aniquilará. Esto se ve muy claramente al tratar a niños psicóticos. Schilder y Wechsler encuestaron a setenta y seis niños en una unidad psiquiátrica acerca de la muerte.[23] Descubrieron que la muerte como tal, entendida como el final natural de la vida, a los niños no les generaba miedo. Para ellos lo terrible era más bien la muerte como consecuencia de la hostilidad de otras personas, como castigo por los pecados. Es el miedo a ser asesinado lo que provoca el terror interno y lleva a la alienación.

ADOLF HITLER

La historia de Hitler refleja reiteradamente el proceso de una alienación. Es el desarrollo que lo encerró a él y a su tiempo en unos acontecimientos en los que el enajenamiento de lo propio condujo a la pérdida de la sensibilidad humana.

Hitler encarna una forma extrema de escisión de uno mismo. Tuvo que ir constantemente a la búsqueda —y a la caza— de sí mismo. Sin embargo, fue una búsqueda de un yo ficticio en lugar de su yo dañado para escapar a su impotencia. Su historia es, por tanto, la historia de una persona sin un verdadero núcleo, sin lo que se podría llamar fuerza interior. Hitler encarna la imagen de una personalidad creada artificialmente, que, si bien imita lo humano, en realidad solo lleva la máscara de la normalidad emocional. Como copia de una persona perfecta, Hitler fue el ejemplo ideal para todos los que estaban perjudicados por un daño parecido para esconder ante sí mismos sus propios déficits. Así, la apariencia de lo trágico —expresión de una autocompasión que no solo negaba el sufrimiento verdadero, sino que lo menospreciaba— ocultó las tendencias asesinas que detrás de la violencia no escondían más que el intento de controlar de forma alucinatoria el dolor que tenía que ser negado para no considerarse uno mismo una persona débil.

Muchos historiadores consideran un hecho que nadie marcó el siglo XX tanto como Adolf Hitler. ¿Qué hay que decir de esta afirmación? Obviamente no hay duda de que las atrocidades de Hitler afectaron profundamente a la humanidad de este siglo. En este sentido, debemos preguntarnos cómo fue posible que algo así sucediera. Pero si la afirmación presupone que el siglo XX fue la era de Hitler —como sugiere, por ejemplo, Ian Kershaw en su biografía de Hitler (1998)—, entonces me parece incorrecta. Aceptar esto significaría que el mal que causó en el mundo el Tercer Reich fue el acto único de un solo individuo. De esta forma no tendríamos en cuenta que el nacionalsocialismo tuvo una historia previa y que el siglo XX trajo consigo los motivos para que se produjera una evolución como la que se vivió. Nuestra era encarna la culminación de una evolución hacia la inhumanidad, es el resultado de la pérdida de nuestra sensibilidad humana. Este proceso empieza con la aparición de las llamadas civilizaciones avanzadas, no importa si con ello nos referimos a la cultura india, europea, sudamericana o mesoamericana. El siglo XX lleva esta evolución hasta el extremo y no hemos llegado ni mucho menos a su fin. Carl Amery afirma que Hitler es un precursor. Yo me sumo a este parecer. Hitler fue el precursor de un proceso que aún sigue en marcha. Este proceso pone en funcionamiento la alienación del individuo y socava la posibilidad de desarrollar una identidad verdaderamente humana.

Nos educaron en una forma de pensar que asigna un valor especial a la grandeza en sí misma. Matar en el campo de batalla, por ejemplo, se considera un acto digno de reconocimiento que da fe de la grandeza de un capitoste. Los libros de historia no mencionan el terrible sufrimiento humano que se infligió en esas batallas. Las fusiones de empresas son elogiadas por ser una genial jugada de algún magnate económico, sin tener presente las repercusiones que acarrean para las relaciones laborales. La magnitud de los beneficios se convierte en un valor supremo que ensombrece todo lo demás. Que las personas sean esclavizadas, incluso los delincuentes, no cuenta. Ya sea en la construcción de las pirámides, de los templos aztecas o de los castillos de los reyes alemanes (sobre todo bávaros) o franceses, lo que importó siempre fue el tamaño, porque las personas habían perdido lo que les era propio y por tanto necesitaban monumentos donde volver a encontrar la ilusión de lo propio. «Toda persona es su propio dios [...]. Ese dios (le) moldea en su voluntad un núcleo para que tenga voz». Esto ya lo escribió Jacob Böhme a comienzos de siglo XVII.[1] El místico y teósofo entendió que la persona debe encontrar a Dios en su interior y no fuera de sí para convertirse en una persona. Al haber perdido esa parte interna, la buscamos en la grandeza, de modo que ya no nos reconocemos. Esto nos conduce a la falsa conclusión de que la historia se ha llevado y se lleva a cabo gracias a «grandes» hombres.

El 20 de abril de 1989 se celebró el centenario del nacimiento de Adolf Hitler. «Pese a todo lo que se pueda decir sobre él», escribió entonces Ronald Sampson, periodista norteamericano de *The Washington Post*, «el recorrido de Hitler atestigua por lo menos dos verdades fundamentales. La primera es que los "grandes hombres" —también aquellos cuya "grandeza" se debe a su locura— efectivamente hacen historia. Esta es la amarga verdad de nuestro tiempo con sus prejuicios generalizadores [...]. Lo que necesitamos —y solo lo obtendremos si la humanidad "tiene suerte"— son otros grandes hombres que quieran el bien de la humanidad, que se opongan a la maldad y que después de tanta sangre derramada vuelvan a crear formas de vida dignas para las personas». Pero ¿qué es —se preguntaba Sampson— un gran hombre? «Cuando pasamos revista a la historia, nos cuesta no desesperarnos a la vista de las infinitas atrocidades que unos seres humanos —grandes o pequeños— han infligido a otros seres humanos que eran más débiles que ellos [...]. El "gran hombre" solo puede afirmar su posición destacada mediante el apoyo activo o el aguante de aquellos que lo han elevado a su "grandeza" o que con su obediencia lo mantienen en su sitio».

«Grandeza» es un término que no dice nada. Lo que fue realmente grande en este siglo fue sobre todo la magnitud de la alienación y de la falta de identidad. La pérdida de lo interior debido a su enajenación conduce a que las personas busquen su parte extraviada apoderándose de otras personas, humillándolas o eliminando a hermanos considerándolos enemigos. Es la banalidad de tales personas, de las que Hitler es un ejemplo extremo, lo que analizaremos.

EL HIJO

Al parecer, la relación de Hitler con su padre estuvo marcada por la violencia. Por el contrario, su madre es descrita, generalmente, como una persona muy cariñosa,[2] pues mimaba mucho a su hijo. Yo lo veo de otra forma. Mimar a alguien no tiene nada que ver con el amor. Quien a partir de las atenciones excesivas de la madre proyecta afecto maternal está más bien cayendo en el cliché habitual de una imagen materna idealizada. Una madre que consiente a su hijo lo enfrenta al padre, con lo cual se siente la mejor de los dos progenitores. Al hijo esta situación le provoca fantasías que perjudican su desarrollo. Empieza una competición permanente con el padre —y con cualquiera que actúe en su lugar—. Una y otra vez el hijo tiene que vencer a monstruos. Pero su presunta fuerza no es una fuerza interior propia. Es solamente una construcción forzada por la madre, resultado de su deseo de que el niño esté de su parte en su posición de dependencia y humillación con respecto al padre. Por eso juega con el niño, le atribuye una fuerza que en realidad no tiene en absoluto. Eso impide que el niño aprenda a valorar de forma realista su propio ser. En lugar de eso, desarrolla fantasías de grandeza y la necesidad de realizar actos heroicos.

Exteriormente puede parecer que el niño recibe mucho de una madre que lo mima. Pero la realidad es que está solo ante sus necesidades y, en cambio, debe satisfacer las expectativas de sus padres. Porque él no es más que el balón del partido, de la lucha por el poder entre el padre y la madre. En este combate sus sentimientos no cuentan en absoluto. Al contrario: ambos progenitores exigen su aprobación, y esto pone al niño en unos conflictos casi insoportables. La desesperación que siente un niño en una situación como esta nadie la tiene en cuenta. Esta desesperación no tiene cabida, puesto que los padres no atienden a los sentimientos del niño, sino que los usan el uno contra el otro. Aquí empieza la alienación, pues el niño solo puede experimentar su propia percepción, su propio dolor, como un obstáculo. Para entenderse con sus padres, por un lado tiene que manifestar temor e idealización respecto al padre y, por otro, debe identificarse con el sufrimiento de la madre.

Las madres utilizan a los niños más que a las niñas para reforzar su posición respecto al hombre. Esto se debe a que los niños a menudo están mejor considerados que las niñas. Pero de este modo las mujeres reducen su valor como mujer, lo cual coincide plenamente con la actitud del hombre. La relación del hijo con la madre en tales constelaciones es ambivalente. Por una parte, él la percibirá como alguien débil y la menospreciará, como hace el padre. Pero al mismo tiempo la quiere proteger, aunque no puede hacerlo abiertamente por temor al padre. Esta situación le crea al niño unos conflictos terribles que por lo general solo pueden resolverse de una forma: con la alienación de sus propias percepciones y necesidades y el desarrollo de una fantasía violenta en la que lucha contra monstruos y puede vencerlos.[3]

El desplazamiento de lo propio y la introyección de las necesidades maternales acarrean unas consecuencias fatales para el niño. No puede admitir que su madre abuse de él para sus preocupaciones narcisistas. (Para ser un aliado secreto en la lucha de poder entre el padre y la madre, el niño se convierte en algo que no puede ser.) Por un lado, debe apoyar a su madre, aunque ella no le garantice protección alguna frente al poderoso padre. Por el otro, asume el desprecio paterno por la «debilidad femenina» de la madre. Eso conduce no solo a la alienación de lo propio, sino también al odio a sí mismo. Un niño pequeño no puede salvar a la madre, no puede satisfacer sus expectativas. Esto hace que se sienta débil, que se avergüence de ser un fracasado y que se odie por ello. Pero el abuso narcisista realizado por la madre despierta agresiones naturales que el niño no puede tolerar. Este es el origen de la escisión en la vida emocional del niño: ama y odia al mismo tiempo a su madre, pero solo puede expresar el odio de forma inconsciente odiándose a sí mismo, considerándose inútil o proyectando esta idea en otras personas.

Así pues, consentir a los niños se equipara equivocadamente al amor, y por eso los biógrafos de Hitler interpretan erróneamente la relación con su madre como una relación de afecto. Ninguno de ellos parece haberse preguntado cómo es posible que una persona que de niño fue querida pudiera desarrollar tanta frialdad humana. Por lo visto, tomamos la apariencia del comportamiento afectuoso como si de la auténtica sustancia se tratara. Incluso la relación de Hitler con sus perros, que en general se presenta como especialmente afectuosa, en realidad no tuvo entrega interior. En una ocasión Hitler azotó a su pastor alemán sin piedad con una correa de cuero por una nadería. Y para comprobar la efectividad del veneno mortal con el que se quitó la vida, lo probó unos días antes con su «querido» perro.

En su artículo sobre el concepto de Hitler de *Lebensraum* ('espacio vital'), Rudolph Binion dibuja una relación madre-hijo afectuosa.[4] Pero del mismo artículo se desprende que Hitler, en una conversación con el doctor Bloch —quien atendió a su madre mientras estuvo enferma de cáncer—, insistió en que se le aplicara un tratamiento drástico y sumamente doloroso con yodoformo. En otro fragmento posterior, más explícito, sobre el «cáncer» de Alemania, Hitler aboga por «actuar brutalmente y sin contemplaciones» en la terapia contra las enfermedades graves, apuesta por tratamientos drásticos, por muy arriesgados que sean, solo porque la muerte acecha. Además, denunció el tremendo absurdo de llevar a cabo una «operación» de este calibre con poca decisión debido a una actitud derrotista.[5] Bloch estaba en contra del cruel tratamiento que aceleró la muerte de la madre de Hitler. Él mismo a menudo sustituyó la dosis diaria de yodoformo por morfina, con efecto analgésico. El comportamiento de Hitler no hace pensar en un hijo piadoso que siente compasión por los dolores de su madre. Recuerda más bien a una persona que tenía fantasías abstractas que tenían que ver con la «lucha» y no con la empatía. Que los historiadores hayan interpretado esa actitud como si fuera amor nos indica más bien su incapacidad para distanciarse de las propias idealizaciones de la relación madre-hijo. De esta forma se encubre en nuestra cultura una ideación mortífera que con demasiada frecuencia marca la conducta de los «grandes» personajes.

En su comentario a la conferencia de Binion, el historiador Bradley F. Smith da otra pista sobre la distancia real de Hitler con respecto a su madre así como sobre la escisión de su dolor y el de ella.[6] Smith cita a una vecina de la madre que también en el interrogatorio[7] del NSDAP declaró que Hitler solamente había regresado para el entierro de su madre, a pesar de que ella le había informado días antes de que la muerte era inminente. Al llegar, Hitler quedó enseguida terriblemente desconsolado. Esto es significativo de un yo que se desplaza hacia fuera, entregado a la escenificación de los sentimientos. El papel en el que se metía sustituyó tempranamente sus sentimientos, que —a excepción del odio— más tarde nunca volvieron a aparecer.

¿Dónde se hace patente la autoalienación de Hitler y su proyección hacia fuera? Escribe Carl Amery: «Pero a lo que (Hitler) se aferró fue a su creencia devota en la reina cruel; y su consecuente enemistad mortal respecto a su enemigo mortal, el judío [...]. (Este predica) el mensaje de la protección de la vida, la compasión frente al débil, la actitud pacífica, la misma justicia para todos. Este mensaje es perverso porque [...] destruye (según Hitler) la fuerza vital de los pueblos [...]. El resultado definitivo y lógico tenía que ser, pues, la muerte del planeta [...]. Ya en 1920, en una conversación con Dietrich Eckardt, su mentor literario, Hitler conjura esta imagen del planeta muerto».[8]

Aquí se manifiesta el interior alienado de una persona que debe liberarse de su propio sufrimiento, de su desamparo, de su terror, y luego encontrarlo en otras personas para castigarlas y, finalmente, en la embriaguez de la destrucción total, asesinarlas a todas, también al padre y a la reina cruel, la madre.

En *Mi lucha* Hitler se muestra contrario a la protección de los indefensos, a la dignidad del ser humano, a la actitud pacífica y a la fraternidad. En estos valores humanos vio solamente el bacilo de una epidemia judía, el producto enfermo de un plan siniestro para destruir a los pueblos verdaderamente fuertes.

¿Cómo puede desarrollarse un comportamiento marcado por un odio tan profundo en una relación madre-hijo en la que hay amor? En general, los historiadores no se han planteado esta pregunta. Esto pone de manifiesto la confusión de nuestras percepciones. El motivo de tales distorsiones es que nuestra percepción a este nivel se forma mediante procesos que se basan en la obediencia y en la identificación con el poder. La biografía de uno de mis pacientes lo ilustrará.

Este paciente tuvo un padre cruel que de pequeño le daba palizas con una correa de cuero. Veía como su madre sufría impotente, nunca lo protegió, pero la compadecía con el corazón desgarrado por ser una pobre mujer. Paralelamente encontramos la historia de Hitler: su padre le pegaba regularmente con un látigo de piel de hipopótamo, en una ocasión hasta treinta y dos veces.[9] Ian Kershaw escribe al respecto: «La pobre madre, a la que él apreciaba, vivía, según Hitler, en constante preocupación por los golpes que él tenía que soportar, y algunas veces esperaba fuera, detrás de la puerta, cuando el padre lo zurraba».[10] Mi paciente hablaba mucho sobre sentimientos. Pero en su trato con otras personas, pese a la educación y la cordialidad, se mostraba frío e insensible. La gente de su alrededor se quejaba de algo que para él era un misterio. Los demás no existían para él si no estaban anotados en su agenda. En las relaciones amorosas nunca tenía la sensación de ser querido, siempre estaba dispuesto a abandonar a su pareja, pero creía que lo dejarían a él. En relación con su madre hablaba siempre del amor extraordinariamente grande que supuestamente los unía. Pero detrás se escondía un odio enorme que se manifestaba siempre que otras personas le confirmaban su imagen «decente» y «cariñosa».

Creo que en el caso de Hitler debió de ocurrir algo parecido. Pues sus fantasías en *Mi lucha* sobre los envenenadores de la sangre, que intoxican el cuerpo de los alemanes con sangre extranjera,[11] llevan al extraño que había en él mismo, es decir, a su necesidad de afecto y amor que tuvo que negar debido al abuso narcisista de su madre. Hitler incluso llegó a hacerse extraer sangre con sanguijuelas para liberarse de ese «veneno».[12]

Mi paciente también creía que su madre lo había mimado. Alice Miller encontró el siguiente denominador común en la contradicción entre amar y consentir: «Cuando uno entiende el amor como el hecho de que una madre esté abierta a satisfacer las verdaderas necesidades de su hijo, entonces mimar es algo muy distinto». Precisamente cuando no hay esta disponibilidad con respecto a las necesidades infantiles, «el niño es mimado, es decir, se le colma de concesiones y objetos que no requiere y que no son más que un sustitutivo de lo que por las propias privaciones no se le puede dar. Así pues, justamente el hecho de consentir demuestra una seria carencia que la vida posterior confirma. Si Adolf Hitler hubiese sido realmente un hijo querido, también habría sido capaz de amar. Sus relaciones con las mujeres, sus perversiones[13] y su relación en general distanciada y fundamentalmente fría con los demás demuestran que no recibió amor por ningún lado».[14]

Hitler se podía identificar con el padre y con su poder para compensar su terror interno. Con la madre, no obstante, era más difícil. Apenas un año y medio antes de su nacimiento, en pocas semanas la madre de Hitler había perdido tres hijos por difteria. Gustav murió a los dos años y medio; Ida, con un año y cuatro meses; y Tito solo tenía tres días. Por lo que sabemos, la madre lloró mucho su muerte y experimentó una culpa y una autocompasión exageradas. Los hijos muertos fueron idealizados; la desesperación de la madre debió de provocar en el hijo Adolf dudas y miedos sobre a quién amaba realmente la madre. Ante este sombrío telón de fondo, probablemente comenzaran las fantasías de Hitler considerando a la madre una reina negra y cruel. La muerte, que tanto preocupó a la madre, sería también posteriormente la fuerza motriz de Adolf. Al mismo tiempo ahí está el origen de su delirio de heroicidad, pues en su fantasía —primero ser un gran artista y luego el conquistador del mundo— tuvo que «esforzarse» mucho para estar a la altura de los difuntos rivales. El desplazamiento de su ser al nivel de la fantasía hay que considerarlo en este contexto. Este proceso probablemente tuvo lugar en la primavera de 1894, cuando empezó su propensión a padecer ataques de rabia si no lograba imponer su voluntad. Antes Adolf había llevado la voz cantante en casa.[15]

Los brotes de rabia son un indicio de que un niño no está recibiendo lo que necesita: el afecto de los padres. Cuando los niños tienen que imponer su voluntad de esa forma, se trata siempre de un sustituto de lo que no pueden pedir, es decir, amor verdadero. Ser mimado imposibilita al niño exigir amor, pues cualquiera asume que tiene de sobras.

Aquí el niño empieza a distanciarse de sí mismo, porque no puede reconocer el verdadero motivo de su agresión. El resultado es un desplazamiento: en lugar de estar furioso con la madre, intenta dominarla y apropiarse de ella. En este proceso el niño pierde la relación con su necesidad real: él mismo no sabe ya que en realidad lo que buscaba era ser querido. Su entorno refuerza este desplazamiento. Viendo solamente al niño testarudo y despótico —superficialmente sí lo es—, el entorno le impide acceder a lo que verdaderamente se esconde detrás de su comportamiento.

Joachim Fest creía que Hitler había aprendido a esconder a su propio ser.[16] Con eso quería decir que fingía a conciencia. Esto, sin embargo, es solamente la punta del iceberg. Este punto de vista no tiene en cuenta que Hitler vivía en un mundo imaginario en el que el terror experimentado de niño se había convertido en un castigo de su yo rechazado proyectado hacia fuera. Lo que le era propio se había convertido en ajeno y lo perseguía en otras personas. La rabia que le invadió de adulto siempre que alguien le contradecía era una reacción a un ataque imaginario que él mismo, no obstante, vivía como algo completamente real. Cada vez que se cuestionaba su imagen de sí mismo construida artificialmente, para él suponía una amenaza existencial. Dentro de su sistema psíquico aquello tenía cierta lógica. Él no conocía su verdadero yo.

Un yo verdadero, que se haya formado a partir de uno mismo, se origina en una relación afectuosa entre padres e hijo. Cuando esto no se produce, la imagen de uno mismo se forma a partir de ideas establecidas desde fuera. Este fue el caso de Hitler. Era una persona que solamente era capaz de entender las relaciones con los demás desde el punto de vista del poder y de la apropiación.

Por tanto, podía usar perfectamente la máscara de la sensibilidad humana como medio para este fin. Conocía los deseos y las necesidades de las personas, en la relación con su madre había aprendido a usarlos para manipular y explotar a los demás. Cuando se sentía seguro, aceptado y no cuestionado, podía dar la impresión de tener emociones humanas. Así era cuando se juntaba con su sumiso amigo Kubizek en el período vienés y también con la familia Wagner en Bayreuth.[17] En la identificación con el padre, además, había desarrollado la capacidad de mentir hábilmente. El padre sabía interpretar y modificar reglas y documentos para sus propios objetivos «y al mismo tiempo preservar la fachada de legitimidad […], él (el padre) aunaba una gran ambición con una conciencia completamente flexible».[18] Esto se convirtió en un componente nuclear de la personalidad de Hitler.

Kershaw describe cómo la madre de Hitler transigía ante sus caprichos. Tras la muerte del padre, siguió cocinando, limpiando y lavando solo para él. Le compró un piano de cola mientras él se pasaba el día fantaseando con un futuro como gran artista. Por la noche iba a la ópera o a algún concierto, por la mañana no salía de la cama. Logró convencer a su madre para que financiara su primer viaje a Viena. A pesar de que el estado de salud de la madre empeoraba, se mudó a Viena. Le había hecho creer que tenía que estudiar las galerías de pintura del Hofmuseum. Al parecer, para él no supuso ningún problema mentirle a su madre. Para Hitler las relaciones siempre eran sinónimo de manipulación del otro. Vivía mediante fantasías en las que su yo adquiría formas de grandeza. En estas fantasías, el odio y la rabia desempeñaron un papel cada vez más destacado, pues de lo que se trataba siempre era de dominar a un supuesto enemigo.

La lógica interna de este mundo encerrado en sí mismo activó la alienación interior de su yo real. Se veía a sí mismo como un actor en este espectáculo interno que lo estimulaba y le daba firmeza y determinación. Su entorno, sin embargo, no lo tomó en serio, ni en Viena ni en su etapa de soldado durante la guerra. Solo Kubizek, siempre devoto, lo apoyó en sus ilusiones sobre sí mismo. Una vida al nivel de la fantasía da equilibrio a los niños. En los chavales pequeños puede observarse claramente. Para un niño el autoengaño puede tener efectos muy convincentes. Solo hay que repetirle continuamente su fantasía.

Aquí el padre juega un papel significativo, pues con su represión violenta señala el camino hacia la identificación con su poder. Detrás de eso, sin embargo, se esconde un terror interno y la incapacidad de percibir el dolor propio. La madre también le hace imposible al niño experimentar su sufrimiento. Haciendo suyo el dolor de la madre, el niño no puede permanecer en el suyo. En sus observaciones con madres, que subordinan sus sentimientos reales a las nociones ideales de la maternidad, la investigadora finlandesa Pirkko Niemelä mostró cómo tiene lugar la negación de la experiencia verdadera en el niño.[19] Esto se reconoce por primera vez a los cuatro años, cuando se manifiesta una ruptura en el comportamiento. Por un lado, estos niños aparentan ser amables, tolerantes y afectuosos. Pero, por otro lado, en los test de personalidad manifiestan rabia y agresividad. Dichos sentimientos, no obstante, no pueden expresarse directamente, sino que se manifiestan como impulsos de venganza. Este fue probablemente el caso de Hitler. Pues, escribe Niemelä, «si la madre pasa por alto los sentimientos negativos del niño o no le niega nada (o sea, lo mima), el niño estará menos motivado a separarse de ella».[20] Sin embargo, un crecimiento y desarrollo autónomos exigen separarse de la madre. Si esto se obstaculiza, porque la madre liga al niño a sí misma mediante su «sufrimiento» (de la madre), entonces surgen agresiones que, no obstante, el niño no puede expresar ante esa madre «sufriente».

Aquí entra en juego la fantasía como vía de escape, lo cual ofrece al niño la posibilidad de expresar la rabia acumulada contra la madre posesiva. Así, por un lado, el niño puede mostrarse tal y como la madre lo querría, es decir, amable y sumiso. Pero, por otro lado, es irascible, arbitrario, terco y siempre quiere tener razón, tal y como Edward Huemer, maestro de Hitler, describió a su antiguo alumno.[21] Esta escisión en la mente de Hitler bastó para un doble objetivo: a ojos de su madre podía seguir siendo aquel hijo cariñoso y al mismo tiempo podía ser vengativo y hacerle pagar el dolor que había experimentado por su falta de cariño, aprovechándose de su «amor» sin miramientos.

Esta escisión caracteriza la vida de Hitler. Siguiendo a Hervey Cleckley, psiquiatra norteamericano, autor del estudio *Die Maske der geistigen Gesundheit* [La máscara de la salud mental] (1964), se puede decir que Hitler pudo ofrecer al mundo la imagen de una personalidad que se correspondía con la idea general de salud mental y emocional, pero que esta aparente condición intacta no reflejaba una persona intacta. Hitler imitaba, casi a la perfección, un ser humano. «Este aparato psíquico con un funcionamiento impecable no solo da muestras constantes de pensamiento correcto; también proporciona la imitación apropiada de sentimientos humanos normales», escribe Cleckley. Lo que le falta es «la capacidad de apercibirse de lo que significan las experiencias vitales básicas para los demás».[22] Es decir: no hay empatía, no hay un equipamiento emocional, ningún vínculo con el dolor. Este dolor debió de escindirse por tener una madre que, si bien lo mimó, a la vez ignoró sus necesidades y lo traicionó en relación con el padre. August Kubizek describe cómo la madre de Hitler, Klara, molestaba continuamente a su hijo con reproches y echándole la culpa.[23] Amenazaba al chico con que su pobre padre no podía descansar en paz en su tumba, pues Adolf no cumplía sus órdenes: «La obediencia es lo que caracteriza a un buen hijo, y tú no sabes lo que significa esta palabra».

Las personas a las que se les hace algo así toman venganza contra la misma existencia humana, contra un amor del que ellos carecieron. Por eso tienen que despertar continuamente esperanzas en los demás, solo para luego poder destruirlas. Esto es típico de este tipo de personas, de las que Hitler no es más que un ejemplo. Para nosotros es importante averiguar cómo este juego con los demás pudo llevar al ascenso de Hitler al poder.

EL AGITADOR

En la bibliografía se ha descrito con frecuencia este mecanismo. El personaje de Peer Gynt, de Ibsen —en mi libro *Der Wahnsinn der Normalität* [La locura de la normalidad] (1986) ya hablé acerca de este personaje—, es tan consentido por la madre que nunca es capaz de experimentar vergüenza o culpa. Así pues, tampoco puede desarrollar responsabilidad por sí mismo y por su comportamiento, ya que su madre lo idealiza y le perdona todo. Pero, al mismo tiempo, le niega su afecto y su apoyo al querer él hacer algo por su cuenta. De este modo, lo encadena a ella, hace que sea dependiente de ella, lo cual desata las agresiones del hijo. Pero tampoco Peer Gynt puede expresar directamente su rabia. Vive inmerso en grandes fantasías, por un lado se muestra cariñoso y cuida de su madre, pero al mismo tiempo ignora sus deseos. Los paralelismos con Hitler son evidentes.[24]

Exactamente como Hitler, Peer Gynt utiliza el reproche y la culpa como arma para desequilibrar a los demás y a la vez encubrir sus propias intenciones. Seduce a Ingrid, pero en cuanto la posee, deja de tener valor para él y la rechaza. Al igual que Hitler, nunca está satisfecho, nunca tiene suficiente y siempre tiene que seguir conquistando. Al mismo tiempo, rehúye cualquier responsabilidad por sus actuaciones. Son siempre los demás quienes tienen la culpa. En el drama escénico, ocurre todo junto: la madre, Ase, y su deseo de fusionarse con el hijo, como compensación por el hecho de que su marido la humillaba y la menospreciaba. De este modo, no se venga de los hombres, sino que humilla por medio de su hijo a su propio sexo, pues está ella misma enredada en la ideología machista, según la cual las mujeres son débiles y menospreciables.

En contraste con ella está la madre de Hitler, Klara: a los dieciséis años se mudó a la casa del futuro padre de Hitler para cuidar de los hijos de este, puesto que su esposa estaba enferma. Incluso antes de la muerte de la mujer el hombre la deja preñada, y se casa con él a los veinticuatro. Es católica. La culpa y el rencor desempeñan un papel determinante en su actitud respecto al sexo femenino. Estos sentimientos se transmiten al hijo. El desprecio a las mujeres por parte de Hitler probablemente tenga aquí su origen.

Peer Gynt se siente vivo cuando puede dominar la naturaleza. En el drama de Ibsen dominar significa «talar pinos y cortar troncos [...], una cruzada contra la muerte». En nombre de la vida Peer Gynt alaba la muerte, como Hitler, como si esta fuera la vida. Hacia el final juega con las esperanzas de personas que se ahogan en un barco que se está hundiendo, y por ello incluso es admirado. Cuando su propio barco se hunde, empuja a otra persona de su bote salvavidas zozobrado y deja que se ahogue. El «polizón» de la obra comenta la incapacidad de sufrir que tiene Peer Gynt. Así, en Peer Gynt encontramos el vacío total, un vacío que él, como Hitler, creyó llenar con grandes acciones. Al final quiere huir de todo, pero no puede y encuentra la muerte, al fundidor de botones, que le dice: «Es que tú mismo nunca fuiste *tú*...». A lo que Peer Gynt responde: «¿Cuál es este "ser que uno es"?». El fundidor de botones: «Sé tú mismo, es decir: castígate a ti mismo». Y esto Hitler tampoco podía hacerlo.

Personas como Hitler y como las que describe Ibsen en *Peer Gynt* viven según una apariencia exterior. Perder esta carcasa significa estar vacío, no ser. Por eso el juego de roles es tan vital para ellos y no pueden abandonarlo. En su obra, Ibsen dice, mediante la figura de Madsen, que las personas son como un negativo fotográfico, lo contrario de lo que podrían ser.

El sociólogo C. Wright Mills opinaba que tales personas reclaman continuamente aceptación, porque para ellas toda relación no es más que una plataforma para realizar una maniobra con la que, gracias a un comportamiento preciso, se convence a los demás de su honestidad. «Uno tiene que convencer continuamente a los demás —y también a sí mismo— de que es lo contrario de lo que realmente es».[25]

Cuando una persona como Hitler tiene que rechazar lo propio como algo ajeno y su interior se convierte en una infernal caldera en la que hierven el odio y la sed de venganza, entonces pierde su sensibilidad humana. Vinculando su aspecto exterior a una apariencia humana normal, la contradicción real no es percibida por los demás. Obviamente, también es importante recordar que los demás están dispuestos a aceptar esa apariencia como algo real y a negar los hechos. Sobre este aspecto volveré más adelante. El niño Adolf Hitler tuvo que reemplazar su pena y desamparo, insoportablemente grandes, mediante un polo contrario. Y lo hizo con sus fantasías de grandeza. Escindido de su origen, de la pena y de su terror interno, lo transformó en «ideas», como por ejemplo el antisemitismo, con lo que prometió una salvación a otras personas que también se sentían indefensas por haber perdido igualmente sus raíces. En el núcleo de estas «ideas» estaba la promesa, no formulada pero implícita, de liberar a la gente de su alienación y de su condición interna de víctimas por medio del odio a los demás. Por esta razón se cometieron asesinatos y se produjo una violencia sin límites. La muerte, bajo el pretexto de una misión sagrada, se convirtió en el objetivo.

Al principio de este proceso está la proyección del propio yo rechazado, que se tiene que castigar y exterminar en los demás. El miedo de Hitler ante la suciedad y la enfermedad, cuya importancia se ve claramente en *Mi lucha*, tiene que considerarse la expresión de este proceso. No fue hasta más tarde que disfrazó el proceso con ideas antisemitas. No obstante, ello correspondía más bien a su capacidad de acomodarse a corrientes sociales y a adaptar consignas que daban buenos resultados en su acción propagandística.

El miedo al contagio, a la sexualidad femenina, estuvo ya presente en su periodo vienés. Como demuestra de forma convincente Kershaw, no fue hasta después de la Primera Guerra Mundial cuando vinculó el temor a la falta de limpieza con el odio a los judíos. Ninguno de sus compañeros en el frente era capaz de recordar comentarios relacionados con este odio, y Hitler no ocultaba precisamente sus pensamientos. El odio a los judíos se convirtió en una cuestión importante en el ambiente del antisemitismo muniqués y en la posterior represión de la República Soviética de Baviera (por la que Hitler al principio había hecho propaganda). A lo largo de sus actividades de propaganda encargadas por el ejército, se percató de que con ello ofrecía a la gente una carcasa para su odio, el cual no podían encauzar hacia un objetivo concreto. De este modo, los tenía controlados. Así fue como convirtió el antisemitismo en un *leitmotiv*.

Muchos historiadores, también por ejemplo Binion, creen que las raíces del antisemitismo de Hitler hay que encontrarlas en un odio inconsciente hacia el doctor Bloch, el médico judío de su madre, por haber provocado la muerte de la mujer. Pero ¿por qué Hitler tenía que odiarlo de forma inconsciente? Si creía que el doctor Bloch efectivamente era el responsable del sufrimiento de su madre, no había motivo alguno para no odiarlo a conciencia. Tampoco hay pruebas de que Hitler sintiera resentimiento contra el médico. Al contrario: después del *Anschluss* incluso protegió a Bloch en Linz,[26] y fue él quien le permitió marcharse de Austria y emigrar a Estados Unidos. Para Hitler, Bloch no encarnaba lo «judío» en abstracto, lo veía como un hombre totalmente concreto. En el caso del antisemitismo, también en el de Hitler, se trata siempre de un odio a la debilidad, al contacto, a la indigencia. Todo esto uno debe extirparlo de sí mismo, porque recuerda a la propia adversidad con el padre y la madre. Es un odio a uno mismo, transformado en una abstracción para poder castigar a una víctima externa al propio yo. Sin embargo, en el momento en que la abstracción se desmorona, porque se percibe al otro como a una persona, este pierde su función como víctima. ¡Por eso todo antisemita o cualquier persona que odie a los turcos o a los gitanos también conoce a un judío bueno, a un turco bueno o a un gitano bueno, los cuales son la excepción! Por este motivo los nazis tuvieron que degradar a los judíos, quitarles su identidad, algo que ocurre en cualquier genocidio motivado por el odio: para poder matar, uno tiene que eliminar primero la identidad del otro. Si los demás no son personas, se les puede matar.

Pero el antiguo sufrimiento que hay detrás existe en todo aquel que busca a una víctima. El propio dolor debe ser negado porque es insoportable. Volver a experimentar el antiguo dolor equivaldría por segunda vez a la sensación de ser asesinado. Este terror solitario es demasiado grande, pues nadie apoyó al niño ni lo ayudó a mitigar su dolor. Por eso el dolor tiene que extirparse, pues a uno lo desmoraliza. Este es el trasfondo de la obsesión de Hitler por el miedo a la desmoralización. Por eso uno tiene que apropiarse del dolor en el enemigo castigándolo con la muerte.

El 20 de agosto de 1919 Hitler empezó una instrucción de cinco días en el campamento imperial a orillas del río Lech, cerca de Augsburgo. Muchos de los que estaban allí destinados habían sido hacía poco prisioneros de guerra. Hitler tenía que «infundir a las tropas, "contaminadas" de bolchevismo y espartaquismo unas "convicciones" nacionalistas y antibolcheviques».[27] Poco antes había oído un discurso de Gottfried Feder sobre la cuestión de «Romper con la esclavitud de los intereses». Feder relacionaba a los judíos con el capital, lo cual causó una profunda impresión en Hitler. Ahí encontró la clave para terminar de darle forma a su ideología del odio. Con gran pasión se puso a trabajar en la propaganda de las fuerzas armadas del Reich después de que su comandante hubo reconocido su talento para los discursos. Allí estaba completamente en su salsa. Por primera vez en su vida había encontrado algo en lo que contaba y podía dominar. El soldado Lorenz Frankl escribió: «Especialmente el señor Hitler, si me permiten, es un orador nato, quien con su fanatismo y sus ademanes populares en las asambleas logra captar la atención del oyente y lo invita a reflexionar».[28]

Como demuestra Kershaw, Hitler hizo suya una opinión corriente entre la población de Múnich marcada por los comentarios violentos contra los judíos. En una carta, datada el 16 de septiembre de 1919, escribía por encargo de su superior, el capitán Mayr:

> El antisemitismo no se basa en emociones, sino en la «comprensión de hechos», de los cuales el primero es que el judaísmo es una «raza» y no una religión. El antisemitismo emocional provoca pogromos; por otra parte, el «antisemitismo de la razón» debe llevar a la «eliminación» sistemática de todos los derechos de los judíos [...]. Y «su objetivo último tiene que ser inflexiblemente la eliminación misma de los judíos».[29]

Esta fue la primera vez que Hitler desvelaba los elementos clave de su ideología. La mantuvo invariable hasta sus últimos instantes en el búnker de Berlín, puesto que formaba parte del yo que mostraba a los demás, del que no podía deshacerse sin dar con su vacío interior. Él mismo lo entendía muy bien, ya que escribió:

Un líder que debe abandonar la plataforma de su ideología general
al darse cuenta de que está equivocado solamente actuará con
decencia si, sabiendo que sus ideas hasta la fecha eran erróneas,
está dispuesto a sacar la conclusión definitiva. En tal caso, debe
por lo menos renunciar al ejercicio público de cualquier actividad
política. Puesto que, al haber incurrido ya una vez en un error en
sus ideas fundamentales, cabe la posibilidad de errar de nuevo.[30]

Max Domarus escribe al respecto:

Estas palabras de Adolf Hitler permiten comprender su miedo
incluso a tener que admitir siquiera una sola vez haber cometido
un error. Este miedo no lo abandonó en toda su vida, pues bajo
ninguna circunstancia habría estado dispuesto en tal caso a sacar
la mencionada «conclusión».

El mismo Hitler habló de los «cimientos graníticos de una
visión del mundo». En *Mi lucha* escribe: «Aparte de lo que ya
he desarrollado, poco más tengo que aprender, y no tengo que
cambiar nada». Por eso siempre insistió en que tenía razón; tenía brotes de rabia cuando alguien lo contradecía. Fueron las
ideas de Feder sobre la esclavitud por los intereses a través de
las cuales encontró las palabras y las formas para articular al
extraño que llevaba en su interior.

La lógica aparente de su argumentación procedía de un sistema de pensamiento cerrado en sí mismo, imbricado, rígido e
inmodificable. Además, tenía a su disposición un repertorio de
conductas a las que recurría en sus encuentros personales cotidianos. Se podía mostrar bondadoso y humano, es decir, totalmente normal, como explicó el citado preso polaco de un
campo de concentración (Gruen, 1986) sobre los torturadores de los campos, que fuera de su trabajo llevaban una vida
normal. Hitler explicaba orgulloso que le decía continuamente a su chófer que condujera despacio para no ensuciar a los
peatones con salpicaduras. Se hacía pasar por un bonachón,[31]
aparentemente libre del otro yo lleno de deseos de vengan-

za y de exterminio. Al principio, es probable que esta escisión le complicara matar directamente a alguien, pues entonces se veía enfrentado a su dilema interno. El largo tiempo que dudó ante el asesinato de Röhm es la expresión de esta incapacidad para enfrentarse a sí mismo. Hizo que otros lo asesinaran en su lugar «insinuándoles» lo que quería. Por eso se formó un culto en torno a su persona, en el que se trataba de captar la insinuación de sus deseos para luego mostrarle que se habían cumplido. De esta forma nunca tuvo que asumir responsabilidades por sus actos.

Siempre se ha hablado mucho del poder de convicción de Hitler. Parece como si Hitler poseyera realmente fortaleza de carácter. Esto solo puede entenderse si se investigan los motivos de aquellos que se dejaron seducir por él y a quienes causó una gran impresión. De aquellos que no se dejaron convencer poco sabemos, porque no están en primera línea. La mayoría de los historiadores siguen viendo a Hitler a través de los ojos de aquellos que le atribuyeron fuerza porque necesitaban a un líder que les prometiera «vida». Pero lo que les enseñó nada tenía que ver con una vida verdadera. En realidad, ellos mismos no querían eso en absoluto. La vida verdadera solo los habría asustado. Para ellos, al igual que para Hitler, se trataba de destruir la vitalidad porque no podían soportarla.

Para Hitler hablar era una autoestimulación. Hablando se encontraba en un estado en el que se amaba a sí mismo, era una representación de su yo para convencerse a sí mismo. Este yo teatral, continuamente en actitud escénica, que era un yo para ser mostrado, consistía solamente en aspectos externos. Este yo no tenía un núcleo real, aparte del odio y la autocompasión, en el fondo no tenía una identidad interior. En su vivencia interior no había nada más que odio, pues cada sentimiento que tenía que ver con el sufrimiento real, con la percepción, experimentada de dentro afuera, de su propio pasado triste —por las privaciones vividas— lo habría convertido en alguien compasivo y teóricamente introvertido. Pero el dolor fue desplazado y el miedo fue sustituido por fantasías de grandeza en las que él, convertido en un héroe invencible, conquistaba el mundo.

Evidentemente también necesitaba un público. En Viena fue Kubizek. Tener a un oyente al principio le fue suficiente para poder amarse a sí mismo. Más tarde, no obstante, dijo: «Necesito masas de gente cuando hablo». Esto lo justificaba con una mentira sentimental que al mismo tiempo era una autoescenificación para presentarse como alguien bondadoso: «En un pequeño círculo no encuentro las palabras [...]. La gente solo queda decepcionada. Y les quiero ahorrar este desencanto».[32]

En Kubizek tuvo durante años, sin embargo, a su único oyente, y en las residencias masculinas no tuvo a muchos más. En verdad, lo impulsaba la necesidad de presentarse como alguien «bondadoso», necesitaba la pose de la compasión que, de todos modos, nada tenía que ver con los sentimientos experimentados realmente. Solo expresaba lo que se esperaba, es decir, la imagen de una persona amable. Siempre se trataba de una actuación, nunca fueron sensaciones reales. ¿Por qué —debemos preguntarnos— hay personas que caen en una actitud como esa? ¿Por qué toman lo falso por auténtico?

El poder de convicción de Hitler, su supuesto carisma, no es suficiente para dar cuenta de ello. Esto presupondría que uno se aferra a que la «grandeza», sea buena o mala, es el motor de la historia. Y tampoco es una explicación suficiente la idea de que es común en el ser humano dejarse atrapar por la magia y las mentiras.

Yo creo más bien que el verdadero motivo es la necesidad de las personas de ocultar la verdad, no percibirla, porque sería demasiado dolorosa y porque está muy impregnada de odio e inferioridad. Hay personas que necesitan mentir para poder verse como personas dignas. Visto así, Hitler no tenía que tener unas cualidades especialmente convincentes. Simplemente sabía mentir bien.

La mayor parte de los contemporáneos de Hitler quedaron impresionados por su gran fuerza de voluntad, sus capacidades y su determinación para lograr objetivos. Vieron en él a un hombre fuerte, que intervenía con dureza, un hombre con firmeza, seguridad en sí mismo y buena conciencia. Es verdad: Hitler daba la impresión de creer en sí mismo, de tener confianza y seguridad en sí mismo. Pero ¿cómo era en realidad? Sebastian Haffner veía a Hitler de una forma muy distinta: «Un lisiado moral, alguien que no conocía los verdaderos valores de la vida, que no sabía trabajar, que era incorregible, que no era capaz de despertar amor verdadero, que nunca amó a nadie, alguien que llevaba dentro una enorme maldad. Espolearse a sí mismo y amedrentar a otros era su *leitmotiv*. La "tarea ante la cual me encuentro *yo*" era una (expresión) que utilizó unas treinta veces en sus discursos, a menudo en crisis decisivas [...]. En circunstancias imprevisibles (su política estuvo) siempre hecha a medida de una persona [...]. Hitler no (fue) un hombre de Estado, sino un embustero con la máscara de hombre de Estado».[33]

Albert Krebs, jefe de la circunscripción de Hamburgo en la época nacionalsocialista, hasta que en mayo de 1932 Hitler lo expulsó personalmente del NSDAP, corrobora este punto de vista. En sus recuerdos de los inicios del partido,[34] dijo que para Hitler solo contaban la táctica y la demagogia, que no dejaba espacio para el pensamiento ni la iniciativa de sus seguidores, sino que quería controlar al movimiento entero.

Una vez topó con el «verdadero Hitler». Una mañana Krebs le trajo ejemplares impresos del discurso que había pronunciado la noche anterior en el hotel Atlantik de Hamburgo. Lo encontró hundido, sorbiendo una sopa de verduras, sumido en un miedo hipocondriaco por su salud, quejándose de ataques de sudor y temblores en los miembros, en una mezcla enfermiza de angustia vital y conciencia mesiánica.

> Siempre lo había visto como un líder político, nunca como una persona. La debilidad que se manifestó en ese instante descontrolado

llevaba en sí misma la semilla de la descontrolada revelación de la fuerza [...], de que su fuerza era solamente una «sobrecompensación», la desmesura de la violencia solo hace patente la debilidad de alguien que busca ayuda.

Lo que describe Krebs es un yo escenificado, que cuando se desmorona deja al descubierto el caos interior de esa persona. En ese instante de desnudez interna, Hitler le detalló sus retortijones, en los que veía indicios de futuros cánceres, lo que le hizo pensar que le quedaban pocos años de vida. Entonces dijo gritando: «No tengo tiempo que perder [...]. Tengo que llegar al poder en breve para poder resolver las enormes tareas en el tiempo que me queda. ¡Tengo que hacerlo! ¡Tengo que hacerlo!». Con estas palabras —escribe Krebs— se llamó a sí mismo al orden, lo cual se manifestó inmediatamente en un cambio en la postura corporal, en la expresión del rostro y en la voz. La depresión estaba superada, el Hitler persona se había transmutado en el *Führer* (esto ocurrió en 1929-1930). El hecho de declamar su rol verbal —como en una obra de teatro— le devolvió su yo basado en una imagen. Y al instante se transformó.

Krebs refiere un discurso que Hitler pronunció a finales de junio de 1930 en la Casa Parda en el que dijo: «Y por consiguiente proclamo ahora para mí y mis sucesores en la dirección del NSDAP la exigencia de la infalibilidad política. Espero que el mundo se acostumbre a ello rápidamente y sin objeciones, como se acostumbró a la exigencia del Santo Padre (en alusión a la Iglesia católica)». A ninguno de los oyentes le sorprendió tanta grandilocuencia. Al parecer, se la hicieron suya, porque ellos también se sostenían mediante este tipo de fantasías.

Otro suceso del que habla Krebs apunta a la vinculación entre odio e inferioridad. Krebs había recibido el encargo por parte del entonces canciller del imperio, Heinrich Brüning, de organizar un encuentro con Hitler, el cual tuvo lugar en 1930. En la reunión hizo una observación interesante: «Hitler, por su parte, por lo que he podido saber por Hess y Strasser, quedó tan impresionado por el carácter y la apariencia del canciller que solo pudo liberarse del sentimiento de inferioridad respecto a Brüning creando un complejo de odio». Esto explica mejor el odio de Hitler que todas las suposiciones sobre su origen y, en particular, sobre su odio a los judíos. El odio de Hitler tenía sus raíces en su sentimiento de inferioridad y en la tendencia, derivada de ello, a sentirse víctima de los demás. Así se forma también la autocompasión, que es celebrada como un sentimiento auténtico por aquellos que no pueden tolerar un sufrimiento real. Conforme a esto fue la reacción de Hitler cuando Hindenburg, en marzo de 1932, ganó las elecciones a la presidencia del Reich: «El partido le había dejado a él, a Hitler, en la estacada».

Hitler se sentía ya desde su juventud perseguido, ofendido y maltratado. Al mismo tiempo se veía a sí mismo como una persona buena y honesta, que siempre corría el peligro de ser estafado. Este miedo lo perseguía. Solo se sentía seguro cuando podía asestarle un golpe a otro. Su compañero en su etapa vienesa, Kubizek, escribió:

> En precipitadas peroratas llenas de odio arrojaba su rabia contra la actualidad, solo y solitario, contra toda la humanidad, que no lo entendía, que no lo aceptaba, por la que se sentía perseguido y engañado. Cuando la Academia de Bellas Artes de Viena lo rechazó, él habló de las trampas que le habían tendido con el único objetivo de impedir su ascenso.[35]

Esta insistencia en la «maldad de los demás» le ahorró asumir la responsabilidad de su fracaso. Esto lo llevó a la conclusión de que era importante crearse un enemigo exterior para no tener que enfrentarse a sus dudas internas. «En todas las épocas, el arte de todos los grandes líderes populares consistió en concentrar la atención de la masa en un enemigo».[36] Y también: «La nacionalización de nuestra masa solo se logrará si en toda la lucha positiva por el alma de nuestro pueblo se extermina a sus intoxicadores internacionales».[37] Los «intoxicadores» eran para él, claro está, los judíos, que Hitler, de forma análoga al rechazo de su propio interior, veía como gérmenes bacterianos de una enfermedad que había que destruir. Él consideraba esta lucha como algo sagrado: «La política no es más que la lucha de un pueblo por su existencia en este mundo [...]. El más débil cae, mientras que el fuerte conserva la vida».[38]

La lucha contra lo «ajeno» aparece, de este modo, como un proyecto justo y glorioso. El odio a lo propio, lo humano, que estorba a los padres represores, se reinterpreta en el exterior como un acto heroico contra el «débil». En este contexto, «débil» es aquel que propaga lo humano. «El destino de un pueblo viene determinado por tres valores: el valor sanguíneo o valor racial, el valor de la personalidad y el sentido de lucha o instinto de autoconservación».[39] Así pues, el enemigo es el judío, que simboliza la blandura, el afecto y la calidez, es decir, aquellos valores de los que Hitler ya desde una edad temprana tuvo que desprenderse. La tarea que había ideado para sí mismo en esta lucha era «devolver al pueblo la fe en un líder».[40]

El lenguaje de Hitler era el de la protesta enconada. Esto le permitía exteriorizar la víctima que llevaba dentro y expresar la compasión por dicha condición de tal forma que podía ocultar las verdaderas circunstancias de la condición de víctima y del sufrimiento. Este es el truco que muchos políticos utilizan cuando unen a las personas en su condición de víctima y su autocompasión para ocultar la verdad de su propio sufrimiento bajo el Estado, los padres o la Iglesia. Luego pueden incluso felicitarse por transmitir esta condición de víctima a otras personas. Así, la transmisión del castigo se disfraza con un lenguaje de renovación y renacimiento nacionales. Este es el camino real de la servidumbre voluntaria, sobre la que ya escribió La Boétie. La aparente liberación de un pueblo lleva, en realidad, a su esclavización. Las personas, no obstante, creen firmemente que se trata de su liberación.

¿No tienen, pues, conciencia de lo que está ocurriendo? Yo no lo creo. En su interior lo entrevén. Al mismo tiempo, sin embargo, se sienten halagados por su obediencia. Esto los conduce más y más a la ruina. En otro apartado volveré con detalle sobre este proceso. Ahora querría volver de nuevo al hombre que hizo posible que un pueblo se precipitara por el abismo con un empeño heroico.

EL LÍDER (EL *FÜHRER*)

El primer discurso de Hitler como canciller reflejó su insistencia en la condición interna de víctima y en la autocompasión. Las personas que están construidas como él se sienten autorizadas a odiar a un enemigo. Ian Kershaw resume el discurso como sigue: «Desde los días de la traición, hace catorce años, el Todopoderoso ha retirado su bendición al pueblo alemán. A la vista del declive nacional, el demente método comunista trata de intoxicar y descomponer definitivamente al pueblo, afectado y desarraigado en lo más hondo». Dos días más tarde, ante oficiales de alto rango del ejército del Reich, dijo: «Quien no se deja convertir debe ser doblegado [...]. Solo la lucha conduce a la salvación [...]. La dirección autoritaria y la eliminación del cáncer de la democracia [...] (harán que Alemania) se recupere».[41] Plasmando cada vez más al enemigo como un elemento figurativo, en el palacio de deportes de Berlín el 10 de febrero de 1933 vociferó: «Nunca jamás me alejaré de la tarea de erradicar de Alemania el marxismo y sus efectos secundarios». Asumiendo la responsabilidad de una manera tan personal, redimió a todos los demás de la culpa, incluso de estar llenos de odio y deseosos de asesinatos. «Aquí uno tiene que ser el vencedor», siguió diciendo, «¡o el marxismo o el pueblo alemán!». Luego siguieron palabras de amor, de grandeza, de fuerza y de esplendor, que ocultaban la violencia que acababa de concitar, con un carácter virtuoso y enamorado de sí mismo, con una bondad paternal escenificada y con un patetismo autocompasivo: «Pues no puedo deshacerme de la fe en mi pueblo, no puedo abdicar de la convicción de que esta nación volverá a resucitar, no puedo separarme del amor a este pueblo y tengo el firme convencimiento de que llegará de nuevo la hora en que los millones de personas que ahora nos odian estarán detrás de nosotros y que junto con nosotros darán la bienvenida al nuevo Imperio alemán, construido conjuntamente, luchado laboriosamente y ganado amargamente, el Imperio de la grandeza y el honor y la fuerza y el esplendor y la justicia. Amén».[42]

No pasó mucho tiempo hasta que ese «enemigo» que amenazaba al pueblo justificó medidas para la protección del pueblo. Ya en julio de 1933 Hitler promulgó una ley para la esterilización forzosa. Su argumentación fue la siguiente: «Todas las medidas que sirvan para la preservación del carácter nacional (están) justificadas. (Estos pasos son) moralmente intachables partiendo de la base de que en buena medida las personas con enfermedades hereditarias se reproducen, mientras que, por otro lado, millones de niños sanos no llegan a nacer».[43] El resultado no fue solamente la esterilización forzada de cuatrocientas mil personas, sino también la gasificación de discapacitados físicos y psíquicos.

Aun así, el odio de Hitler al enemigo, al extraño, existía sobre todo al nivel de una actitud estudiada hasta la pose. El hecho de que se las diera de sanguinario y decidido partidario de la violencia sirvió ante todo para dar credibilidad a esa pose. Eso explica por qué a menudo dudó tanto cuando tenía que decidir sobre el destino de antiguos compañeros que quería quitarse de en medio. La suya era una pose de valentía y determinación, pero solo podía amenazar con el suicidio. El asesinato de Röhm lo estuvo sopesando durante semanas. Después de tomar la decisión, adoptó su pose. El 13 de julio de 1934 proclamó en el Reichstag: «He dado la orden de ejecución de los principales culpables de esta traición, y también he dado la orden de cauterizar las úlceras del envenenamiento de nuestros pozos internos hasta la carne viva».[44]

Las amenazas de suicidio por parte de Hitler, escenificadas con teatralidad, también se basaban en la autocompasión y en el rol de víctima. El 3 de enero de 1935, ante los dirigentes del Reich y de las circunscripciones (*Gau*), así como ante altos mandos del ejército, hizo una presentación de una hora y media:

> Con lágrimas en los ojos Hitler suplicó a los líderes del partido allí presentes que entendieran que él solamente sería capaz de reconstruir Alemania si se le manifestaba fidelidad y sumisión absolutas, unidos en una única comunidad nacional. Igual que con la crisis Strasser en 1932, el punto álgido de la representación dramática también consistió en la amenaza de suicidarse en el caso de que esta unidad no se produjera.[45]

La autocompasión y la amenaza de castigarse a uno mismo como padre simbólico podían transformarse repentinamente en un menosprecio condenatorio del pueblo si la situación lo exigía. Hitler, en un discurso del 27 de noviembre de 1941, dijo: «Seré también en este caso absolutamente honesto. Si alguna vez el pueblo alemán perdiera la fuerza y no estuviera dispuesto a sacrificarse vertiendo su propia sangre por su existencia, que así sea y que otra potencia, más fuerte, lo extermine [...]. Entonces no derramaré ni una sola lágrima por él».[46] El 27 de enero de 1941: «Si el pueblo alemán no está dispuesto a darlo todo por su autoconservación, pues entonces que desaparezca». En agosto de 1944, en una reunión con jefes de circunscripción: «Si en esta lucha el pueblo alemán fuera vencido, significaría que es demasiado débil para superar la prueba de la historia, ¡y que no es digno sino de la aniquilación!».[47]

Así pues, su odio y su rabia contra lo propio podían volverse directamente también contra el pueblo, que pronto se convertiría en un sustituto de su odiado interior. En 1945 dio la orden de volar todo lo que quedara aún en Alemania y quitarle así al pueblo alemán cualquier posibilidad de supervivencia. Tenía que ser eliminado porque había sido incapaz de conquistar el mundo.[48] «Si se pierde la guerra, la nación también

se hundirá. Es inevitable. Por eso será razonable que destruya-
mos nosotros mismos todas estas cosas (instalaciones de pro-
ducción, infraestructuras de transporte, etc.), porque este pueblo ha resultado ser el más débil, y el futuro pertenece solo a
la nación más poderosa del este. Además, quienes sobreviven
a la batalla son los menos valiosos, pues los buenos han caí-
do en el combate».[49] «No solo las infraestructuras industria-
les, las centrales de gas, agua y electricidad y las centralitas de
teléfonos deben ser destruidas por completo, sino todo lo que
es necesario para la conservación de la vida: los documentos
para las cartillas de racionamiento, las actas del registro civil
y del padrón municipal, los registros de las cuentas bancarias;
también deben eliminarse las existencias de alimentos, hay que
quemar las granjas y hay que matar al ganado. Tampoco debe
quedar nada de las obras de arte que hayan sobrevivido a los
ataques aéreos: los monumentos, los castillos, los palacios, las
iglesias, los teatros y las óperas también están destinados a la
destrucción».[50] Cuando mujeres y niños se escondieron en las
entradas de las estaciones de metro para huir de los rusos, Hitler mandó inundar las entradas. Para él aquellas personas no
merecían nada mejor.

Cuando el yo escenificado deja de funcionar, el yo interno pro-
rrumpe. Pero en las personas que solo han vivido exteriormente,
este interior consiste únicamente en odio e impotencia. Más allá
de esto no hay nada, pues esas personas nunca pudieron desarrollar un yo interno. Queda la destructividad, que estuvo presente en todo momento y que ahora aparece en primer plano.
Esto ocurre cuando una personalidad psicopática, tal y como la
describe Cleckley, se ve enfrentada a la realidad. La persona ya
no puede escapar. Se ve claramente cuál era para ella el sentido
de la vida. Jakob Wassermann lo describió en 1919 en su novela *Christian Wahnschaffe* tomando como ejemplo al asesino
Niels Heinrich Engelschall:

Es un mundo abyecto y debe perecer, y el que acaso haya alcanzado tal conclusión debe dar el paso definitivo, el último de todos, en el que uno mismo ahogue la desesperación y el desprecio, en el que no se siga adelante, en el que uno oiga al ángel del Juicio Final llamar a la puerta, en el que ya no penetre la luz y tampoco la noche, en el que uno esté solo con su rabia, de modo que uno finalmente se perciba y se aumente y agarre algo sagrado y lo rompa con violencia; algo sagrado, de esto se trata; algo puro, eso debe ser; y se convierta en señor para arrollarlo y eliminarlo.[51]

Se tiene que destruir lo que es sagrado: el pueblo, la tierra, la madre, el amor por el cual uno enfermó, tanto por ser este falso como insuficiente. Solo el odio y la destrucción dan a estos hombres la sensación de estar vivos. El dolor del niño se convierte en el desencadenante de una furia destructora inconmensurable. En el fondo es un odio a la madre, quien encarnaba la posibilidad del amor verdadero pero que los traicionó. Y la salvación que Hitler prometió a todo el mundo porque nadie se podía salvar de ello es la redención de la condición de víctima. Pero, puesto que él menospreció a la víctima, como todos los que están dañados de esa forma, su promesa fue un desdén. Su objetivo, al principio quizá no consciente del todo, fue alcanzar a la diosa negra y unirse a la propia muerte. Albert Speer describe en su *Diario de Spandau* (1975) cómo Hitler amaba lo destructivo:

> Era directamente el fuego lo que siempre lo excitaba profundamente. Me acuerdo de cómo en la cancillería veía proyecciones de Londres ardiendo, del mar de fuego sobre Varsovia, de convoyes explotando, y de la avidez que le sobrevenía en cada ocasión. Pero nunca lo vi tan fuera de sí como hacia el final de la guerra, cuando, delirante, imaginó la destrucción de Nueva York por las llamas y nos lo contó. Describió los rascacielos convertidos en descomunales antorchas encendidas, derrumbándose, con el reflejo de la ciudad estallando proyectado en el cielo oscuro.

Solo la muerte y la destrucción lo hacían sentir vivo.

Es lo mortífero lo que atrae a tanta gente. Solo que tiene que esconderse, por ejemplo debajo de una sonrisa de bondad, como hizo Hitler delante de su fotógrafo, Hoffmann. Esta máscara libera a las personas de la culpa de querer ser mortíferas.

Hitler no fue un caso aislado. Hoy las tendencias mortíferas siguen disfrazándose de una pose que logra hacer creer que uno se preocupa con sensibilidad humana por el futuro. La señora Thatcher, en el pasado reciente, liberó del lastre de la empatía a quienes la escuchaban de forma parecida a Hitler: «El cristianismo significa salvación en la fe y no reforma social [...]. Las características de la vida cristiana no proceden del ámbito social, sino del terreno espiritual de nuestra vida». Con esto intentaba suprimir la empatía como base de nuestra vida comunitaria.[52] Separó la unidad de sentimiento y pensamiento negando que el pensamiento y el sentimiento social estuvieran vinculados. Despertando, como Hitler, la víctima en ellos, dándoles un enemigo fuera de su yo, fomentó la violencia contra la sensibilidad humana. De este modo, lo que pone en marcha la empatía se convierte en el elemento «desintegrador», en lugar de la dureza y la frialdad frente al sufrimiento humano.

Dichas personas se consideran valientes cuando no dudan. Ya que su pose exterior y su interior, determinado por la violencia y el odio, están escindidos el uno del otro, en un momento determinado pueden —según lo que exija la pose— sustituir el uno por el contrario. Esto se produce de forma convincente y con aparente sinceridad, porque para una persona así la contradicción no existe. Por eso Hitler logró parecer tan creíble. Era como un actor que cambia de un papel a otro sin problema, sin ni siquiera tener que hacer una pausa entremedias. Por esta razón, sin embargo, no podía tolerar contradicción alguna, perdía la serenidad, quedaba mudo o se derrumbaba. Kurt Thiele, horrorizado por las conclusiones de Hitler, le dijo una vez tras un discurso: «Dime: a ti te falta un tornillo, ¿verdad?». Hitler quedó tan consternado que no fue capaz de decir nada y se fue sin articular palabra. Pero, justo después, al regresar a la tribuna de la cervecería de Múnich, ya volvía a ser el de siempre, lleno de seguridad en sí mismo y con plena convicción.[53]

Los ataques de rabia también estaban a la orden del día, sobre todo después de llegar al poder. Halder cuenta acerca de una ocasión, el 8 de septiembre de 1942, en una reunión en el cuartel central Werwolf:

> Cuando se le presentó (a Hitler) un informe según el cual todavía en el año 1942 Stalin [...] podía disponer de nuevas formaciones de entre un millón y un millón y medio de hombres, y finalmente se le mostró la prueba de que la producción rusa de tanques para el frente alcanzaba por lo menos las mil doscientas unidades mensuales, entonces Hitler, con espuma en la comisura de los labios y con los puños cerrados, se acercó al que estaba hablando y le prohibió pronunciar una perorata de tal idiotez.[54]

Detrás de un comportamiento tan contradictorio, se esconde un terror interno inalcanzable. Este se identifica cuando estas personas, que aparentemente no dudan de nada, se vienen abajo porque la pose deja de funcionar. Entonces realizan acciones suicidas o exteriorizan su odio y al mismo tiempo su terror interno en actos violentos explosivos. Hacia el final de la guerra Hitler tendió a eso cada vez más. La condición de víctima autocompasiva, que siempre le sirvió como una válvula de seguridad incorporada, lo ayudó también en este caso a superar la contradicción entre el autoritarismo grandilocuente y la realidad. Cuando la guerra estaba perdida, le dio la culpa al pueblo alemán. Según él, lo había traicionado.

Este terror interno nos cuesta percibirlo porque nuestra civilización lo niega categóricamente. Sin embargo, ahí está. En mi consulta veo todos los días que hay personas que luchan contra él. Este terror se expresa por ejemplo en el odio de hombres a mujeres.

Un paciente dijo: «Es difícil reconocer este miedo extremo como tal». Entonces se refirió a sus miedos a ser un monstruo, y lo describía como sigue: «[Soy] un hombre que quiere acostarse con todas las mujeres. Tengo que hacerlo porque estoy cachondo, porque odio a las mujeres, ellas me hirieron, y en el fondo les tengo miedo. Odio a las mujeres porque pueden excitarme. Esto me hace sentir impotente porque pueden dejarme plantado». Le pregunto por qué se pone el deber de acostarse con todas. Él responde: «En mi fantasía me gustaría estar excitado y excitar a cada vez más mujeres. Pero es el miedo a quedar expuesto ante ellas lo que me hace invertirla en otra fantasía en la que yo soy el que decide, el que las atrae a todas [...]. Me veo tan impotente. Me masturbo con ropa interior sexy y entonces tengo poder sobre las mujeres; hay algo que obtengo: el miedo, no lo puedo reconocer como tal, a pesar de que lo experimente [...]. Y pasa muy deprisa. Uno no se entera. Ahora, en cuanto hablo del hecho de tener miedo, enseguida se va. Mi madre estaba siempre en movimiento, siempre en acción. Yo también tengo que estar siempre en movimiento, esto tiene que ver con el miedo, pero luego nadie sabe nada de este miedo. Yo no quiero ser bueno, y luego sí quiero serlo otra vez. Cuando tengo miedo, y luego terror [...] es difícil tolerarlo. Una vez, a los siete años, cuando mi madre me forzó para que confesara una cosa, experimenté terror. Y ese terror ha regresado justo cuando hace un rato usted me ha hablado de aquel terror de entonces. El horror de aquel día fue que ella quería forzarme a confesar algo. No fue comprensiva conmigo, ¡este fue el horror!».

El paciente se refería al horror al que un niño está expuesto, desde el principio de su vida, al no poder verse reconocido por su madre. William James describió en un clásico de la psicología del año 1905 cómo el no reconocimiento precipita a la persona a una no existencia. Los trabajos de investigación de Klaus y Kennell, de los que ya hablé, han contribuido de forma decisiva a la explicación de este proceso. En la sesión siguiente el paciente explicó que ahora entendía por qué siempre se veía a sí mismo como a un psicótico cuando de niño y más adelante su madre no reaccionaba ante su ser. Su terror acabó resultando en que se sentía como si estuviera en un espacio insonorizado, sin el efecto estimulante de una reacción exterior.

Este paciente estaba dispuesto a enfrentarse al horror, a diferencia de Hitler, cuya evolución estaba orientada a eludirlo. El sufrimiento que el paciente volvía a experimentar al acordarse de ello consistía en que su madre, en su afán por sonsacarle la confesión, no lo vio. Esto es lo que opina Alice Miller cuando describe a las madres con tendencia a mimar: la incapacidad de entender las necesidades del niño.

Hitler negaba el dolor derivado de dicha situación. Tenía que ser «valiente». J. Toland escribe[55] que Hitler contó a su secretaria: «Me propuse que en la siguiente paliza no emitiría sonido alguno. Y al llegar la hora —me acuerdo: mi madre estaba asustada detrás de la puerta— conté cada golpe. Mi madre pensó que me había vuelto loco cuando le informé orgulloso: "Papá me ha dado treinta y dos golpes"». En ese momento Hitler niño se unió con el padre en su desprecio por el dolor. Y ¿qué le pasó a la madre, que tanto lo compadecía pero que no hizo nada por él? Con su «debilidad» demostró lo malo que era el padre. Por otra parte, no obstante, animó a su hijo a respetar a ese padre. En una constelación como esta, un niño se siente engañado, pero no puede expresar este sentimiento. Por una parte, un niño quiere mostrarse diferente al padre, pero por otra parte quiere y debe demostrar a la madre lo sensible que es con ella. Esto significa que tiene que satisfacer sus expectativas, lo cual es diferente de actuar por voluntad propia y de forma autodeterminada. Esto es una trampa que lleva a la escisión: el niño tiene que ser bueno con la madre, lo cual no puede ser más que una pose, porque detrás no hay amor verdadero. Más allá de la pose del buen chico, escindido en el inconsciente, el odio contra la madre está presente porque ella manipula bajo el pretexto de preocuparse por él. Este es el origen del profundo odio de Hitler, que al final lo impulsó a querer destruir toda Alemania. Ian Kershaw, Carl Amery y Sebastian Haffner también lo ven así.

Otras pruebas de este odio: en un pagaré que Hitler diseñó y que fue emitido por el NSDAP, aparece el dibujo de un guerrero idealizado que sostiene en la mano derecha una espada ensangrentada y en la izquierda una cabeza cortada de mujer. Debajo se lee la frase: «Guerrero de la verdad, descabeza la mentira». Hitler también estaba fascinado por la Medusa que había pintado Franz von Stuck. Cuando vio la obra por primera vez en un libro, exclamó ante el doctor Ernst Hanfstaengl, uno de los primeros admiradores de Hitler: «¡Son los ojos de mi madre!».[56] Freud escribió sobre el terror que produce la Medusa, y lo puso en relación con la madre.[57]

La vida psíquica de nuestra cultura está marcada por una relación contradictoria con la madre. En un primer plano, la idealizamos, pero en realidad también la rechazamos o la despreciamos, o ambas cosas. Por eso Hitler es solamente un ejemplo, aunque sea uno especialmente drástico. Esta contradicción es, obviamente, inconsciente y no evidente. Debe ser negada. La cultura corrobora dicha negación exigiendo la identificación con el agresor, lo que a su vez obliga a la obediencia y afianza la pervivencia de la negación.

DIGRESIÓN: LUIGI LUCHENI, UN CASO COMO EL DE HITLER

Luigi Lucheni, el hombre que el 10 de septiembre de 1898 asesinó a la emperatriz Isabel de Austria en Ginebra, tras ser condenado a cadena perpetua escribió un relato autobiográfico que fue publicado en 1998, cien años después del atentado. Este relato ilustra de forma muy gráfica la contradicción de la relación con la madre. Al mismo tiempo muestra cómo una ideología encubre la identificación de dicha contradicción.

Lucheni fue dado en adopción por su madre una semana después de su nacimiento. Escribe, dirigiéndose a ella:

Querida madre. En este caso deberías desechar la idea de que tu hijo, por faltarle la luz del sol, maldice a aquella que lo tuvo en su regazo [...]. ¿Condenarte yo? Ay, querida madre, ¿cómo puedes pensar que tu hijo es tan desagradecido? Sé demasiado bien cuánto sufrimiento te ha infligido desde el día en que tuviste la certidumbre de que lo llevabas en tus entrañas [...]. Él ahora sabe que no eras más que una pobre sirvienta y que, cuando le confiaste tus únicos bienes, no tenías otro protector que la incertidumbre. Estate, pues, enteramente tranquila, la más infeliz entre todas las madres. Debes saber que tu hijo, que nunca vio tu rostro, no te condena en absoluto, sino más bien se arrodilla ante ti para pedirte perdón por todo el dolor que tuviste que soportar por él.

Lucheni, como Hitler, se escudaba detrás de la pose de la bondad. Esa bondad la dejó de lado al apuñalar a la emperatriz en el corazón; como Hitler, sin admitir la contradicción: «Afirmó haber venido a Ginebra para asesinar al príncipe Henri d'Orléans, quien, sin embargo, claramente ya no se encontraba en la ciudad, de modo que [...] finalmente tomó la decisión de matar a otra persona». La estancia de Isabel de Austria en Ginebra se dio a conocer en la prensa local solo tres horas y media antes del asesinato. Que su decisión de matar a quien fuera se dirigiera impulsivamente contra una mujer conocida por su virtud y su carácter maternal, pone de manifiesto la contradicción interna de Lucheni entre «amor» y odio. Él no se arrepentía de su acto y afirmaba que estaba motivado por sus convicciones anarquistas, aunque su entusiasmo por esta corriente política había surgido solo tres meses antes. Antes su comportamiento había estado marcado por un profundo respeto por el orden y una autoridad idealizada, había defendido el sistema realista en Italia y le habían apasionado siempre los revolucionarios. Para él era importante ser un héroe: «Me gustaría matar a alguien, pero tiene que ser una personalidad conocida para que aparezca en los periódicos», le explicó a su compañero de habitación. Poco antes aún había realizado un servicio militar de tres años y medio en Nápoles, donde «finalmente vive [...] en un mundo ordenado en lo interno, que funciona siguiendo unas reglas claras, sin falsas apariencias, separado de la vida real, en la que nunca pudo encontrar su sitio». Al igual que Hitler, se había alistado voluntariamente y el ministro de la Guerra lo había condecorado. Su superior lo consideraba el mejor soldado del escuadrón: «Siempre es disciplinado y cumple todas las indicaciones del servicio militar [...]. Su inteligencia, sumada a su obediencia, son especialmente útiles para las tareas de patrullaje».

Al igual que Hitler, Lucheni se veía como víctima de la injusticia social. Era incapaz de compartir el dolor que infligía a los demás. No tenía capacidad de empatía. De sus privaciones de niño escribió, como Hitler, sin un sentimiento de tristeza:

> Aquella infancia lo privó de los placeres y las alegrías más básicas de las que todos los niños disfrutan, nunca aquel niño entró en contacto con la amenidad de una amistad, de la camaradería o siquiera de la compañía de amigos de su edad. No tuvo una formación escolar, y no recibió consejos, consuelo ni afecto, cosas imprescindibles todas ellas, a mi juicio, para preparar adecuadamente a un niño para llevar una vida dentro de la comunidad del resto de personas y asimismo cumplir sus deberes, como han de hacerlo todos los demás.

En lugar de tristeza verdadera, aquí uno encuentra solamente, como en Hitler, autocompasión. Pero él sabía cómo había que gestionar los sentimientos. Como Hitler, sabía adueñarse de lo que fomentaba su visión del mundo. Él no sentía dolor. Pero culpaba a los demás del hecho de ser víctima:

> Puesto que, cuando los fuertes creen que su botín está amenazado, para asustar a sus víctimas tienen que establecer un precedente y demostrar la dureza de sus leyes: leyes que ellos mismos —¡grandes ladrones!— han elaborado. Son expertos en herir a los infinitamente pequeños a sabiendas de que las heridas resultantes, precisamente porque estos están degenerados, no pueden provocar ningún tipo de dolor.

Igual que los asesinos con los que Murray Cox trabajó en Broadmoor, Lucheni no experimentaba dolor, a pesar de que hablaba de sí mismo. Así, en el interrogatorio cruzado ante el jurado usó el hecho de haber sido abandonado por su madre como justificación por su acto, el asesinato de la emperatriz. A la pregunta de qué objetivo perseguía con su crimen, llegó a decir: «Vengarme por su vida». Su dolor, su sufrimiento, no lo podía admitir. Como resumió el abogado del Estado Georges Navazza, no fue ni siquiera la venganza lo que impulsó a Lucheni a cometer el asesinato sino «nada más que el odio». Mark Twain escribió por aquel entonces una carta a un amigo en la que citaba un artículo periodístico austriaco que en muchos aspectos recuerda a lo que Haffner dijo sobre Hitler:

> ¿Qué mente ha dado al mundo este espectáculo? [...]. En lo más bajo del escalafón humano, sin dotes, sin talento, sin formación, sin moral, sin carácter, sin gracia interior alguna, en solo cinco minutos les dio mil vueltas a todos los políticos, a los vendedores del amor al prójimo, a los jefes de bandas, a los campeones ciclistas, a los anárquicos y a napoleones varios.

La contradicción con respecto a la madre empuja a las personas cada vez más hacia el abismo. También Hitler había separado su dolor y su terror interno completamente de su ser. Por eso tenía que buscar estos elementos siempre, al igual que los asesinos con los que trabajó Cox, fuera de su ser. Ahí está el origen de su impulso a causar terror en los demás. El mar de llamas imaginado por Hitler del que hablaba Speer es la expresión de este proceso. El asesino busca su dolor perdido en la víctima. Al mismo tiempo el dolor y el terror experimentados son tergiversados y encubiertos idealizando heroicamente a una madre con tendencias mortíferas. En la reunión del 1 de febrero de 1943 en la Guarida del Lobo (*Wolfsschanze*) Hitler se acaloró a causa del mariscal de campo Paulus, porque este no se había suicidado tras la derrota en Stalingrado: «Quiero decirle (a Jodl) algo. No entiendo a una persona (como Paulus) que no prefiere la muerte. La heroicidad de tantas decenas de miles de personas, oficiales y generales se extingue (por culpa de un hombre así), que no tiene el valor de hacer lo que ha hecho una mujer débil». A continuación habla sobre la carta de una mujer cuyo marido ha muerto: «Me pidió que cuidara de sus hijos. A ella le era imposible seguir viviendo, a pesar de sus hijos [...], y luego se disparó. Eso hizo la mujer, encontró la fuerza para hacerlo; ¡y hay soldados que no la encuentran!».[58]

Hitler justificaba su odio con su condición de víctima. Así se creía autorizado a infligir dolor a los demás. Tenía continuamente la sensación de que el mundo, sobre todo los marxistas y los judíos, se reían de él. En tres importantes discursos evocó una imagen en la que se describía como víctima de las burlas judías. El 30 de enero de 1939 dijo: «En mi vida, he sido muchas veces un profeta, y la mayor parte de ellas se han reído de mí. En la época en que luché por llegar al poder fue principalmente el pueblo judío quien se tomó a risa mis profecías de que un día yo asumiría el liderazgo del Estado en Alemania —y por tanto de todo el pueblo— y luego solucionaría, entre muchos otros, el problema judío. Creo que, con el tiempo, a los judíos de Alemania aquella sonora risa de entonces se les ha ahogado en la garganta».[59] El 30 de enero de 1941 decía: «Y no quiero dejar de advertir [...] que, si el otro mundo* ha sido arrastrado a una guerra global por el judaísmo, ¡el judaísmo entero habrá tenido su importancia en Europa! [...] Ya pueden seguir riéndose hoy como se rieron antes de mis profecías. Los próximos meses y años demostrarán que también en este caso mi visión era la correcta. Ahora los conocimientos sobre la raza ya van llegando a un pueblo tras otro [...] (de modo que) un día reconocerán a su gran enemigo interno y lucharán en un mismo frente junto con nosotros: el frente con-

---

* N. del T.: En varios discursos Hitler usa la expresión «el otro mundo» para referirse a los enemigos de Alemania, sobre todo a los aliados en la Primera Guerra Mundial, quienes, según Hitler, impusieron unas condiciones humillantes al país.

tra la explotación y la corrupción de los pueblos por parte de los judíos en todo el mundo».[60] El 30 de septiembre de 1942 en el palacio de deportes de Berlín: «Si los judíos traman una guerra mundial internacional para, por ejemplo, exterminar a los pueblos arios de Europa, no serán los pueblos arios quienes serán exterminados sino los judíos [...]. Los judíos hace tiempo se rieron de mis profecías en Alemania. No sé si todavía hoy siguen riéndose, o si ya se les ha pasado la risa. Pero ahora también puedo asegurar: en todas partes las ganas de reírse se les pasarán. Y yo volveré a tener razón con esas profecías».[61]

Aquí Hitler desplegaba su papel de víctima hasta el extremo. Este rasgo de sus discursos permitió a sus oyentes identificarse con él como víctimas y deducir que tenían derecho a vengarse. Hitler fue un maestro de la burla, pero su menosprecio estuvo vinculado a lo que otros le habían hecho a él. Ron Rosenbaum cree que Hitler en estos discursos simplemente expresaba una alegría obscena.[62] Con este argumento pasa por alto el punto decisivo, a saber, la profundidad con la que Hitler atribuía al extraño la responsabilidad de sus propias heridas. Y que así protegía a sus torturadores, sus padres.

Las personas como Hitler no tienen más que desdén por la vida. Esto también se pone de manifiesto en la historia de Lucheni. Cuando el odio hacia la madre queda escindido de la conciencia, estas personas odian la vida porque no recibieron amor. Lo que muy a menudo se vive como amor es todo menos amor. El psiquiatra y analista norteamericano Joseph C. Rheingold, de la Universidad de Harvard, ha investigado exhaustivamente este problema en el ámbito del amor maternal. Lo resume como sigue: «Con una creciente frustración el amor se convierte en la máscara de una defensa contra los impulsos vengativos. Lo desconcertante del análisis de estas sensaciones que muchos viven como "amor" es que son la expresión de un autoengaño que no admite que el sentimiento verdadero es el odio».[63]

El grito de guerra del general franquista Millán-Astray rezaba: «¡Viva la muerte!». En una celebración al comienzo de

la guerra civil española en la Universidad de Salamanca gritó a
los reunidos: «¡Muerte a la inteligencia!».[64] Miguel de Unamu-
no, el gran filósofo español, entonces rector de la universidad,
dijo al respecto: «Un inválido [...] que carezca de grandeza moral se sentirá aliviado al ver cómo aumentan los mutilados a su
alrededor». De eso se trata: si el alma está mutilada porque la
persona no fue querida, entonces intentará siempre unirse a la
madre, percibida como algo letal, a través de la muerte. A esta
salvación se le llama «vida». Hitler dijo el 1 de febrero de 1943
en una reunión: «¿Qué significa esto?, ¿vida? [...] El individuo
tiene que morir. Lo que se mantiene en vida más allá del individuo es el pueblo. Pero ¡cómo puede uno tener miedo ante esto,
ante este segundo con el que uno (se puede liberar) de la aflicción,
(si no lo) detiene el deber en este valle de miseria! ¡Por favor!».[65]

Aquí se niega la vida a favor de la idea abstracta de pueblo,
en cuyo nombre la vida se consagra a la muerte. Y sigue: «Si se
pusiera fin a mi vida, para mí personalmente no sería —si me
permiten— nada más que una liberación de las preocupaciones,
de (noches) en vela, (de un) grave sufrimiento nervioso. Es solamente (la fracción) de un segundo y luego uno está salvado de
todo (y tiene) reposo y paz eternos».[66] Así habla una persona
que se siente vacía, que carece de un sentimiento de vitalidad,
de afirmación de la vida en su existencia. En consecuencia, tampoco puede reconocer ni entender las penas de los demás. Una
persona así fácilmente puede acabar con su vida. El motivo por
el que Luigi Lucheni y Hitler se quitaron la vida no fue la desesperación por lo que les habían hecho a otras personas. No eran
capaces de ver el dolor que habían infligido a los demás. Su suicidio ocurrió más bien debido a la pose del ofendido, como una
pura autoescenificación con la que tales personas ocultan su cobardía ante el hecho de oponerse al dolor de la vida.

Solo la destrucción del otro cuenta, solo esto da a dichas personas la sensación de estar vivos. El 18 de octubre de 1942 Hitler dio la orden de asesinar a todos los adversarios: «De ahora
en adelante en todas las empresas de los comandos, en Europa

o en África, hay que eliminar a quienes se opongan a las tropas alemanas, aunque se trate aparentemente de soldados uniformados o tropas de destrucción con o sin armas, en combate o a la fuga, hasta el último hombre [...]. Incluso si estos sujetos, al ser encontrados, muestran señales aparentes de entregarse se les negará por principio el perdón». El 24 de junio de 1944 el estado mayor de la Wehrmacht ordenó de forma expresa que estas disposiciones «se cumplieran sin excepción».[67]

¿Cómo pudo ocurrir que muchas personas vieran a ese hombre como a un salvador y que se dejaran seducir por sus ideas? «Tengo la convicción de que en los próximos diez, veinte, treinta, quizás cincuenta años en Alemania no aparecerá ningún hombre con mayor autoridad, con mayor capacidad de influencia sobre la nación y con mayor determinación que la que tengo yo» (Hitler, 12 de diciembre de 1944).[68] Y parece como si casi una nación entera se adhiriera a él. Quizá, no obstante, fuera al revés. Quizá Hitler fuera más bien el resultado de un proceso psíquico que llevó a la gente a buscar a un «salvador» como él. Esta es la pregunta que vamos a tratar de aclarar en el siguiente capítulo.

LAS PERSONAS QUE CONVIRTIERON
A HITLER EN EL *FÜHRER*

«Cuando se adopta una pose construida por uno mismo, uno no tiene que preocuparse por los sentimientos», me dijo una vez una paciente, una exitosa dentista. «Cuando uno se proyecta en imágenes puede hacer de todo. Puede poner las imágenes en cajones y puede suministrar según lo que se le exija. Todo es visual, por lo cual "aparentemente" uno puede determinarlo todo y determinar cómo es él mismo». La paciente dijo eso justo después de contarme sus vivencias de niña con una madre imprevisible. Si bien la madre, también dentista, era estructurada y previsible en sus actividades generales, tendía a la frialdad repentina al relacionarse con la hija. «Entonces me imaginaba, por ejemplo, cómo era mi pose en el trabajo, de tranquilidad y de tenerlo todo bajo control. Sencillamente perfecta y admirable. Adoptando esa pose, mi eficiencia me hacía intachable. No podían abandonarme, y yo podía controlarlo todo. El terror que provenía del rechazo de mi madre no podía sorprenderme. De esa forma me tenía a mí misma bajo control. No podemos tener empatía; si no, nos sentimos débiles y les damos miedo a los demás». La paciente describe un proceso que también da cuenta del posar de Hitler: el desarrollo de un yo que sirve para construir una imagen que transmite una fuerza de voluntad y una capacidad de decisión absolutas, detrás de la cual, no obstante, solo se esconde una estructura del yo confusa, impregnada de miedo, odio y autocompasión, amorfa, ilimitada y sin sofisticación, como la percibió el doctor Krebs en su encuentro con Hitler en Hamburgo.

EL MITO DE HITLER

El hecho de «adoptar una pose» caracterizó a Hitler ya desde su niñez. Su orgullo por su insensibilidad frente al dolor mientras su padre le pegaba con el látigo es un ejemplo temprano. Hitler tuvo que adoptar una pose porque no encontraba amparo en una vida emocional real, la cual surge de una conexión con el dolor experimentado, con el desamparo, la tristeza y la desesperación. El hecho de posar se convirtió para él en el sustituto de su interior, para el cual no tenía la fuerza necesaria. Y cuanto menos posee una persona esa fuerza, más tiene que vivir una vida hacia fuera adoptando una pose. Así empezó Hitler muy tempranamente, en Múnich —con el descubrimiento de su talento para pronunciar discursos—, a modelar su imagen, que siguió el camino iniciado por la pose que ya en su niñez había experimentado como salvación de su dolor: mostrarse, en apariencia, como alguien fuerte. A ello pertenecía también tener que fingir determinación y una autoridad inflexible: «He alcanzado estos éxitos solamente porque nunca me he dejado convencer ni apartar de mis conclusiones por parte de debiluchos y [...] porque siempre he estado determinado a obedecer bajo cualquier circunstancia a una necesidad identificada desde hace mucho tiempo».[1]

No obstante, cuando la pose deja de ser compatible con la realidad, entonces llega el derrumbamiento. Esta caída se hace patente en trastornos de la conciencia. Stalin quedó tan abrumado tras el ataque de Hitler a Rusia que durante semanas fue incapaz de gobernar su país. Cuando a una persona así no le es posible compatibilizar la realidad con su rígida autoimagen, basada en sus fantasías, solo puede resolver el conflicto de esa forma psicosomática. En el caso de Hitler detectamos varios indicios de este proceso. Aparte de los ataques de rabia que tenía de niño, cabe mencionar también su pérdida de visión tras el ataque con gas mostaza el 15 de octubre de 1918. Aunque el trastorno de visión se debía en parte a los efectos temporales del gas, las reacciones físicas derivadas sí fueron tan llamativas que tuvo que ser tratado en el hospital militar de Pasewalk por el jefe de psiquiatría Edmund Foster.[2]

Poco después de su curación, Hitler volvió a quedarse ciego. Rudolph Binion describe esta recaída como una reacción desesperada a las convulsiones revolucionarias ocurridas en Alemania a finales de 1918, que contradecían completamente las convicciones patrióticas de Hitler.[3] En *Mi lucha* Hitler dice incluso que no podía soportar «la certeza más terrible de mi vida», es decir, que se había producido una revolución: «Mientras a mí se me volvían a cegar los ojos...». Hitler se «salvó» con una alucinación, que giraba en torno al horizonte de liberar al pueblo alemán y restablecer la grandeza de Alemania. «(Hitler) contó a Hanfstaengl que, mientras estuvo en el hospital en Pasewalk, en el otoño de 1918, había tenido una visión sobrenatural que le ordenaba salvar a su desdichada tierra».[4]

La realidad que se escondía detrás de la pose de Hitler era, sin embargo, otra muy distinta. Era incapaz de tomar decisiones. Hasta que la situación no le dejaba otra salida, no conseguía decidirse. Este fue el caso, como ya se ha comentado, del asesinato de Röhm, en el que Hitler tardó mucho tiempo hasta que se vio obligado a actuar por las amenazas del ejército. Pero justo después se metió en el papel del gobernante severo que toma decisiones despiadadas y proclamó: «¡En esa hora fui responsable del destino de la nación alemana y por tanto juez supremo del pueblo alemán!».[5]

Cuando la realidad no se correspondía con sus fantasías, como por ejemplo después del intento de golpe de Estado fallido de las SS y los funcionarios austriacos del partido en julio de 1934, se enfurecía de forma histérica.[6] La reocupación militar de Renania el 7 de marzo de 1936 fue un cometido temerario, no una decisión realista. El propio Hitler dijo posteriormente: «Si los franceses hubieran entrado en Renania, habríamos tenido que retirarnos de nuevo con humillación y deshonra, pues las fuerzas militares de las que disponíamos no habrían sido suficientes de ninguna forma para oponer siquiera una mediocre resistencia».[7] «¡Qué feliz estoy! ¡Dios mío! ¡Qué feliz estoy de que todo saliera tan bien!», cita Hans Frank.[8]

Lo que es interesante y de hecho espantoso es que pese a la indecisión real de Hitler precisamente su pose de fuerza de voluntad inquebrantable se convirtiera en un mito. Al parecer, las personas ven lo que quieren ver. Es un hecho: Hitler era alguien dubitativo, incapaz de gobernar el Estado alemán con determinación. Sin embargo, sus colaboradores volvieron este hecho en lo contrario. Werner Willikens, secretario de Estado en el Ministerio de Agricultura prusiano, dijo en un discurso del 21 de febrero de 1934: «Todo aquel que haya tenido ocasión de observarlo sabe que al *Führer* le cuesta ordenar desde arriba todo lo que tiene intención de llevar a cabo tarde o temprano. Por el contrario, puede decirse que hasta la fecha cada uno desde su posición en la nueva Alemania ha trabajado lo mejor que ha podido si lo ha hecho, por así decirlo, a pesar del *Führer*. Con mucha frecuencia y en muchos sitios lo que ha ocurrido es que en los pasados años los individuos solo han esperado a recibir órdenes e indicaciones. Por desgracia, esto probablemente seguirá igual en el futuro; frente a eso, la obligación de cada uno es intentar trabajar para los objetivos del *Führer* a pesar de él. *Quien cometa un error lo percibirá muy pronto.* Pero el que trabaje correctamente en la línea del *Führer* y para sus objetivos seguro que en el futuro, igual que hasta ahora, encontrará la mejor recompensa al recibir un día, de repente, la confirmación legal de su trabajo».[9] Este «trabajar a pesar del *Führer*» significa, como también lo ve Kershaw, tomar decisiones sin que Hitler tenga que dar la orden. Como consecuencia de ello,

se descompuso la burocracia gubernamental oficial y se diluyó
el control que tenían los favoritos de los caciques nazis que se
habían comprometido aún más con Hitler. Puesto que Hitler
evitaba los enfrentamientos y era incapaz de tomar decisiones,
lo que se produjo, como investigó Kershaw, fue un caos en la
gobernación y la gestión.[10]

Un fenómeno extraordinario fue la consecuencia que entra-
ñó: por un lado, existía el mito del gobernante con una voluntad
de hierro y, por el otro, había un Estado muy moderno que carecía de una coordinación central y cuyo jefe de gobierno estaba, en gran medida, desvinculado de la maquinaria de gobierno.
Dice Kershaw citando a Fritz Wiedemann, uno de los oficiales
adjuntos de Hitler: «(Con el tiempo Hitler) se entregó al estilo
de vida que cuando era joven tanto le había gustado en Linz y
en Viena […]. Más adelante, por lo general Hitler solo aparecía
poco antes de la comida, leía un poco lo que el jefe de prensa
del Reich había compilado de la prensa y luego se iba a comer.
Así, a Lammers y Meissner (secretarios de Estado) les fue cada
vez más difícil lograr que Hitler tomara las decisiones que solo
él como jefe de Estado podía tomar […]. Estando en la zona
de Obersalzberg no salía de su habitación hasta sobre las dos de
la tarde. Entonces se iba a comer. Ocupaba la tarde sobre todo
dando un paseo, y por la noche, después de la cena, se proyec-
taban películas».[11] El mito de la figura del padre/líder con fuerza de voluntad implicaba no solo que todo el mundo tenía que
averiguar lo que Hitler quería. Aquellos que no «trabajaban a
pesar de él» correctamente también tenían que contar con que
por su negligencia se les castigaría «tempranamente». Kershaw
describe todo eso. Sin embargo, ve en Hitler todavía al hombre
de Estado decidido y «audaz». Esto pone de manifiesto hasta
qué punto nuestra cultura, marcada por la identificación con los
agresores, nos lleva a ver o a tener que ver «grandeza» y una voluntad fuerte en nuestros líderes o padres.

Actualmente, el mito sigue haciéndonos creer que la fuerza y la grandeza de Hitler hay que medirlas en relación con el hecho de que mejoró considerablemente la situación económica de los alemanes. En realidad fue lo contrario. En otoño de 1935 la policía de Berlín informó del empeoramiento del estado de ánimo de la población porque los precios de los alimentos subían y estaba aumentando el desempleo. Cuando en enero de 1936 el clima se hundió todavía más, Hitler se enfureció y prohibió tales informes.[12] Ese mismo mes el Ministerio de Trabajo del Reich dio la cifra de los desempleados, que se situaba en los dos millones y medio. La reacción de Hitler fue atizar la euforia nacionalista para contrarrestar el dato. Por eso organizó la ocupación militar de Renania. La mitad de la población trabajadora ganaba en ese entonces no más de dieciocho marcos imperiales (*Reichsmark*) a la semana: un sueldo que estaba por debajo del umbral de la pobreza y que era mucho más bajo que en 1928, durante la República de Weimar.

Esto significa que el mito de Hitler no se puede reducir simplemente a su propia escenificación, sino que tiene algo que ver con la necesidad de las personas de tener un mito como este. De este modo, Hitler se sentía reafirmado en su creencia de que su pose era la realidad, y se aferraba cada vez con más fuerza a sus escenificaciones del yo como si se trataran de un supuesto yo real. En un discurso pronunciado el 13 de septiembre de 1936 ante las formaciones de combate del partido ya se consideraba infalible: «¡Este es el milagro de nuestro tiempo, que me hayáis encontrado, que me hayáis encontrado a mí entre tantos millones de personas! ¡Y que yo os haya encontrado a vosotros, esa es la suerte de Alemania!».[13] E incluso antes, el 14 de marzo de 1936, en Múnich decía: «Ni las amenazas ni las advertencias me apartarán de mi camino. Sigo con absoluta certeza el camino que me dicta la providencia [...]. El pueblo alemán ahora tiene que juzgar si en estos tres años la nación alemana se ha hundido o si ha resucitado [...]. Esta sentencia es lo que estoy esperando [...]. Será mi mayor legitimidad histórica. Y luego me presentaré ante el mundo y podré decir: "¡No soy yo quien habla sino que quien ha hablado es el pueblo alemán!"».[14]

La identificación con el agresor conduce a que las personas que fueron moldeadas de esta forma esperen la salvación de
aquel que los llevó al sufrimiento. Pero no buscan un verdadero líder fuerte sino una ficción de la fuerza. Esta fuerza era característica del padre, y también de la madre, cuando reprimían
al niño para sentirse fuertes e importantes. Por eso estas personas esperan hallar la salvación en aquel que promete fuerza
aunque no la tenga en absoluto. Lo que buscan es un rey cruel
o una reina cruel.

La historia da ejemplos a mansalva de redentores que prometen a la gente que los liberarán de sus penas. Milošević es solo
un ejemplo. Norman Cohn, en su clásico *En pos del milenio.
Revolucionarios milenaristas y anarquistas místicos de la Edad
Media* (publicado en inglés en 1957), presenta muchas figuras
de líderes que llevaron a sus seguidores a una lucha enconada
contra supuestos enemigos para salvarlos de su desamparo, de
su miseria y de su desesperación. No obstante, ninguno de ellos
encarnaba el mito de la determinación absoluta y sobrehumana de una forma tan perfecta como Hitler. Cautivó a sus oyentes refiriéndose una y otra vez —como hizo en su discurso del
14 de septiembre de 1936 en Núremberg— a las debilidades de
ellos y a las propias. A cualquiera que lo oyera le quedaba claro
que eran esas debilidades lo que era un obstáculo para la determinación. Y todo el mundo sabía lo fácil que es dejarse apartar
del camino siendo «engatusado con palabrería». Con estas palabras Hitler expresaba algo que todos conocían presentándolo
como una insuficiencia de sus oyentes. Y con la identificación
con él y con su pose podían experimentar directamente la determinación de la que no eran capaces por sí mismos. De esa forma, un yo denigrado puede aumentar su autoestima.

En este proceso hay que activar el odio y el enemigo interior
para poder echárselos a otras personas. En un artículo de la re

vista *The New Yorker*, Jane Kramer escribió sobre la ciudad de
Schlitz, en el estado alemán de Hesse, que fue gobernado antes
de nuestra época durante ochocientos años por una familia de
la nobleza.[15] Esa familia prometió a los ciudadanos protección
ante los enemigos a cambio de su servidumbre. En una entrevista
con Kramer el primer alcalde de la ciudad había hablado sobre
el problema de que los habitantes de Schlitz estaban dispuestos
a seguir a aquel que les diera órdenes siempre y cuando las órdenes se dirigieran contra un enemigo. Para las personas como
los habitantes de Schlitz, sin un enemigo no es posible entender
el mundo ni llegar a dominarlo. Tiene que haber una autoridad
que señale a unos enemigos —aunque esta autoridad ejerza el
terror— para tener una sensación de seguridad.

Al brindar Hitler supuestos enemigos al pueblo, le ofreció
la posibilidad de desplazar hacia fuera aquel enemigo interior
tan odiado, a desprenderse del odio sin remordimientos y a liberarse, así, del opresivo lastre de la inferioridad. Este es el motivo por el cual las personas anhelan la salvación y necesitan
a un líder que en verdad no lo sea. Un verdadero líder, como
lo fue por ejemplo Abraham Lincoln, exigiría asumir responsabilidades y enfrentarse a la realidad. Y, con un líder así, esto
además se llevaría a cabo. Pero algo así generaría miedo, pues
entonces cada uno debería enfrentarse a su propia sumisión:
una tarea imposible para la mayoría de las personas, pues detrás de la identificación con el agresor de la niñez está el terror
que nos lleva a negar la verdad. Como consecuencia de ello,
a menudo uno se pasa toda la vida buscando liberarse de su
inferioridad, no del propio dolor que se infligió al niño a una
edad temprana.

El 7 de marzo de 1936 William Shirer, corresponsal norteamericano en Berlín durante la ocupación de Renania, describe el
comportamiento de los miembros del Reichstag alemán durante el discurso de Hitler:

Cuerpos pequeños con grandes cabezas, nucas abombadas, pelo corto, gruesas barrigas, uniformes marrones y botas pesadas [...]. Se levantan del asiento, exultando y gritando. En la tribuna de invitados, la misma imagen, con excepción de algunos diplomáticos y nosotros, unos cincuenta corresponsales. Tienen las manos estiradas en servil homenaje, sus rostros están impregnados de histeria, sus bocas abiertas de par en par y gritando; sus ojos, ardientes de fanatismo, dirigidos al nuevo dios, al mesías. El mesías interpreta su papel de forma magnífica.[16]

Las personas buscan la identificación con una figura que consideran poderosa. «Yo me someto sin más al señor Adolf Hitler», escribió Ernst Graf zu Reventlow.[17] «Me había encontrado a mí mismo, a mi líder y mi deseo», así describía Kurt Lüdecke sus sensaciones al oír hablar a Hitler por primera vez en 1922.[18] «¡Cuántos lo admiran en emocionada fe y lo ven como el auxiliador, el redentor, el que nos salvará de esta pena descomunal!». Así se expresaba Luise Solmitz, una maestra, después de un discurso de Hitler en abril de 1932.[19] Todos buscaban una identidad mediante la identificación, porque habían perdido lo que les era propio, enajenado a través de la identificación con un agresor o con agresores a una edad temprana. Esta identificación condena a las personas a buscar salvadores durante toda su vida porque la vergüenza de su propia alienación los hace sentir vacíos y despreciables. Este proceso los induce a convertir en líder a una figura que es un don nadie y que precisamente por eso tiene que crearse un yo ficticio adoptando poses para mostrar fortaleza y fuerza de voluntad. A las personas como Hitler, los daños que en nuestra cultura comúnmente se ocasionan al yo infantil les dan la oportunidad de llegar a ser algo en la vida. Sin estos déficits de la masa el fenómeno Hitler —o Milošević— sería imposible. Personas con un yo autónomo, como por ejemplo Sebastian Haffner o Kurt Tucholsky, vieron a Hitler como lo que realmente era: un don nadie. Para poder evaluar correctamente a una persona como Hitler, debemos diferenciar entre las distintas formas que toma el desarrollo de la identidad, que puede llevar a la construcción de un núcleo interno o solamente a la formación de un sustituto del mismo. En este segundo caso, nos encontramos ante un conglomerado de poses y de identificaciones con figuras de autoridad que sirve para la negación del dolor, del sufrimiento y de la empatía.

Así pues, lo que es alarmante de Hitler no es tanto su psicopatología, como describió exhaustivamente Erich Fromm,[20] sino el hecho de que muchas personas creyeron recuperar en él la parte extraviada de sí mismos. Este problema, independientemente de Hitler, sigue existiendo. Actualmente, personas que viven sin estar integradas porque no saben diferenciar entre el poder de la propia vida de fantasía y la realidad de sus circunstancias vitales, se convierten en portadores de esperanzas y ansias perdidas. Son personas sin contexto, sin relación con sus sentimientos, sin integración en relaciones reales, en los procesos sociales o en la continuidad de la historia. Su comportamiento está separado de todo ello, su punto de referencia es el de una vida de fantasía entregada a un poder masculino. Los seguidores de tales personas creen que en su rabia y su odio recuperarán las partes que se les extraviaron porque fueron oprimidos. La verdadera patología de este fenómeno está en la rabia que surgió de los problemas por las esperanzas frustradas y las necesidades de amor no satisfechas del niño. Así pues, el ansia de amor se ha convertido en odio y violencia. Como describe Rheingold, el deseo de amor, cada vez más reprimido, se transforma en una máscara bajo la cual acechan sentimientos de venganza. Al mismo tiempo, la parte que no experimentó amor degenera en un autoengaño que impide que el verdadero sentimiento, es decir, el odio, pueda expresarse directamente. «Encontrarse a uno mismo» mediante la identificación con estos líderes provoca que el odio se legitime como una forma de amor. Por amor a la patria se puede asesinar.

Me gustaría volver a la mencionada falta de contexto de estas personas. En el caso de Hitler se ve claramente en sus poses: la pose de la veneración y la heroicidad respecto al soldado alemán y la

pose de la compasión por el pueblo y en especial por los soldados. Hitler evitaba las visitas al frente porque no podía soportar
ver muertos y heridos y porque las palabras de compasión que
dirigía a los soldados no tenían contexto emocional, no tenían
relación con un sentimiento de vinculación humana. Para él los
soldados no eran más que «herramientas» para la consecución
de sus planes. Cuando morían o resultaban heridos, Hitler los
consideraba «fusiles desechados».[21] Adoptaba la pose del líder estricto, inalterable e inflexible, y podía entregarse por completo a
sus fantasías mortíferas. Sin embargo, la realidad le era insoportable. Tras el atentado que sufrió el 20 de julio de 1944 mandó
colgar a los responsables de ganchos de carnicero, como si fueran reses de matadero. Ordenó convertir las ejecuciones en una
humillante tortura y las hizo filmar. Luego, desde la distancia, vio
las películas. Evitaba, no obstante, la confrontación directa con
la realización de sus fantasías mortíferas y preñadas de odio. Ni
siquiera fue capaz de decirle a la cara a su cocinera que estaba
despedida al comprobarse que era judía. Werner Maser supone
que Hitler, también en cuanto al asesinato de judíos, solo pudo
ser tan inhumano «en la medida en que no miró a los ojos a sus
víctimas».[22] Su suposición coincide con el análisis que he descrito anteriormente, según el cual el antisemitismo de Hitler es un
aspecto de su tendencia a adoptar una pose. La lógica del papel determinó las dimensiones de su juego de roles. Como mos-
traré a continuación con el ejemplo de Hans Frank, en el hecho
de adoptar poses lo importante siempre son los efectos que uno
quiere conseguir, no el contenido emocional real, como sería el
hecho de odiar a un judío individualmente. Lo que es terrible de
verdad es que la realidad de Hitler no era el odio a una persona
concreta, sino la abstracción que surge del odio al extraño que
forma parte de nosotros. Pero el odio al extraño que llevamos
dentro termina siendo una realidad para los seguidores, que la
necesitan como autorización para vivir plenamente sus propias
fantasías malvadas. La pose sirve para engañar al miedo que surge a partir del primer terror insuperable de la vida.

La incapacidad que tenía Hitler para soportar la incertidumbre también es un indicio de que su comportamiento carecía de un verdadero contexto. Por eso tenía que adoptar continuamente una pose de determinación y de fuerza de voluntad.

> Entre 1934 y 1939 fue algo característico del Tercer Reich la aparición constante de crisis de política interna y externa. Apenas había concluido una, empezaba la siguiente. En gran medida estas fueron provocadas por Hitler [...] por la impaciencia con que actuaba. Hitler no toleraba que las cosas maduraran a lo largo de mucho tiempo.[23]

Es interesante lo que escribió Lenin en 1920 en relación con su crítica al radicalismo de izquierdas sobre la impaciencia: «Confunden los sueños con los hechos [...], usan la impaciencia como argumento teórico».[24] Lenin entendía la naturaleza infantil de esta impaciencia y reconocía que detrás se escondía la incapacidad de tolerar el miedo. En el fondo la impaciencia oculta una profunda dependencia. Uno no es capaz de soportar la frustración. Hitler disimulaba esta incapacidad no solo con impaciencia. También la ocultaba presentando la impaciencia como una actitud de fortaleza y energía. «Y de ahí sacamos la conclusión de que es mejor, en caso de necesidad, asumir un final con pánico que soportar un pánico sin final».[25]

Este análisis de la dialéctica psicopatológica entre Hitler y sus seguidores debe incluir también el siguiente aspecto: en nombre de un padre autoritario logró que ellos abandonaran a sus propios padres autoritarios. Así se produjo un fenómeno curioso: quienes se habían rendido a la obediencia a la autoridad se convirtieron en «rebeldes» consagrándose a Hitler. Aunque aparentemente se sentían comprometidos con el mantenimiento de la estructura dominante, en nombre de la sumisión a una autoridad destruyeron la vida y su supuesta relación con el orden y la ley.

La pregunta de quién fue Hitler solo se puede contestar en el contexto de sus seguidores, pues fueron ellos quienes lo convirtieron en el personaje que sigue ocupando hoy en día a los historiadores. Sin las interacciones entre él y sus seguidores, ese Hitler nunca habría existido. Solo a través de la integración en la estructura de las necesidades de la gente puede un hombre llegar a ser un *Führer*, un líder, que no estaba en condiciones ni de liderar ni de gobernar. Esto es lo verdaderamente paradójico: Hitler encarna el mundo irreal del posar, en el que la pose se confunde con la realidad, mediante lo cual se crean realidades que existen sin la responsabilidad de los actores. En esta circunstancia está también el significado profundo de la observación de Carl Amery de que Hitler fue un precursor de nuestro tiempo. Refleja a la perfección el mundo actual, donde la imagen ha sustituido a la realidad, y la pose a la responsabilidad.

HANS FRANK

Hans Frank, quien fuera gobernador general de la Polonia ocupada y más tarde condenado a muerte en los Juicios de Núremberg, da mejor que nadie una idea de este proceso en el que la sumisión y la adopción de una pose se convierten en un juego irresponsable y destructivo. Frank fue un hombre sin un yo propio, sin acceso a sus sentimientos de dolor y sufrimiento. Su vida fue una pose continua, siempre buscando crear un efecto. Lo que le faltaba, no obstante, era el contenido emocional que la pose solo escondía. Su hijo Niklas Frank lo identificó. En su biografía sobre su padre cuenta que este, cuando iba de camino a la ejecución, le dijo al padre franciscano Sixtus O'Connor: «De niño, todas las mañanas antes de ir a la escuela mi madre me hacía la señal de la cruz en la frente. Por favor, padre, hágalo usted también». El comentario del hijo: «¡Qué efecto tan fantástico para un actorcito provinciano de tragedia!».[26] Gustave M. Gilbert, psicólogo judicial en los Juicios de Núremberg, anotó lo que Frank dijo después de una vista en la que este había admitido su participación en la «solución final de la cuestión judía»: «Creo que realmente impresiona a los jueces cuando uno de nosotros es honesto y abierto y no intenta eludir la responsabilidad. ¿No lo cree? Yo me alegré mucho al ver que mi honestidad los impresionaba».[27] Como «feriante de su conciencia», como lo denomina Gilbert, se enzarzó en la dramatización de su vergüenza, sin sentir una vergüenza ni una tristeza verdaderas por sus actos.[28]

El propio Hans Frank le dio al psicólogo judicial una idea de su yo proyectado hacia fuera, que existía sin un núcleo verdadero y que solo permanecía por aferrarse a obligaciones, poses e identificaciones. Cuando Gilbert le preguntó cómo había logrado pronunciar discursos crueles sobre el exterminio de los judíos e inmortalizar estos detalles en su diario, Frank contestó: «No lo sé; apenas soy capaz de entenderlo. Debe de haber dentro de mí un fundamento de maldad, como en todas las personas [...]. La sugestión de las masas, esto apenas lo explica. La ambición, esto tiene bastante que ver. Imagínese: a los treinta años era ministro, iba por ahí en una limusina, tenía criado [...]. Pero Hitler cultivaba esa maldad en la gente. Sí, aquello era realmente fenomenal. Cuando lo vi en el filme en la sala de la vista [...], pese a todo por un momento quedé cautivado. Soy una persona fácilmente impresionable. Curioso: uno está delante de un tribunal bajo el peso de la culpa y la infamia [...], y entonces aparece Hitler en una pantalla. Uno estira la mano [...], por un momento se siente embriagado y piensa... quizás».[29] Un yo proyectado hacia fuera obedece al poder que domina en cada momento concreto. En cuanto Frank reorientó su identificación con los vencedores democráticos que en ese momento detentaban el poder, ya no era capaz de entender a su antiguo yo.

Aquí vemos a un yo en busca de autoridad. Cuanto más fuerte era la pose de determinación y de voluntad inquebrantable de Hitler, más se sometía un yo como el de Frank y más se identificaba con aquel que había adoptado la pose. «Hitler era el demonio», dijo Frank. Y añadió: «Nos sedujo a todos [...]. ¿Saben?, el pueblo en realidad es femenino. En su totalidad es femenino». Con esta afirmación no solo da rienda suelta a su menosprecio por las mujeres, sino también por sí mismo. «No debería decirse el pueblo sino "la pueblo". Es tan sentimental, tan inconstante, tan dependiente del estado de ánimo y del entorno, tan fácilmente influenciable; eleva los fuertes a ídolos, ¡eso es!». Gilbert señala que en la descripción del pueblo Frank utilizó los mismos términos con los que se describía a sí mismo. «¡Y es tan propenso a obedecer! [...] Pero no era solo obediencia [...], era entrega, como una mujer». Entonces estalló en carcajadas nerviosas, según escribe Gilbert. «Y este era el secreto del poder de Hitler. Se ponía en pie, cerraba el puño y gritaba: "¡Yo soy el hombre!". Y vociferaba con fuerza y determinación. Y así se sometió a él la opinión pública sencillamente con histérico entusiasmo. No se puede decir que Hitler violara a los alemanes: ¡los sedujo! ¡Le siguieron con un júbilo alocado, de una forma que usted no ha visto todavía en su vida!».[30] Sin darse cuenta, en este fragmento Frank se describía a sí mismo. Demostraba sin quererlo cómo se había producido la seducción: las personas, desde el vacío de su propia identidad, usaron el posar de Hitler para percibirse a sí mismas como seres valiosos. Así fue Hitler convertido en *Führer*. Las afirmaciones de Frank permiten deducir también el poco valor que Hitler se atribuía a sí mismo y a la humanidad: «Aquellos tres días después del suicidio de Hitler fueron decisivos [...]. Después de habernos encerrado y de haber conmocionado al mundo entero, simplemente desapareció; nos dejó en la estacada para que tuviéramos que asumir la culpa nosotros de todo lo que había ocurrido. ¿Puede uno desaparecer sin más después de todo aquello y borrar sus huellas en la arena con tal de que no pueda verse nada más? En un momento como este uno se da cuenta de lo insignificante que es. "Planetas-bacilos", como Hitler llamaba a la humanidad».[31] Frank señaló que la ambición puede desempeñar un papel decisivo en este proceso. La ambición es el sustituto de los sentimientos que le han quitado a una persona desde su más tierna infancia. Cuando esta ambición se convierte en el núcleo del yo, el anclaje del ser se desplaza cada vez más hacia el exterior. De esta forma la persona se ve cada vez más empujada hacia la obediencia. Al mismo tiempo, se puede entregar al autoengaño de que sus aspiraciones ambiciosas son la expresión de su autonomía. Lo característico de Hitler fue que en su caso no se trataba de una ambición ligada a la realidad, orientada al asunto en cuestión, como es el caso, por ejemplo, del hecho de llegar a dominar una tarea. Esta ambición está relacionada con el trabajo disciplinado que Hitler solo mostró en la preparación de sus discursos. En relación con la ambición, lo que le importaba era la pose: solo se hacía el ambicioso.

EL BATALLÓN POLICIAL DE RESERVA 101 DE HAMBURGO

Uno puede entender por qué personas como Frank o como el germanista Schneider, al que volveré más adelante, se comprometieron con los nazis. Existía un movimiento joven en el que uno podía hacer carrera rápidamente: Frank como jurista, Schneider como experto en cultura germánica, un recorrido profesional que estaba desvinculado de la moral y la ética. Sin embargo, ¿cómo puede explicarse el comportamiento de personas que tenían menos ambición, como los miembros del batallón policial de reserva 101 de Hamburgo, que fue movilizado para llevar a cabo la «solución final» en Polonia?

El historiador norteamericano Cristopher R. Browning describe a esos hombres como padres de familia normales y con buena reputación, de mediana edad, casados en un 90 %, en gran parte procedentes de la clase obrera de Hamburgo. No se habían alistado voluntariamente para ese cometido y tampoco reaccionaron de forma unitaria a la orden de asesinar a judíos. Poco después del inicio de la movilización se formaron tres grupos: un núcleo de hombres que se pusieron a matar con creciente entusiasmo. Un segundo grupo, mayor, participó en ejecuciones y desalojos de guetos en cuanto se le ordenó, pero no tomó la iniciativa por su cuenta. Los hombres de este grupo incluso en casos concretos dejaron vivir a algunas víctimas. El tercer grupo, el más pequeño, menos de un 20 %, se negó a matar.

Antes del comienzo de la primera acción mortífera en Józefów, el comandante, el mayor Trapp, había informado a la unidad, formada por quinientos miembros, sobre los planes. Luego les hizo una oferta inusual: aquellos que sintieran que no estaban a la altura del cometido, que dieran un paso adelante. Un hombre dio ese paso y luego se le sumaron diez o doce. Aunque al principio el asesinato los horrorizaba y repugnaba a casi todos ellos, al poco tiempo entre un 80 % y un 90 % de los miembros del batallón participaron en la acción. «La mayoría sencillamente no lograron salirse del grupo y mostrar abiertamente una conducta inconformista. Les fue más fácil disparar».[32] En muchos procesos penales de criminales nazis, los responsables adujeron haberse encontrado en una situación supuestamente forzosa para justificar su participación en actos criminales. En el caso del batallón de policía de Hamburgo, esto no puede servir de justificación, pues el mayor Trapp protegía a aquellos que desaprobaban tales acciones. Y en la totalidad de los cien procesos judiciales de la posguerra, nadie pudo aportar pruebas de que negarse a matar a civiles desarmados hubiera tenido como consecuencia un castigo despiadado.[33]

Browning subraya que, para algunos de los miembros del batallón que después de la guerra permanecieron en la policía, la carrera había tenido una importancia decisiva. Yo considero que la relación «de camaradería» entre los hombres desempeña un papel aún más importante. Tenían miedo a ser tildados de «blandos». En la «cacería de judíos» se mostraba quién era un «blandengue» y quién un «tipo duro». Browning escribe:

> En los meses que pasaron desde la acción en Józefów, muchos miembros del batallón llegaron a convertirse en unos asesinos impasibles, indiferentes y, en algunos casos, muy diligentes; otros, por el contrario, solo participaban en los asesinatos de forma limitada y únicamente se abstenían de matar en la medida en que les era posible sin grandes complicaciones y sin que conllevara

consecuencias muy desagradables. Solo una minoría inconformista logró preservar una esfera —siempre amenazada— de autonomía moral, de la que sacaron el valor para evitar por completo la participación en los asesinatos colectivos mediante un comportamiento astuto.[34]

Browning presume que las ideas de lealtad que exigen una conducta de sometimiento a las indicaciones de la autoridad se convierten en un imperativo moral que ya no permite identificarse con la víctima: «Las personas normales entran en un "estado de heteronomía" en el que no son sino ejecutores de una voluntad ajena. Ya no se sienten personalmente responsables de la naturaleza de sus acciones, sino únicamente de que su ejecución sea lo mejor posible».[35] Si Browning usa aquí el término «personas normales» como término estadístico, entonces aún puede aceptarse la denominación. Pero la idea de Browning es que la persona está condicionada por la situación y dirigido por fuerzas sociológicas. Esto, no obstante, oculta lo que de verdad importa: que depende de la manera en que se configura la identidad hasta qué punto una persona actúa de forma autónoma o heterónoma. Siempre hubo personas —el propio Browning lo dice— que se opusieron a una situación pese a las imposiciones.

De todos modos, sí es verdad que se puede conseguir fácilmente que las personas se comporten de forma sádica, como demostró también un experimento de Philip Zimbardo. Zimbardo juntó a sujetos de experimentación, todos los cuales presentaban una creencia baja en la autoridad según la escala F de Adorno, en una situación penitenciaria simulada. Previamente los había dividido aleatoriamente en dos grupos: guardias y presos. Los guardias tenían que desarrollar métodos para mantener bajo control a un número superior de presos. Aunque la violencia física estaba prohibida, la estructura de la vida carcelaria condujo a que pasados solo seis días se produjeran humillaciones y a que aumentaran la brutalidad y el trato inhumano. Casi un tercio de los guardias actuó con dureza y crueldad; otro grupo fue duro pero justo, y no trató mal a los presos. Solo menos de un 20 % resultaron ser «buenos guardias», que no castigaban a los presos, sino que los trataban desde el respeto entre seres humanos.[36]

Este resultado presenta similitudes con la formación de grupos dentro del batallón de policía de Hamburgo. Se corresponde también con las experiencias de los soldados norteamericanos en Vietnam, documentadas en numerosas investigaciones. Aproximadamente dos tercios de los veteranos en algún momento después de volver de Vietnam presentaron síntomas de trastorno por estrés postraumático.[37] Más de diez años después del final de la guerra, todos los que habían participado en actos atroces seguían sufriendo estos problemas.[38] Solo una pequeña minoría —quienes nunca participaron en violaciones, torturas, asesinatos de civiles o de prisioneros de guerra o en la mutilación de cadáveres— no desarrolló trastornos postraumáticos. Se demostró que esos hombres tenían una identidad interior determinada por el hecho de que en su vida, sobre todo en sus primeros años, habían experimentado amor humano y un verdadero afecto. Eran comunicativos, aceptaban sus miedos, nunca tenían que dar pruebas de su masculinidad, nunca se dejaban convertir en víctimas desamparadas y siempre estaban dispuestos a ayudar a los demás. Aquellos cuya propia imagen de la masculinidad se asemejaba más a una figura como Rambo eran quienes corrían más peligro de incurrir en actos violentos.[39]

Los estudios empíricos demuestran que la propensión a la obediencia y la necesidad de seguir formando parte de un grupo de compañeros (lo cual es distinto de la búsqueda de un afecto verdadero) está íntimamente relacionado con el desarrollo de una identidad que se basa en la identificación porque lo propio se escindió como algo ajeno. Por eso la presión social no es un argumento suficiente para dar cuenta de que bajo ciertas circunstancias tantas personas olviden su solidaridad humana. Para eso es determinante ver qué tipo de identidad pudieron desarrollar los afectados. Que la mayoría de las veces fueran menos de una quinta parte los que conservaron su humanidad no tiene que ver tanto con la cuestión de si las «personas normales» pueden hacer el mal. Lo chocante es más bien que en nuestra cultura es normal que las personas se alejen de su propio yo y que no puedan formarse una identidad real basada en procesos internos. En este punto quiero añadir que también los miembros del batallón de policía de Hamburgo que solo cumplieron con su «obligación» (!) y que no celebraron las matanzas presentaban rasgos que son típicos de las personas sin una verdadera identidad «sentían más compasión por ellos mismos por tener que realizar una tarea desagradable que por las víctimas deshumanizadas».[40] Es la pérdida «normal» de la identidad, la imposibilidad de desarrollar una verdadera identidad, lo que nos ha de mover a reflexionar sobre el proceso de las identificaciones. Cualquier programa de socialización que tenga la identificación como fundamento del desarrollo de la identidad debe ser cuestionado.

Una identidad reducida (es decir, basada en la identificación) no tiene porqué desembocar automáticamente en conductas inhumanas, como muestra el estudio sobre el batallón de Hamburgo. Es significativo que un niño no pueda desarrollar ninguna fuerza interior cuando lo propio se convierte en ajeno porque no experimentó amabilidad y aceptación. Una identidad basada en la fuerza interior presupone la experiencia del amor verdadero. En nuestra cultura, no obstante, se fomenta una fuerza que se construye sobre la identificación y que se orienta a partir de la imagen de una masculinidad sin empatía. Una identidad así, determinada por estereotipos, puede formarse bajo las circunstancias que los nazis crearon en su programa de asesinatos, pero solo puede mantenerse mediante atrocidades vinculadas a la «masculinidad».

En este punto, sin embargo, hay que diferenciar: aquellos que en su niñez experimentaron una cierta cantidad de amor vivirán conflictos internos cuando surjan en su interior restos de

una percepción empática. Por este motivo, el grupo mayorita-
rio del batallón de Hamburgo adoptó una conducta que puede
clasificarse como pasiva. Aun así, no fueron capaces de eludir el
encargo de matar. Este grupo también sufrió afecciones psicosomáticas. Por el contrario, los estudios norteamericanos cita-
dos sobre trastornos postraumáticos muestran que hay personas
que incluso en unas circunstancias vitales sumamente traumáticas pueden aferrarse a su condición humana. En especial los
trabajos de Judith Lewis Herman prueban que es la capacidad
de sentir empatía lo que confiere a las personas una suerte de
inmunidad con respecto a las actitudes inhumanas.[41]

En un trabajo sobre matanzas en conflictos bélicos el coronel
del ejército norteamericano Dave Grossman[42] cita un estudio
del general S. L. A. Marshall en el que se demuestra que solo
entre un 15 % y un 20 % de los soldados norteamericanos que
participaron en la Segunda Guerra Mundial usaron sus armas
durante la contienda. Hay indicios parecidos sobre el comportamiento en la guerra civil norteamericana. F. A. Lord cuenta
que después de la batalla de Gettysburg, en el año 1863, se re-
cogieron 27.574 fusiles, de los cuales el 90 % estaban cargados. Doce mil habían sido cargados más de una vez, sin disparar antes; seis mil estaban taponados con tres o cuatro cargas
de balas. ¿Por qué —se preguntaba Lord— por lo menos doce
mil soldados cargaron mal la escopeta? Marshall escribe: «El
individuo normal y sano tiene una resistencia interna tan grande —habitualmente no reconocida— a matar a otro ser humano que no le quitaría la vida a otra persona por propia voluntad».[43] Esto cambió, no obstante, después de que el ejército
estadounidense iniciara un nuevo programa de entrenamiento para sus soldados. En la guerra de Corea dispararon al enemigo el 55 % de los soldados; en la guerra de Vietnam ya fue
el 90 %. En su entrenamiento diario los soldados fueron des-
ensibilizados a propósito. Al marchar y al realizar otros ejer-
cicios físicos se les hacía gritar lemas sangrientos como «*Kill!*

Kill! Kill!» («¡Matad! ¡Matad! ¡Matad!») En el llamado *operative conditioning* o condicionamiento operante, se entrena el disparar como acto reflejo. El objetivo se parecía a una forma humana. Además, se preocupaban de que cada soldado concreto se sintiera ratificado por su grupo al disparar con precisión. Así, el hecho de disparar se convirtió en un acto automático, lo cual se manifestó en un aumento de la propensión a disparar de entre un 20 % y un 90 %.

En este caso también fueron unos precursores los esbirros de Hitler. Denigrando a los judíos a la condición de bestias, se deshumanizó el hecho de matar. Hay que sumarle además la presión de la «camaradería», es decir, la presión interna por sentirse aceptado por los demás. Aun así, en su libro Grossman muestra que el hecho de matar, aunque ocurra bajo el signo de la deshumanización del rival, para quienes lo llevan a cabo tiene su contrapartida. La dimensión de los trastornos emocionales entre los veteranos norteamericanos en Vietnam lo demuestra. Grossman describe sus espantosas evoluciones. Sus matrimonios fracasaron, muchos perdieron sus casas, empezaron a tomar drogas o se suicidaron. En el estudio de Browning sobre el batallón de Hamburgo no hay indicios de tales consecuencias. Solo unos pocos pudieron enfrentarse al hecho de haber matado. Posiblemente la obediencia en Alemania provocó también una alienación interior más perfecta. Pese al entrenamiento para que actuaran de forma automática, al parecer los soldados norteamericanos fueron menos capaces de sobrellevar sus matanzas. Un veterano de Vietnam contó a Grossman: «Me entrenaron para matar y me enviaron a Vietnam. Pero no me dijeron que tendría que luchar contra niños».[44] Sin embargo, también en Estados Unidos las personas odian a las víctimas que llevan dentro, es decir, la parte que rechazaron como algo ajeno. Esto se hace patente, por ejemplo, en las proyecciones cinematográficas, donde, ante un asesinato especialmente salvaje de una víctima inocente por parte de un asesino cruel, la gente sigue reaccionando con una ovación.[45]

Por lo visto, las diferencias individuales en los niveles de inhumanidad humana dependen de la magnitud de la propia experiencia como víctima. Haber experimentado una falta de cariño mayor no conduce solamente a tener que negar la condición
interior de víctima. También provoca que el odio a lo propio se
exteriorice de forma sádica.

AUTORES DE MATANZAS MASIVAS EN LAS SS

Henry V. Dicks describe a personas como estas en un estudio
sobre autores de matanzas masivas en las SS.[46] A uno de ellos,
llamado S2, Dicks lo conoció en una prisión cerca de Bonn, donde cumplía cadena perpetua porque había cometido una gran
cantidad de asesinatos cuando era subcomandante de un campo
de concentración. Antiguos presos del campo lo habían descrito como una persona bestial y extremadamente temida. Dicks
detalla su recorrido vital: S2 consideraba que su infancia había sido totalmente normal, a pesar de que sus padres lo abandonaron a los ocho años. Él había transformado ese abandono
en confianza en sí mismo. Los padres emigraron entre 1919 y
1920 de su tierra natal, la Alta Silesia, ya que no querían pasar
a ser ciudadanos polacos. A aquel niño de ocho años lo dejaron
bajo la custodia de una tía para que un día pudiera reclamar
la propiedad de la casa y los terrenos. De adolescente vivió en
Breslavia hasta 1931, donde se ganó la fama de ser un gambe-
rro agresivo e impulsivo de las SS. Fue ascendido rápidamente
por los jefes del partido nazi y en 1933 fue enviado al campo
de concentración de Esterwegen. Allí fue responsable del desarrollo de métodos de tortura espeluznantes: mandó construir
armazones especiales para azotar e ideó métodos para hacer
entrar agua en la boca de una persona de modo que por la presión constante del agua acabara reventando. Arrojaba víctimas
a pozos de purines y miraba como se ahogaban, forzaba a an-
cianos y personas débiles a llevar sacos de cemento para luego

azotarlas cuando ya no podían más. Y todo esto acompañado de música marcial o gitana.

En la prisión hablaba, lleno de odio, sobre los polacos y sobre cómo su familia había tenido que irse del país y cómo a él, con ocho años, lo abandonaron y tuvo que asumir las funciones del padre. Al mismo tiempo intentaba someterse a la nueva figura paterna, el doctor Dicks, embaucándolo. Negaba por completo el sufrimiento de su infancia y el rechazo por parte de sus padres. No era capaz de hablar sobre el hecho de que en su infancia la ternura había sido un tabú y que en efecto sus padres habían sido fríos y lo habían rechazado. Igual que los asesinos ingleses, él también odiaba su dolor y lo infligía a otras personas. Pero, a diferencia de los asesinos psicóticos de Broadmoor, él estaba completamente sometido a sus torturadores (padre, madre y sus sustitutos en el autoritario partido nazi). Estaba siempre dispuesto a cumplir órdenes. Dicks dice que su comportamiento reflejaba el de la obediencia de un cadáver. En este caso también la camaradería reemplazaba al amor verdadero: «Volví a encontrar un hogar en la camaradería de mis compañeros». Al mismo tiempo no tuvo ningún problema en transferir su «lealtad» a la autoridad, justo después de su detención, a quienes en ese momento detentaban el poder. Ahora ellos eran sus nuevos padres de acogida.

No todos los asesinos que Dicks interrogó asesinaban con placer. Algunos lo hacían de forma totalmente desvinculada de cualquier sentimiento. Esto aparentemente hace más difícil comprenderlos. Significa, no obstante, que la víctima interior está escindida de la conciencia del odio. Escindidas de sus sentimientos, estas personas pudieron ocultar los hechos más atroces considerándolos una consecuencia lógica de reflexiones racionales. El doctor MO fue entrevistado por Dicks en una prisión del Berlín occidental. En aquel entonces tenía sesenta y cinco años y había sido condenado a cadena perpetua por la participación en el asesinato de veintiséis alemanes con discapacidad mental en una ciudad de la Alta Silesia cuando se estaban acercando los rusos, en 1945. «La eutanasia», dijo él, era un procedimiento pacífico y ordenado, y «no se podía dejar que estuvieran en libertad en una zona de operaciones militares». En ese periodo era miembro de las SS y director de salud de la ciudad. Durante el proceso judicial este fue su argumento principal para la defensa: «Yo era favorable a acabar con las vidas que no merecían ser vividas». A Dicks le dijo lo siguiente: «Profesor, ¿no ve que si yo no hubiese hecho nada la situación habría acabado siendo un caos sangriento?». A continuación se entregó a la autocompasión: explicó cómo fue su cautiverio en un campo soviético. Dijo que había pasado hambre y que no habían sido respetados ni su rango de oficial ni su estatus profesional. Luego se quejó del primitivismo de los rusos. Este comportamiento es característico de las personas que llevan una víctima interior que no pueden percibir. En lugar de fijarse en el sufrimiento de la víctima, subrayan su supuesto dolor, mediante lo cual dejan a un lado el sufrimiento real de los demás.

El padre del doctor MO era muy estricto. Creía en la disciplina y el orden y le reclamaba obediencia a su hijo. Dicks escribe que MO odiaba la debilidad y la dependencia. Su verdadero odio se dirigía naturalmente contra la ternura (es decir, la necesidad de ternura), que en su educación había sido despreciada por considerarse una muestra de debilidad. Por esta razón consideraba que la proximidad que de pequeño había anhelado era una forma de dependencia. Hasta qué punto para él la ternura era un tabú quedó reflejado de forma clarísima en su confesión ante el tribunal: «Soy partidario de eliminar las vidas inútiles». Su frialdad racional era la pose del liquidador que decide sobre la vida y la muerte. Encarna, en efecto, al tipo de persona que tuvo que reprimir su condición interna de víctima para negar por completo los actos del opresor y tergiversarlo en lo contrario. Por eso, según Dicks, en la psique de MO la internalización de la severidad, las privaciones y el apremio moral que vivió por culpa de su padre se transformaron en amor. Lo único que le importaba —aunque lo negaba— era el castigo. Ese era el objetivo de su vida, que escondía bajo el pretexto de teorías filosóficas. Decía que la cultura y la tecnología habían provocado un vacío en el ser humano, pero no se daba cuenta de que con estas palabras se estaba describiendo a sí mismo y su estado.

PRISIONEROS DE GUERRA ALEMANES

Otro estudio de Dicks da una visión detallada de las dimensiones de la obediencia y de la alienación interior de los nazis.[47] Dicks entrevistó a más de mil prisioneros de guerra alemanes en un momento en el que aún creían en un triunfo nazi. Su objetivo era investigar la relación entre su ideología política y la estructura de la personalidad. Mediante una técnica para entrevistar elaborada especialmente para el proyecto se clasificaron sus características políticas y personales en una escala de valores (llamada escala F) que dividía a los prisioneros en cinco categorías: F_1 era el núcleo duro de nazis fanáticos; F_2 eran los que creían en los nazis, pero que tenían reservas solamente en relación con su eficiencia, no en términos éticos o políticos. El grupo F_3 constaba de hombres apolíticos que aceptaban pasivamente circunstancias sociales y políticas; repetían las consignas nazis pero sin convicción emocional. El tipo F_4 eran hombres antinacionalsocialistas de forma pasiva, que vivían conflictos, estaban decepcionados y no sabían dónde se encontraban. Habían apoyado a Hitler por sus promesas políticas y económicas, eran patriotas, pero mostraban reticencias ante la guerra y los nazis. Finalmente, el grupo F_5 eran oponentes activos al nacionalsocialismo.

Un gráfico (véase más adelante) muestra la división en estas cinco categorías: el 11 % de los prisioneros eran nazis activos (F_1), el 25 % creían en los nazis con reservas (F_2), el 40 % eran apolíticos (F_3), el 15 % eran pasivos (F_4) y un 9 % eran activos antinazis (F_5). Dicks estableció una correlación entre estas categorías políticas y las características de personalidad que tenían que ver con el rechazo de la ternura así como con la identifica-

ción con la madre y el padre. De ahí surgieron interesantes relaciones estadísticas: los hombres que pertenecían a las categorías F_1 y F_2 mostraban un rechazo significativo de la ternura.
Esto indica que en la relación con sus madres no habían experimentado ternura, que ese sentimiento estaba prohibido y que
el tabú de la ternura había provocado la represión de las sensaciones (y de las necesidades) con respecto a la madre «amante».
Los soldados que obtenían valores altos en las categorías F_1 y
F_2 también presentaban patrones de gran identificación con padres autoritarios, castigadores y que exigían obediencia sin expresar dudas o críticas ante sus progenitores. Al mismo tiempo,
la correlación entre valores bajos de la escala F y la capacidad de
establecer relaciones amorosas con mujeres era alta. Los prisioneros que se distinguían por una buena relación con una madre
amorosa también eran los que menos caían en la ideología nazi.
Para los hombres con valores más altos en la escala F no existían relaciones de cariño con respecto a la madre o con mujeres
en general. Solo estaban apegados a símbolos políticos e institucionales. Estos símbolos estaban investidos de «amor». Volveré más adelante sobre el significado político de esta conexión.

Observando con más detenimiento casos individuales de
los grupos F_1 y F_2 aparece una y otra vez una estructura de la
personalidad que se basa en poses exteriores de masculinidad.
Dicks describe a un tal H. S. como a un verdadero posante, cuyas relaciones carecen de toda ternura. «Cuando una mujer llora y me suplica», dijo el hombre, «me pongo a reír». En este
oficial no se encuentran sentimientos humanos de afecto. «Si le
quitaran la fe en los nazis, sencillamente se desmoronaría, pues
no tiene ningún núcleo interior integrador».[48] Esto confirma de
nuevo que tales personas no disponen de un yo real y por tanto tampoco gozan de una verdadera identidad. Todo en su vida
sirve para la proyección de su odiada víctima interna. Su autocompasión es una forma de camuflar ese odio. Con su brutalidad, escribe Dicks, los nazis convencidos pudieron mantener
su personalidad a flote, la cual se basaba en una identificación

con padres destructivos y castigadores. Resume la actitud general de estos hombre así:

> Todos estos enemigos intrigantes y cultos que hay a nuestro alrededor han abusado de una infame simpleza ingenua, bondad y dulzura. Si creen que somos como esos imbéciles que se someten ante su voluntad de aniquilarnos, sabremos aniquilar sus malvadas intenciones sin el menor reparo; ahora actuaremos sin compasión ni escrúpulos.

Hitler, contribuyendo a expresar estas fantasías con su aparente determinación y su pose de voluntad «de hierro», les dio una coherencia. Impulsó a los individuos que eran portadores de tales fantasías a convertirlo en su líder.

Si bien la mayor parte de los soldados de la investigación de Dicks eran políticamente pasivos, resultaron ser obedientes colaboradores al recibir órdenes. Esto refleja un problema político que cabe investigar más a fondo: se trata de la obediencia general que hace que la gran mayoría de las personas sean políticamente pasivas y que se sometan con pusilanimidad a aquellos en los que el odio es mayor. Al mismo tiempo tienen miedo a salirse del ámbito de su identificación con los agresores.

Es interesante ver que en el mismo volumen de la revista *Human Nature* (una publicación del Instituto Travistock para las Relaciones Humanas de Londres y del Centro para la Dinámica de Grupo en Ann Arbor), en la que Dicks publicó su investigación, se encuentra un artículo de Donald W. Winnicott en el que este, independientemente de Dicks, refiere conclusiones parecidas.[49] Con el título «Some Thoughts on the Meaning of the Word Democracy» [Algunas reflexiones sobre el significado de la palabra democracia] Winnicott formula la tesis de que una sociedad democrática necesita madurez emocional para funcionar. Además, se plantea qué cantidad de individuos antisociales puede tolerar una sociedad sin perder sus tendencias democráticas. Por «antisocial» Winnicott entiende a las personas que por motivos derivados de su inseguridad interior se identifican con figuras de autoridad. Tales personas, escribe Winnicott, no están sanas y no son maduras, pues su identificación con el agresor impide el descubrimiento de uno mismo. «Es como ver el marco sin apreciar la imagen, como tener conciencia de la forma sin tener en cuenta la espontaneidad. Esta es una tendencia al estereotipo que opera contra la individualidad del individuo. Por su ideario las personas que se desarrollan de esta forma pueden considerarse antisociales encubiertos».

Estos antisociales encubiertos carecen de una existencia humana integral. Solo pueden localizar los conflictos que surgen en su interior fuera de su yo para controlarlos. Winnicott opina, sin expresarlo directamente, que estas personas están continuamente orientadas a controlar y creen que lo tienen todo bajo control. Sin embargo, no pueden llegar a controlar su vida, ya que niegan su conflicto interno. Para Winnicott está sana una persona que puede estar triste, que sabe reconocer en sí misma el conflicto así como el entorno del que forma parte. Para Winnicott, la base para que se desarrolle una personalidad antidemocrática es el hecho de que muchos padres no son buenos padres. Un desarrollo así conlleva también que se genere un miedo a las mujeres, que tiene sus causas en la profunda dependencia del niño pequeño con respecto a la madre. Winnicott opina que este miedo ante la mujer es el verdadero móvil que explica por qué muchas personas quieren dominar a otras. Es decir: algunas personas desarrollan la necesidad de ser un dictador para poder escapar al miedo de ser dominado por una mujer. Este es un proceso inconsciente que explica la peculiar costumbre de todos los dictadores no solo de insistir en la obediencia y la dependencia absolutas sino también en ser querido por todo el mundo.

Se trata de una correspondencia con el «amor» primero y aterrorizador de una madre que no pudo satisfacer las necesidades de su hijo. Todo gira en torno a la perversión de un amor que no fue tal. Winnicott reconoce la dramática situación del niño en nuestra cultura, pues sitúa el porcentaje de aquellos que recibieron un amor que hace posible desarrollar madurez emocional en no más del 30 %. Por este motivo también cree que la cuestión de la estabilidad de una sociedad democrática solo se puede responder en relación con el tipo de educación de los niños. Winnicott llama la atención sobre otra cosa: que precisamente detrás de la búsqueda del hombre fuerte que domina a otro con una fuerza sobrehumana se esconde el miedo a la mujer. Este miedo se niega mediante la atribución a las mujeres de cualidades mágicas afines a las brujas, lo cual a su vez se rechaza degradando a las mujeres y tratándolas como un objeto menospreciable e inferior.

Las reflexiones de Winnicott conducen, pues, a una explicación ampliada del fenómeno de la identificación con el agresor: si efectivamente una madre que no da amor es el origen del terror —lo cual la convierte en la omnipotente, en la «reina negra»— entonces la identificación con el agresor no la provoca únicamente un padre estricto y brutal. El terror que emana del padre se desvía también del terror —más profundo— relacionado con la madre, entendida como la primera y más importante persona de referencia. Aquí encontramos otra explicación de por qué tantas personas se sometieron a Hitler: se convirtió en el salvador ante una madre omnipotente y temida inconscientemente, tanto para los hombres como para las mujeres. En los hombres la idealización de un dictador —masculino— desactiva automáticamente a la mujer y el reconocimiento de la mujer como fuente de miedo. En las mujeres el *Führer* mitiga el terror que procede de la madre. En relación con su investigación sobre la hostilidad contra los hombres en el movimiento de emancipación feminista, Marina Gambaroff sostiene que dicha hostilidad supone un desplazamiento de los miedos ante la madre hacia el hombre para escapar del terror amenazante vinculado a la relación temprana entre madre e hija.[50]

En la terapia nos encontramos con frecuencia con este miedo, tanto en hombres como en mujeres. Que los hombres nieguen este terror forma parte de su machismo. Así no solo ocultan su propia desesperación y desamparo, sino que también impiden que las mujeres se enfrenten a sus problemas con la maternidad. Además, hacen casi imposible atribuir la brutalidad y la crueldad de muchas personas a las heridas personales recibidas a través de la madre. Una gran parte de estos hombres cultiva una imagen materna divina, al tiempo que pueden menospreciar, humillar y violar a las madres en un santiamén cuando estas no están a la altura de la divinidad que se les ha atribuido. Esta paradoja, enmarcada en sus propios mitos, fue la perdición de la dictadura militar en Argentina cuando las Madres de Plaza de Mayo presentaron una demanda.

Hitler, con su rol de gobernante impasible y su fuerza de voluntad, satisfacía tan bien las necesidades de aquellos hombres que estaban profundamente afectados por la relación con sus madres que de ahí en adelante pudieron negar su dolor y sus ansias de amor solo con actos violentos. Al mismo tiempo, con su manera afectada de moverse y con los gestos femeninos de sus manos, debió de despertar la añoranza de la madre negada. Pero, como la pose del hombre violento negaba esto, uno podía someterse a estos aspectos femeninos de Hitler sin miedo a ser descubierto. Karl Burckhard, admirador de Hitler, contó a un historiador inglés que Hitler era el hombre más conmovedoramente femenino que había conocido jamás. A veces era casi afeminado.[51] Según W. C. Langer, el jefe del estado mayor de la Wehrmacht hizo afirmaciones parecidas.[52]

Aparte de esa afeminación, Hitler mostraba otros comportamientos contradictorios con su pose de protector y conquistador fuerte y masculino. Estaban, por ejemplo, sus prácticas sexuales masoquistas y autodespreciativas (Kershaw —creemos que sin razón— opina que las informaciones sobre este aspecto son poco significativas). Un cineasta alemán contó a la OSS norteamericana (la futura CIA) que suministraba actrices a Hitler para la noche. Una de ellas, Renate Müller, informó al cineasta acerca de sus extravagantes experiencias. Después de desnudarse los dos, Hitler se arrastró sumiso por el suelo. Le pidió a la chica que lo maltratara dándole patadas. Ella finalmente lo hizo, y a Hitler lo excitó mucho. Tras aquel encuentro la chica quedó tan fuera de sí que se tiró por la ventana de un hotel de Berlín.[53] Otto Strasser, un antiguo compañero de Hitler, aportó información sobre Angela Maria Rabaul, llamada Geli, amante de Hitler entre 1929 y 1931. La chica le había contado a Strasser que Hitler le ordenaba que se sentase encima de su cara para que él pudiera observar con detalle sus genitales. Hitler insistía en que le orinara encima. Aquello le proporcionaba placer sexual. Se conoce que siete mujeres se suicidaron tras encuentros como estos con él.[54]

Es significativo que Hitler disfrutara plenamente de todas esas facetas sin que el carácter contradictorio de las mismas lo influenciase. No tuvo la capacidad de integrarlas internamente, lo cual en otras personas habría provocado dudas sobre uno mismo. Es como si su persona estuviera dividida en partes —o cajones— que no estuviesen conectadas unas con otras. Así se explica también por qué de un momento a otro podía pasar de ser un tipo tranquilo a comportarse como un hombre brutal sin reconocer esta contradicción. Esta división interior le hacía posible adoptar poses sin mostrar dudas. Solo de esa forma podía proyectar de una manera tan perfecta la imagen de una persona inquebrantable, de hierro y con sentido del deber. Y, al no enfrentarse nunca a sí mismo, les ahorraba a sus seguidores tener que mirarse al espejo. Quererlo a él los liberaba de su inferioridad y de su falta de identidad, temores siempre acechantes. La escisión de Hitler permitió que millones de personas se desembarazasen de las dudas sobre ellos mismos, descuajasen su propia insuficiencia y se percibiesen como seres integrales. Este fue un motivo poderoso por el cual lo elevaron a líder. El vacío de Hitler los salvó de su propia vacuidad. Por eso no querían —o no podían— reconocer una pose como tal: un autoengaño con el que las personas se salvan de su insuficiencia.

ADOPTAR UNA POSE

La identificación con el agresor no solo hace posible sobrevivir con el terror al darle la vuelta a la situación emocional, ya que uno ama e idealiza a aquel que le inflige dolor. (Un estudio extraordinario sobre este tipo de evolución es la investigación de Fridtjor Schaeffer *Pathologische Treue* [Lealtad patológica].)[1] La identificación es también al mismo tiempo el intento de apropiarse de la supuesta fuerza del opresor. Esto explica que a partir de ese momento la violencia se considere un «punto fuerte». Además, esta «fuerza» también reprime lo que podría llevar a una fuerza real, es decir, la conexión con el propio dolor y su superación con la mediación de otra persona. Cuando no se da esto último, se produce una evolución en la que definitivamente lo ajeno debe rechazarse, precisamente con odio y violencia. En las personas que al menos tuvieron un poco de afecto y que por tanto no tuvieron que identificarse por completo con el agresor, esta evolución no ocurre de forma tan definitiva. A dichas personas les quedan dudas y sentimientos de inferioridad que forman parte del extraño que llevan dentro, que no fue rechazado del todo. Son precisamente esas personas las que dejan que un líder las «salve» de su malestar interno. A continuación voy a mostrar cómo se desarrolla este proceso.

Para un niño la identificación con el agresor equivale a identificarse con la superioridad del mismo. Pero ¿qué supone para una persona que utiliza su poder para dominar y humillar a un niño? ¿Por qué se siente tan cuestionado por la vitalidad, la curiosidad y el afán por descubrir de un niño que tiene que denigrarlo con violencia? Solamente puede ser una persona que se sienta profundamente insegura, inferior e insuficiente, pero que no lo acepte. Tales personas compensan dichos sentimientos adoptando una pose de fuerza, determinación y voluntad inquebrantables. Frente al propio hijo es muy fácil interpretar esta pose. En cuanto a la identificación, esto significa, no obstante, que el niño no se identifica con la realidad de los padres, sino con su pose. Al mismo tiempo cualquier niño reconoce los sentimientos —más profundos— de debilidad de los padres, ya que empatiza con ellos. Pero no está autorizado a percibirlos. Estos sentimientos de debilidad de los padres se convierten en un componente del extraño que llevamos dentro que hay que rechazar. Este proceso conduce a que el niño se centre en la pose de la autoridad, se identifique con ella y a lo largo de su vida no busque la realidad de una persona sino la pose adoptada. En este punto me gustaría referirme de nuevo a los estudios de Bluvol y Roskam. Esos estudios pusieron de manifiesto que los jóvenes que se identifican con figuras de autoridad no saben reconocer a sus padres como personas reales, con partes positivas y negativas, sino que únicamente tienen imágenes idealizadas de los mismos (es decir: se identifican con la pose que los progenitores interpretan).

Los organismos superiores se fijan desde su nacimiento en su madre. Este proceso se llama impronta. Schneirla puso el ejemplo de las ovejas rastreadoras australianas, que en ningún momento pierden el contacto visual con su madre. Solo se alejan hasta un punto desde el que puedan seguir viéndola. Al morir la madre, el animal joven da vueltas alrededor del cadáver incluso cuando ya está descompuesto y no queda más que un montón de huesos. Finalmente, la oveja joven se inclina hacia una pie-

dra, un peñasco o un cerro, que asumirá la función del centro
visual que era la madre y se convertirá en el punto referencial
de su espacio vital.[2] Las personas están ligadas, por así decirlo,
de una forma análoga a la imagen de la madre y del padre. Sin
embargo, la impronta humana se produce en dos niveles: el de
los padres reales y el de los idealizados. Esta «idealización» y
su alcance dependen de las dimensiones del terror que llevó a la
identificación con el agresor.

En 1945, justo después de la guerra, un grupo liderado por el
experto en psiquiatría infantil David M. Levy llevó a cabo un
estudio con ochenta y tres alemanes sobre la actitud frente a la
autoridad del padre.[3] Los participantes eran personas que estaban suficientemente libres de un pasado nazi como para recibir
la autorización de la administración norteamericana para pu-
blicar en periódicos. El 73 % de los encuestados respondieron
afirmativamente al siguiente enunciado: «La palabra del padre
debe ser una ley ineludible en la familia»; un 25 % lo negó, un
2 % no respondió. El grupo comparativo fueron estudiantes de
la Universidad de Marburgo, es decir, jóvenes que estaban en
el proceso de «establecer su propia autoridad». En este caso
solo un 31 % estuvieron de acuerdo con la frase, mientras que
un 65 % la rechazaron. Un candidato del primer grupo explicó: «De niños teníamos un respeto extraordinario por nuestro
padre. Le temíamos más de lo que le amábamos. Una vez mi
padre me ordenó que saltara desde una pila de leña. Lo hice,
pero me torcí el pie al caer. Cuando mi padre llegó donde yo
estaba me dio un tortazo. Era muy estricto; nos quería, pero
no sabía mostrarlo. Supongo que esa era su modestia masculina». Vemos la idealización del padre como una persona afectuosa, lo cual no se corresponde con la situación real que ha
vivido el niño.

Gregory Bateson, con su análisis de la película nazi *Hitlerjunge Quex* [El joven hitleriano Quex], nos invita a hacer
una distinción en cuanto a los sentimientos respecto al padre

y a la madre.[4] Bateson señala que el castigo corporal se atribuye más al padre que a la madre. Los niños probablemente por eso están menos preparados para aceptar bofetones o golpes de la madre. Los consideran más bien una ofensa o una traición. Esto refleja de nuevo la situación de la madre en nuestra cultura, que se ve como aquella que da «amor y ternura». Al padre, en cambio, se le permite la falta de empatía y sensibilidad. Él se libra de ser considerado un traidor. Se le disculpa, como vimos en el ejemplo anterior, de amar al niño en el fondo, pero no de ser capaz de mostrar sus sentimientos. Esto conduce a que muchos hombres nunca puedan sentirse realmente a salvo con una mujer, pues creen que siempre los podría traicionar. Esto probablemente tenga mucho que ver con las ideas románticas que desarrollan muchos hombres desde la infancia según las cuales recuerdan esa época como un periodo de pleno goce, alegría y libertad. Esto conlleva que busquen unidad y fusión con el objeto de amor perdido, la madre. Un participante del estudio mencionado lo expresaba así: «Vista desde fuera, la infancia siempre parece haber sido feliz, aunque esto no se corresponda con la realidad. Los alemanes nunca pueden ser felices de verdad, realmente no hay ninguna recompensa por ser joven y feliz, por disfrutar de la vida sin restricciones. Esto hace que un joven alemán siempre quiera morir. Lo veo sobre todo en la guerra: no fueron únicamente los peligros constantes de un combate o la necesidad de huir de ellos, sino simplemente el deseo de estar muerto, de morir, de sacrificarse, no importaba en absoluto el motivo. Los alemanes siempre están bajo presión. Ninguno de nosotros puede desarrollarse armónicamente».[5]

Pero, sea cual sea el terror al que el niño está expuesto, su identificación se produce siempre con la imagen que los padres proyectan hacia fuera. Esta imagen coincide, no obstante, con las dudas internas que proyectan mediante la violencia y la «fuerza». Por eso en un proceso así los niños están marcados por las poses y no por la realidad interna de los padres. Esto, obviamente, a quienes venden su pose como realidad (y que con ello también pueden ejercer un poder real) les facilita conseguir un séquito. Mediante la socialización, se nos programa verdaderamente para ello. Por este motivo los líderes que adoptan una pose de fuerza, determinación y seguridad siguen teniendo todavía un efecto tan convincente. Cuando, además, predican contra enemigos abstractos y así dan legitimidad para ejercer el odio, tienen el éxito prácticamente asegurado. No se trata de ideologías, sino de la impronta temprana de las personas con respecto a la pose de sus padres; se trata de la negación de la realidad de sus debilidades, cuyo reconocimiento habría puesto en peligro al niño. Por eso reaccionan estos líderes y sus seguidores con tanta rabia cuando se les llama la atención sobre sus debilidades. Percibir esas flaquezas los amenaza en lo más hondo.

Sin embargo, la idealización de un líder tiene su aspecto negativo: la venganza no tarda en llegar en cuanto este no cumple lo que había prometido. No se trata de cosas concretas, como el bienestar o la riqueza. Lo decisivo es la promesa de grandeza y poder. En el momento en que un líder pierde su poder y su violencia —como Hitler cuando perdió la guerra—, la admiración se transforma en odio. «Nos sedujo», dijo Hans Frank. Por este motivo los seguidores pueden cambiar tan deprisa de bando.

Esto lo mostró John Bushnell en su estudio sobre el comportamiento del ejército ruso durante los años revolucionarios de 1905 y 1906.[6] Bushnell describe cómo, según la situación, ese ejército a veces se rebelaba y a veces servía para reprimir a los insurrectos. Los mismos soldados cambiaban de comportamiento alternativamente y en un periodo de diez meses siguieron dos veces el ciclo completo de rebelión y nueva lealtad. Las tropas que desde enero hasta octubre de 1905 reprimieron a insurrectos participaron en rebeliones desde finales de octubre hasta principios de diciembre. A partir de finales de diciembre volvieron a disparar contra civiles, para entre mayo y junio de 1906 rebelarse de nuevo y a finales de junio actuar nuevamente contra sublevados.

Bushnell demuestra que el comportamiento cambiante de los soldados nada tenía que ver con cómo los trataban o con sus visiones políticas. Lo determinante era únicamente a quién consideraban en cada momento la autoridad: esto era lo único que daba equilibrio a su autoestima. Si creían que el viejo régimen estaba acabado, entonces se sublevaban. Pero si creían que aún existía un mando, entonces procedían contra los civiles. Con esto se pone de manifiesto que no es tanto el hundimiento de las estructuras sociales exteriores lo que provoca las rebeliones, sino que lo que importa es si hay una autoridad a la que uno se puede someter. Si parece que ya no existe una autoridad, entonces la estructura personal, basada en la identificación, se viene abajo. Y así se producen los cambios alternos —reiteradamente, en este caso— de actitud. La disposición a la violencia en personas con estas estructuras de la identidad se dirige directamente contra algo que anteriormente se consideraba bueno. Al mismo tiempo estos «súbditos», como Heinrich Mann los llama en su novela *El súbdito*, buscan salvarse de su inferioridad. Las conquistas y el sentimiento de estar de parte del vencedor o de pertenecer a una raza elegida son elementos excelentes para este objetivo.

Sin embargo, hay otro aspecto importante con respecto a la identificación con el agresor. Se trata del odio al represor, que no puede expresarse directamente. El odio a la madre, como ya hemos descrito, se sustituye por el desprecio y la humillación a las mujeres. El machismo masculino, no obstante, conduce a que el terror que emana de las mujeres se perciba superficialmente con menos intensidad. En cambio, el padre es más temido a un nivel consciente. Es interesante ver que los regímenes fascistas —pero también los comunistas— destruyen la autoridad del padre sometiéndola a la autoridad del líder. Una paciente describió la conversión de su padre al culto a Hitler con estas palabras: «Te independizas del padre si te comprometes conmigo, es decir, con Hitler». Su padre había luchado contra la dominación de su propio padre, que controlaba todas las facetas de su ser;

al final, no obstante, siempre se sometía a él porque su padre lo sabía todo mejor. Pero un día se sometió a Hitler después de oírlo en una asamblea. Lo hizo a pesar de que (o precisamente por eso) sabía que su padre era un oponente a Hitler. Hitler simbolizaba una voluntad fuerte y la fe en uno mismo, es decir, todo lo que ese hombre tenía que reprimir en relación con su padre. Su padre, me escribió la paciente, no utilizaba la pose de Hitler para luchar consigo mismo y crecer interiormente, sino para formarse un escudo protector contra su propio padre. Con este pretexto, una vez que fue miembro de los nazis, se comportaba igual que su padre y combatía a todos los que no remaban en la misma dirección (judíos, gente de izquierdas) con la misma dureza fulminante y desdeñosa con que su padre lo había tratado a él. Identificándose con la pose de Hitler traspasaba el castigo que él mismo había sufrido por parte de su padre.

Así pues, el menosprecio del padre aterrorizador puede aparecer fácilmente cuando uno se somete a un poder aún más violento. En este proceso se mantiene intacta la disposición a someterse, a abandonarse a una autoridad porque uno no tiene la fuerza suficiente para alcanzar la salvación en el proceso de formación de la identidad. Esa búsqueda de una fuerza, de un salvador, penetra en todos los ámbitos de la vida. De todas formas, no siempre es evidente, pues a menudo somos muy hábiles en adoptar una pose de persona autónoma y confiada. Un buen posante sabe, por tanto, la mejor manera de disimular su verdadero carácter. Que el *Führer* menospreciaba a la masa por su sumisión y servilismo se deduce de los escritos y comentarios de Hitler. Hitler veía al pueblo como algo femenino, cándido y dispuesto a seguir a un líder.

Ahora quiero mostrar que la sumisión a las autoridades es habitual no solo en ámbitos políticos sino también en ámbitos económicos y científicos. Esto arrojará luz sobre la presencia y las dimensiones del terror en nuestra infancia.

OBEDIENCIA Y AMBICIÓN

SCHNEIDER/SCHWERTE: UN PROCESO DE NEGACIÓN

La obediencia provoca la pérdida de la propia identidad. Este hecho permanece oculto porque las personas se creen autónomas al ejercer su poder y violencia sin estar influenciadas por la empatía y el dolor de los demás. Aplicando el poder y la violencia —mediante la abstracción ideológica— a un objetivo «superior» como el pueblo, la ciencia, el progreso o el crecimiento, las personas se alejan cada vez más de sus propósitos reales: ejercer el control y el dominio sobre otras personas. Devaluándolo por considerarlo algo ajeno, porque los padres no pudieron soportarlo, lo propio se convierte en el foco de la agresión, que no se puede dirigir contra aquellos que son la fuente real de represión. De este modo, las personas se vuelven violentas y malvadas porque no pueden reconocer el dolor que se les infligió y por eso lo transmiten a otras víctimas.

En el contexto de una evolución como esta, la ambición desempeña un papel importante. Los padres le exigen éxito al niño. Mientras satisface estas ambiciosas expectativas, logra que los padres estén contentos y al mismo tiempo puede descargar sus impulsos agresivos. La investigación de Bluvol y Roskam demostró que los alumnos más ambiciosos y exitosos tenían tendencia a despreciar y criticar a los demás. Eso les proporcionaba sensación de autonomía. Al legitimar la ambición y considerarla valiosa, nuestra cultura encubre la destructividad que se esconde tras esta motivación.

El caso Schneider/Schwerte es un reflejo de este proceso. En 1995 salió a la luz que el germanista Hans Schwerte —figura de prestigio por ser el autor del estudio de ideología comparada *Faust und das Faustische* [Fausto y lo fáustico], célebre periodista liberal social y rector reformista de la Universidad de Aquisgrán— era en realidad el doctor Hans Ernst Schneider, miembro de las SS. Antes de 1945 había sido miembro destacado de la organización de las SS Ahnenerbe y finalmente fue capitán y jefe de departamento en el estado mayor con Himmler. Por sus «excelentes servicios» en la realización de «tareas especiales» por encargo de Himmler, Schneider fue distinguido personalmente por el comisario del Reich de los territorios neerlandeses ocupados, el doctor Arthur Seyss-Inquart, con la Cruz del Mérito Bélico de segunda clase. Entre estas «tareas especiales» estaba conseguir aparatos para llevar a cabo experimentos con humanos en el campo de concentración de Natzweiler-Struthof, cerca de Estrasburgo, donde hubo internos que murieron tras fuertes torturas. Después de la guerra cambió su nombre por Hans Schwerte, se hizo borrar los tatuajes de las SS, se inventó otro relato sobre su vida y se casó con su «viuda». Al revelarse su identidad, lo desposeyeron de su título de catedrático y de senador honorífico, tuvo que devolver la Cruz al Mérito Federal y tuvo que renunciar a una parte de su pensión. No obstante, como argumento para que se le retiraran los privilegios no se adujeron sus actividades criminales durante el nazismo. Lo que se le recriminó fue más bien que había contravenido el derecho administrativo vigente aportando datos falsos sobre su persona.[1]

En 1942 Schneider había escrito, refiriéndose a Rilke, que este se había quedado estancado «en el individuo [...] hablando de sí mismo como representación última» y que nunca «se había adentrado en los problemas y en la necesidad de la comunidad de configurarse» y que «una poesía que no está motivada por el pueblo y el imperio, sin la pasión política como sangre que la hace vivir [...], acabaría marchitada en un intelectualismo sin compromiso». Ya en 1948 escribía bajo el nombre de Schwerte:

> El ámbito lingüístico autorreferencial, del que Rilke, entre otros, es un ejemplo típico, pudo tener una importancia decisiva en la desintegración de todas las vinculaciones lingüísticas y, por tanto, sociales de un cuerpo nacional para la historia de la poesía y de las ideas [...]. La lengua y la poesía de Rilke son, desde un punto de vista sociológico, un indicador de la descomposición de las comunidades lingüístico-nacionales de Europa.[2]

En un escrito de 1954 elogió a Hugo von Hoffmanstahl porque este, a diferencia de otros poetas, que no habían ido más allá «de las fronteras del yo», había encontrado el «camino para salir de un aislamiento del soliloquio lírico y adentrarse en una responsabilidad occidental comprometida con el valor», que quede sellada con «el sacrificio y la prueba de sangre del hombre intelectual». En el caso de los demás, añadía, era «más fuerte el propio yo».[3]

Bajo el pretexto de un interés intelectual académico e imparcial, Schneider/Schwerte hace campaña contra la individualidad del hombre y aboga por disolverse entre la masa. En realidad, esto es útil para un yo que debe esconderse porque no tiene fuerza para ser él mismo. Así transmite la experiencia que lo ha moldeado, es decir, la enajenación de su propio yo en su niñez. No puede haber ocurrido de otra forma. Por eso a Thomas Mann tampoco podía soportarlo. Sobre Mann escribe:

> Es difícil discutir con Thomas Mann sobre el límite al que puede llegar la parodia artística sin caer en el mal gusto, pues al parecer Mann no conoce límites, más bien cree que todos y cada uno se pueden aceptar en su juego de palabras «disolvente». Para él «la duda y la desesperación» no son nada más que una «trivialización», [...] el repliegue al yo y a la conciencia.[4]

Todo lo que convierte a las personas en personas —su acceso a su sensibilidad empática, su sufrimiento— es menospreciado por considerarse un retroceso al yo. El hombre tiene que transferir la negación de lo propio, y con violencia. Sí es verdad que su brutalidad se expresa verbalmente, pero esto es típico de la competencia y de la ambición en el mundo universitario. La ambición es el hilo conductor y se convierte en la única verdad. Schneider había afianzado su carrera durante el periodo nazi con actividades denunciatorias.[5]

El oportunismo era su única religión, y en esto los nazis le dieron rienda suelta. Cuando perdieron el poder, Schneider/Schwerte se pasó a los vencedores. En 1995 le preguntaron si nunca había tenido miedo a ser descubierto por las potencias ocupantes. Él respondió: «Nunca pensé que los norteamericanos se levantarían y dirían: "Querido, eres un bellaco"; sino que me darían las gracias. Porque al fin y al cabo dije lo que ellos también querían. Ellos querían la famosa "reeducación"».[6] Solo un yo sin contenido interno es capaz de algo así, un yo que se formó mediante la identificación y que no se basa en la identidad. A partir de un desarrollo como este, solo puede formarse un núcleo estable: odio, destructividad y la necesidad de tener éxito. Eso último, a su vez, sirve para enmascarar el odio y la destructividad.

CARL SCHMITT:
EL ENEMIGO PROYECTADO COMO REALIDAD

Carl Schmitt se hizo un nombre en la Alemania de los años veinte como teórico político y jurídico antiliberal y por sus duras críticas al Tratado de Versalles y a la Constitución de Weimar. En 1932 defendió ante un tribunal la introducción de un Estado autoritario. Esto impresionó tanto a los nazis que tras la llegada al poder de Hitler lo nombraron catedrático y asesor jurídico y le confiaron la edición de una importante revista jurídica. Después del asesinato de Röhm publicó en dicha revista un artículo con el título «Der Führer schützt das Recht» [El *Führer* protege la ley], en el que justificaba el régimen de Hitler.[7]

Schmitt sigue gozando hoy en día del reconocimiento de ser uno de los autores más importantes de Alemania sobre pensamiento político. En su obra *El concepto de lo político* (1927) expone que la distinción específica entre hecho político y motivación política se puede reducir a la distinción entre amigo y enemigo. Mark Lilla señala que en sus escritos Schmitt no habla en ningún momento de la amistad, pese a ser un tema central en las teorías políticas clásicas.[8] Siguiendo la divisa de que los enemigos de mis enemigos son mis amigos, parece definir la amistad solo en términos de la enemistad en común. Y con el concepto de enemigo denomina siempre al enemigo público, no al privado. Heinrich Meier defiende que para Schmitt lo político solamente existe cuando hay un enemigo, y ese enemigo solo está realmente allí donde es identificado.[9] Schmitt cree que identificar al enemigo es el primer paso para conocerse a uno mismo. En su *Glossarium* escribe: «El enemigo es la forma de nuestro propio cuestionamiento».[10] En otras palabras: dime quién es tu enemigo y te diré quién eres. Enfrentarse a uno mismo significa para Schmitt enfrentarse al enemigo «para llegar uno a conocer su propia magnitud, sus propios límites, su propia forma».[11] El enemigo, no obstante, es el extraño. Sin ser consciente de su propia situación, aquí Schmitt dice que uno puede llegar a sí mismo, al «nivel de lo propio» a través de lo extraño —que uno ha expulsado—. No puede comprender lo más profundo, pero sabe que lo propio es algo que se nos ha impuesto,[12] es decir, que parte de una resignación. Pero no reconoce la violencia, la obediencia a la que se sometió, y por tanto debe odiar al extraño. Obviamente, para Schmitt el extraño son los judíos, a los que odió hasta su muerte. Como Hitler, Schmitt odiaba al judío en abstracto. O a la figura histórica, como Spinoza, al que responsabilizaba de la «ofensa más descarada que jamás se le había infligido a Dios y al hombre y que justificaba todas las maldiciones de la sinagoga»,

a saber, el «*sive* de la fórmula 'Deus sive natura'», la equipara-
ción de Dios y naturaleza.[13] Equiparando a Dios con la naturaleza Spinoza contravino el enorme poder de una autoridad, la
del padre estricto y divino. En cambio, a Leo Strauss —quien en
1932 había publicado un ensayo sobre *El concepto de lo político*,
que Schmitt percibió como una crítica mordaz—, le profesaba
una cierta admiración, de modo que lo propuso para una beca
Rockefeller, con lo cual Strauss escapó de los nazis.

Schmitt rechazó su alienación y reconoció que lo extraño
tenía algo que ver consigo mismo. Heinrich Meier resume así
la dialéctica interna de Schmitt: «Es un enemigo quien me pone
en cuestión. Y ¿quién puede ponerme en cuestión? En el fondo solo yo mismo. El enemigo es la forma de nuestro propio
cuestionamiento».[14] Al igual que Schmitt, Meier ignora que lo
importante aquí es el rechazo interno de lo propio. Aun así, le
llaman la atención las contradicciones de las afirmaciones de
Schmitt: «Pues cuando creemos que se nos acerca nuestro propio cuestionamiento en la forma del enemigo, como poder objetivo al que no se puede engañar, entonces el enfrentamiento
con el enemigo presente no es solamente lo más urgente, sino
[...] lo más importante para nosotros [...]. Por los mismos motivos se explica la preocupación de Schmitt por lo propio: el
"propio cuestionamiento"» (Meier cita a Schmitt), «el "propio
nivel", la "propia magnitud", los "propios límites", la "propia
forma" [...]. Al considerar "nuestro propio cuestionamiento", [...]
asumimos nuestro papel si nos enfrentamos "al otro, al extraño" en el "propio nivel" para "llegar a conocer nuestra propia
magnitud, nuestros propios límites, nuestra propia forma". Este
es el motivo más hondo que explica las afirmaciones supuestamente tan existencialistas de Schmitt, como la aseveración de
que la guerra tiene "sentido" no en luchar por elevados ideales o por normas jurídicas, sino en combatir al "propio enemigo"».[15] «Es en una guerra civil cuando se desvela toda la verdad de la enemistad. [...] Schmitt recuerda [...] que el enemigo
que también es mi hermano está vinculado a mí por medio de

la comunidad, que trasciende todo reconocimiento humano».[16] «Es en una guerra civil cuando se desvela toda la verdad de la enemistad».[17] Es evidente: ¡aquí se está refiriendo al yo propio que ha sido rechazado!

«Él (el enemigo) es precisamente el otro, el extraño, y para su esencia es suficiente ser, en un significado existencial especialmente intenso, algo distinto y diferente, de modo que en caso de conflicto signifique la negación de la propia forma de existencia y por tanto sea rechazado y combatido para conservar la propia forma ontológica de vida».[18] Esta «forma ontológica», no obstante, es sobreimpuesta, y Schmitt no se da cuenta. Cuando evoca la «incondicionalidad de la obediencia» para liberarse de la influencia del engaño y del autoengaño, quiere decir que debe rechazar lo que le es propio de verdad. Para Schmitt lo propio es lo ajeno. Pero tiene que negarlo y buscarlo fuera de su ser, en el enemigo, para combatirlo allí.

A principios de los años setenta no fueron solamente los fascistas y la derecha quienes se inclinaron por las ideas de Schmitt. También la izquierda depositó esperanzas en sus escritos. Se le valoraba que era un realista absoluto, cuyo pensamiento contribuiría a alcanzar la verdad sin las ficticias ideas liberales, que se consideraba que al fin y al cabo no eran sino una forma de encubrir los verdaderos intereses de clase del capital. A casi nadie le llamó la atención que detrás de su aparente «razón pura» se escondieran motivos más profundos y totalmente irracionales. Sin embargo, Joschka Fischer veía el nuevo entusiasmo de la izquierda por Schmitt con escepticismo. En un artículo (1982) señaló que cada vez más los activistas de izquierdas veían en la teoría de Schmitt un paralelismo con sus propias preocupaciones. Pero esto significa que lo que en verdad tenían en común era la motivación por la muerte. Detrás de ambos enfoques se esconde la negación de la vida en el nombre de la sumisión a una autoridad.

Schmitt y los nazis luchaban contra la libertad (la liberación era considerada un engaño, pues contradecía el precepto de la obediencia). Los izquierdistas, en cambio, luchaban por la libertad en nombre de unas convicciones políticas que habían elevado a la condición de dioses todopoderosos —a los que se sometían— una idea o a un partido que defendía dicho ideario. También en este caso se encumbró a una autoridad a núcleo del ser. Esto, sin embargo, era más difícil de identificar, porque superficialmente se trataba de «ideas de rebelión»: un autoengaño peligroso que emanaba por completo de la identificación con el agresor y de la servidumbre voluntaria que lleva aparejada. Cuando algunas personas aspiran a imponer ideas superiores, la rebelión provoca, como escribió Henry Miller, que se derriben iglesias para construir otras. Se trata del mismo afán de poder y de la esperanza de salvarse al tener ese poder. Algo así no crea sino nuevas formas de tiranía.

Lo que tanto fascinaba de Schmitt a la izquierda era su categorización amigo-enemigo. Desde su punto de vista, dicha categorización corroboraba que la suya era una lucha justa. Pero, como señala Lilla, no estaban preparados para dilucidar el universo moral de Schmitt.[19] ¿Cuáles eran los cimientos de su pensamiento? ¿Por qué era tan fundamental para él la enemistad? Ellos no se podían plantear esas preguntas. De haberlo hecho, habrían tenido que poner en cuestión también el papel de su ideología y su propia sumisión a un poder superior.

LO MORTÍFERO

Probablemente la ambición sea el exceso mejor encubierto de la obediencia. Encubierto porque el sometido se percibe a sí mismo como un ente autónomo, pues cree que hace realidad sus propios objetivos. El motivo, a mi juicio, hay que encontrarlo —ya lo he mencionado— en el hecho de que en la ambición se expresan agresiones que son una reacción inevitable a la presión por obedecer. Uno, sin embargo, no tiene que oponerse a estos sentimientos destructivos. De ese modo, la ambición se convierte en el pretexto de la inhumanidad. Es fácil ver los delitos de los comandantes de los campos de concentración y sus ayudantes, de los *Einsatzkommandos* y los torturadores de la Gestapo como actos atroces de seres humanos primitivos. Pero ¿qué hay que decir de las llamadas investigaciones médicas de los académicos del Tercer Reich?

Alexander Mitscherlich y Fred Mielke documentaron informaciones de testigos oculares en los Juicios de Núremberg contra veintitrés médicos y científicos de las SS, iniciados el 9 de diciembre de 1946.[1] El documento número 865 describe un «experimento» en el campo de concentración de Ravensbrück: «He visto la lucha de(l doctor) Rosenthal con una joven ucraniana sana que trataban de llevar con violencia al quirófano [...]. Se le ha amputado una de sus piernas sanas (para experimentos de

médula ósea y de regeneración) [...]. Esto ocurrió en el periodo
en que se llevaban a cabo experimentos con chicas polacas [...].
La mujer a la que se practicó la operación [...] recibió más tarde
la inyección letal [...]. Bajo circunstancias parecidas también se
le amputó el brazo y la cintura escapular a una chica ucraniana.
Esta chica también murió víctima de una inyección». En el tercer
Simposio de Trabajo Este (*Arbeitstagung Ost*) de los médicos es-
pecialistas asesores, celebrado entre el 24 y el 26 de mayo de 1943
en la Academia Médico-Militar de Berlín, el subteniente general, el doctor Gebhardt, informó sobre «experimentos especiales
acerca de los efectos de la sulfonamida». El profesor Gebhardt
empezó con las siguientes palabras: «Asumo la plena responsabilidad humana, quirúrgica y política de dichos experimentos».

¿Qué significa en este contexto responsabilidad «humana»?
Ante la atrocidad de los actos, esta afirmación se corresponde al
desprecio del asesino psicopático que se ríe de su víctima en la
cara mientras la está matando. Estos «científicos» emplean esas
palabras sentimentales a modo de falsa declaración, sabiendo
cómo se puede mostrar sensibilidad humana sin sentir de verdad lo que uno finge sentir. Su experiencia emocional está completamente escindida. Esto se corresponde con la situación de
los ambiciosos. Ser ambicioso exige escindirse del propio dolor.
Esta escisión es un componente del proceso mediante el cual lo
propio se convierte en ajeno para transmitirlo a otras víctimas.
Los asesinos intelectuales que pudieron esconderse detrás de la
máscara de la ciencia tenían una distancia incluso mayor respecto
a sus propios sentimientos que los «primitivos» guardias de
los campos. Ellos ya no perciben el odio como tal. En cambio, la determinación de su obediencia, revalorizada en forma de
ambición, permite la negación del odio considerándolo una motivación. Esto diferencia a los asesinos intelectuales de los «primitivos». Ni siquiera reconocen sus sentimientos, de los cuales
están alejados por disociación. Su superioridad académica los encubre. Hitler detestaba a esa gente porque se sentía inferior a
ellos. Sin embargo, sabía exactamente cómo podía utilizar su va-

nidad y su ambición para sus objetivos. Estando con sus compañeros, a menudo los ridiculizaba, hablaba de la «arrogancia académica», de «cobardía», de «senilidad».[2] En un discurso del 15 de junio de 1932 se burló de la «irrelevancia de su arrogancia».[3]

Los médicos acusados en los Juicios de Núremberg eran personas cuyas sensaciones estaban escindidas del dolor y el sufrimiento. Se podría decir que su interior les era extraño o ajeno. Freud se equivocaba al suponer que lo destructivo se puede canalizar por vías constructivas mediante la sublimación. Lo destructivo no es lo mismo que la agresión, que es una reacción justificada a una opresión. Lo destructivo de la persona surge porque lo propio se convierte en ajeno y luego es odiado. Para entender ese odio hay que remontarse a sus orígenes, a la propia víctima que uno fue. Solamente así puede identificarse al verdadero agresor. Hasta que no nos enfrentamos a su poder aterrorizador, no podemos identificar el odio que nos profesamos a nosotros mismos y a otras víctimas. Solo se puede acabar con el odio aceptando la tristeza que dimana del amor insuficiente de los padres. Solo entonces una persona puede ser creativa. Freud pensaba que lo agresivo, lo malvado, podía canalizarse hacia otras vías. Con esa idea no reparó en que hay una diferencia entre agresión justificada y odio. Metiendo a ambos elementos en el mismo saco, encubrió el aspecto destructivo de la ambición y así apoyó lo que nuestra cultura, orientada al éxito y al rendimiento, fomenta: la ambición y la obtención de resultados, la creación de grandeza como fin en sí mismo. Evidentemente, el éxito y el rendimiento impresionan, por eso no se percibe que contribuyen a lo destructivo.

Para las personas como el profesor Gebhardt la verdadera responsabilidad moral solo es un lastre. Se la quitan de encima considerándola algo obvio al someterse, obedientes, a una autoridad agresiva como Hitler. No reconocen la pérdida de su libertad. Se consideran autónomos y, poniéndose al servicio de un objetivo científico «superior», se liberan de su responsabilidad. El lado oscuro de este proceso es descrito por Mitscherlich y Mielke con estas palabras: «Quien regala su libertad se convierte en alguien despreciable; lo experimenta en aquellas palabras que lo desprecian tanto como le enseñan a despreciar a los demás».⁴ Este desprecio a uno mismo, no obstante, se convierte en una glorificación de uno mismo, elemento típico de todo aquel que se rige por el odio y los sentimientos de inferioridad.

En la Alemania del nacionalsocialismo se encubría el enfriamiento resultante de las relaciones interpersonales con el éxtasis de la devoción por lo nacional. La persona degeneraba convirtiéndose en un ser sin rostro, pero la ideología de Hitler y sus compañeros invertía eso para enaltecer el mítico carácter germánico. Algo comparable hizo Stalin con su nuevo «hombre soviético». Lo interior fue borrado. Robert Ley, jefe de organización del Imperio alemán durante el nazismo, dijo: «En Alemania los únicos que siguen llevando una vida privada son los que están durmiendo».⁵ La gente había convertido su interior en algo ajeno por el miedo a la vitalidad que llevaban dentro. Aun así, estos esclavos se sentían libres, porque conquistaban y mataban a otras personas. Pero lo que les importaba a ellos era matar lo viviente, porque los amenazaba. Respecto a esto, el poeta francés Robert Desnos escribió lo siguiente desde un campo de concentración alemán: «Vosotros los vivientes, no tengáis miedo, que estoy muerto / Mi espíritu, mi cuerpo; nada queda ya, nada, que os amenace». Una entrevista que Bruno Schirra le hizo en 1998 al médico e «investigador» doctor Hans Münch pone de manifiesto la psicopatología de los científicos nazis de una forma especialmente drástica.⁶ En el momento de la entrevista Münch tenía ochenta y siete años y vivía como un burgués en Rosshaupten, en la región de Allgäu. El autor lo describe como un «señor amable» que trata solícitamente a sus invitados, «mientras explica lo laborioso que fue quemar a los judíos». Al ver la película de Spielberg *La lista de Schindler*, dice: «Cada detalle concuerda. Fue exactamente así». El propio Münch estuvo en la rampa durante las selecciones en Auschwitz-Birkenau. Que los judíos no quemaban «fácilmente» en la hoguera, lo describe como «un problema técnico», el cual, naturalmente, fue solucionado.

Durante la conversación Münch está sentado bajo un crucifijo. Cuenta que los presos que no obedecían al ordenárseles verter la grasa de los quemados por encima de los cuerpos durante las cremaciones eran arrojados al caldo hirviente. Hoy en día sigue asombrándole lo rápido que morían; y «les ofrece pastel de chocolate» a sus invitados. Al parecer su mujer no puede soportarlo y estalla: «Dios mío, cómo me avergüenzo de ser alemana». «Yo no», dice Münch. Y añade que es verdad que los judíos lo pasaron mal en Auschwitz, pero para él tampoco fue fácil.

Cuenta que llegó a las SS por oportunismo y no por convencimiento. Prestó su servicio en Auschwitz en el Instituto de Higiene de las SS-Waffen. «Exterminar a judíos, ese era entonces el trabajo de las SS [...]. Pude hacer experimentos con personas que solo es posible hacer con conejos. Aquello fue un trabajo importante para la ciencia». Cuando su mujer le acerca un bocadillo de jamón, él cuenta cómo inyectaba estreptococos en los brazos y la espalda de presos. Les arrancaba dientes sanos y les inyectaba el pus de otros presos para comprobar la relación entre las raíces de dientes que supuraban y el reuma. El «material humano» lo obtenía por mediación del doctor Clauberg. «Un hombre asqueroso», dice el doctor Münch, «parecía un judío».

Cuando Münch llegó a Auschwitz, en verano de 1943, como él dice, «(hacía) un tiempo fantástico, para estar al aire libre [...]. Eran unas condiciones de trabajo ideales, había un equipamiento de laboratorio excelente y una selección de académicos con prestigio internacional [...] (entre los presos) los mejores científicos del Instituto Pasteur y expertos con alta formación de las universidades europeas». A él no le molestaba que fueran judíos. «Nosotros cuidábamos de ellos, ellos obedecían, se mantenían firmes, solo así la cosa funcionaba». La tarea de Münch era combatir epidemias: el tifus, el tifus exantemático o la disentería. Cuando en un barracón se iniciaba una epidemia, «todas las personas eran gaseadas [...]. Se ponía en marcha la máquina y se acordonaba el barracón entero». Lo explica como si fuera algo tangencial. «¿Era pesado, este proceso?», quiere saber el entrevistador. «No, no, de ninguna forma», responde. Y añade: es que si no los hubiéramos gaseado «la habrían diñado de epidemias en medio de dolores»(!).

En Auschwitz, dice, se sintió bien. Allí lo respetaban. Quería estar «dentro». «En el Instituto de Higiene yo era el rey [...]. Vivir tranquilamente en un sitio donde se gasearon a cientos de miles de personas no me agobió». Josef Mengele fue, según él, su compañero más simpático. Mengele cortaba la cabeza a niños y Münch los investigaba. Explica Münch: «Mengele y los demás nos mandaban su material: cabezas, hígados, médula espinal, lo que hubiera. Y nosotros lo analizábamos». El periodista pregunta si él alguna vez se negó. Münch no entiende la idea: «Era mi trabajo, y el trabajo es trabajo, y punto».

Pasaba las noches en el casino: «Allí había un buen grupo de compañeros, se hablaba de todo» (sobre el papel de la camaradería en la vida de este tipo de personas volveré más adelante). La curación del mundo, dice citando a Mengele, se lograría mediante el exterminio de los judíos. Münch pretende debatir con objetividad y racionalidad sobre este tema. «No había judíos pobres», dice, «en ese entonces uno tenía que estar muy cegado ideológicamente para no ver que los judíos habían infectado considerablemente muchos ámbitos, especialmente los médicos». Lo peor, opina Münch, eran «los judíos del este». «Una gentuza terrible. Estaban tan adiestrados para el servilismo que ya no se les podía calificar de personas».

Primero se oprime y se aterroriza a las personas para esclavizarlas y luego se les echa en cara. El 27 de enero de 1995 este «amable señor» le dio la mano a Eva Kor, una superviviente que lo había invitado a Auschwitz, después de que ella lo perdonara. Un año más tarde, en una entrevista con *Die Zeit*, dijo sobre ella: «Un caso patológico, aquella mujer. Había tenido una relación madre-hija con las SS, que la habían protegido». Eva Kor sobrevivió a los experimentos de Mengele con humanos cuando tenía once años. Luego Münch se quejó de Vera Kriegel, una mujer que había sobrevivido a los experimentos de Mengele con mellizos. A los cuatro años había llegado a su laboratorio, cuyas paredes estaban llenas de ojos humanos disecados. «Docenas de ojos humanos, ensartados en agujas, como una colección de mariposas», recordaba la mujer. Luego él inició el experimento: le dio inyecciones en los ojos para comprobar si se producían alteraciones en el color.

Münch se encontró con Vera Kriegel cincuenta años después en una fiesta de la liberación de Auschwitz. Ella le preguntó por qué lo había hecho. Hay testigos que afirman que él, al irse la mujer, dijo para sí: «La señora Kriegel es uno de esos malos prisioneros, una pequeña judía asquerosa. Le fueron bien las cosas, en aquellos tiempos. Vivía de gorra, le tiró los tejos a Mengele solo para salvar su pequeña vida». En un momento en el que no se sentía observado, la verdad afloró: al lado de la pose de la persona amable y cordial no había sino desprecio por los demás. En el interior de algunas personas está latente el odio, mientras que el exterior conserva el rostro que se espera socialmente. A este aspecto es al que se entregan. Es un juego de roles de adaptación encaminado a presentarse de forma «correcta», y esto sirve a la necesidad de asegurarse la aceptación y el reconocimiento de las autoridades.

En el proceso de Auschwitz, en el año 1947 en Cracovia, Münch fue acusado de criminal de guerra por sus experimentos sobre el reuma y la malaria. Cuando habla sobre ello, su cara se pone rígida, la mano se le pone tensa: «Entraron seis mujeres histéricas, entre ellas una terriblemente maliciosa que había venido expresamente de América, y todas se quejaban de las crueldades que les hacía [...]. Los experimentos sobre la malaria eran totalmente inocuos [...]. Según los médicos tropicales solo hay dos formas de realizar estos test. O bien se consigue que una mosca de la malaria pique al preso o se tiene que infectar a presos sanos con sangre contaminada con la malaria». Fue absuelto porque «había tenido una actitud benévola con los presos» (Schirra).

En la conversación con Bruno Schirra, Münch describe la relación con los ciento veinte presos de su comando como si «fueran casi como una familia». Elis Herzberger, que trabajó como bacteriólogo, dice: «¡Ese hombre estaba en las SS! ¡Éramos presos! Nunca fuimos una familia. Nos trataban como animales domésticos». Münch se acuerda de la llegada de convoyes desde Hungría en verano de 1944, «de los gritos de los hombres de las SS, la luz cegadora de los faros. Recuerda cómo los comandos de presos, entre latigazos de las SS, sacaban a hombres, mujeres y niños de los vagones de ganado, recuerda los cadáveres de niños que entorpecían a los presos, y los sacaban fuera como se sujeta a las gallinas muertas, por las piernas, sosteniendo a dos en cada mano y con la cabeza hacia abajo». Su mujer le pide que acabe la entrevista; le da miedo Auschwitz. «Münch le acaricia el pelo, la acompaña y vuelve, y sonríe pidiendo comprensión: "No tiene usted que irse, por supuesto"». Y nuevamente, la pose muestra ternura, pero no se preocupa en absoluto por su mujer, desprecia su pena. Luego «él habla, habla sin freno», y no se da cuenta de que está echando por tierra su propia leyenda. Habla sobre una «selección ideal», sobre cómo descubría los truquitos de los perdidos, como cuando alguien quería esconder su muleta o hacerse pasar por médico: «Allí todo tenía que estar en orden [...]. Al fin y al cabo no era tan terrible, la selección. Tenía su dimensión humana [...]. Dejar que la gente [...] del campo estirara la pata, eso sí habría sido inhumano».

Después de la selección iba al crematorio y por la mirilla observaba el proceso de la muerte en las cámaras de gas. Schirra describe cómo lo relata: «Münch imita los gestos de los moribundos. Se le desfigura la cara, abre la boca, jadea, se lleva las manos a la cabeza, clava las manos en la garganta. Y luego imita sus sonidos. De su pecho sale un zumbido lento y profundo, sordo y ronroneante, "como el zumbido de una colmena"». La muerte, dice, es la extinción de una unidad biológica. «Después no hay nada».

En el análisis de la muerte, en la revivificación —casi empática— de la muerte del asesinado, está la vitalidad de Münch. Este comportamiento permite entender la capa más profunda de su existencia, permite reconocer el asesinato que experimentó en él mismo y que tuvo que transmitir a otros para sentirse vivo. Esto recuerda al asesino de Broadmoor que dijo: «Le quité la vida porque necesitaba una». Y coincide con las descripciones de W. Kütemeyer, del que un oficial nazi cuenta que disparó a mujeres con bebés en los brazos que estaban en un barco de vapor hundiéndose para que reinara de nuevo el orden.[7] Ese hombre contó lo mucho que lo habían fascinado los rostros de las mujeres perdiendo el conocimiento. Siempre sintió curiosidad por los moribundos, pero los observó sin conmiseración. En momentos en los que se debatía entre la vida y la muerte es cuando más vivo se siente, por ejemplo, bajo el fuego de artillería o durante los bombardeos. Nunca se sintió tan bien en tales situaciones, dice.

Es la experiencia del propio morir lo que es reprimido y que regresa en la forma de lo que uno transfiere a los demás. El miedo a ser asesinado, que Wechsler y Schilder han descrito como un miedo ancestral, vuelve en forma de un impulso por castigar a otros seres. Esa es también la negada motivación que hay detrás del comportamiento de grupos enteros de personas, como los científicos que hemos mencionado anteriormente, que bajo el pretexto de la ciencia estuvieron tan entregados a la muerte.

Esta sumisión puede tomar muchas formas, y se expresa no solo en el «exterminio de vidas inferiores». En su reportaje *Ein Kind lebt für den Heldentod* [Un niño vive para tener una muerte heroica], Wolfgang Nagel describe a un padre muy ambicioso que manda a su hijo a una muerte heroica.[8] El propio padre se hizo nazi debido a su inferioridad, pero se escapó del «heroísmo» por una enfermedad. Por tanto, su hijo tuvo que sustituirlo en el papel de héroe. El padre lo animó a alistarse como voluntario en el ejército para llegar a oficial. Walter, el hijo, llega a Holanda en 1944 con la Wehrmacht. Vive la guerra con terror y aflicción. Pide al padre que le mande un «telegrama C». Así, en el caso de sufrir bombardeos, el hijo podría volver a casa de permiso. Pero el padre calla. A finales de septiembre la división de Walter se traslada a la Prusia oriental, donde recibe la Cruz de Hierro al coraje. El padre no tarda en comunicar la distinción a la prensa local. Cuando Walter le recuerda de nuevo el telegrama C, el padre contesta que se siente «atormentado por tal pretensión». Walter muere el 16 de enero de 1945, con apenas diecinueve años. La tendencia mortífera tiene muchas caras, pero siempre es el móvil de estas personas.

Estas personas están totalmente obsesionadas con lo mortífero, pues pese a toda la ambición nunca pueden sentir su vitalidad. Convirtieron lo propio en algo ajeno. Como el asesino de Braodmoor, necesitan la vida de otras personas para sentirse vivos ellos mismos. R. Welchering escribió una vez en una comunicación personal: «Estas personas necesitan la vida para poder matarla». Tienen que destruir a otros porque —como lo formuló Adorno— se han eliminado a sí mismos como seres autónomos, es decir, son seres sin una verdadera identidad. Como consecuencia, tienen una frialdad interior que no pueden soportar. Por eso tienen que encontrar su vitalidad en el matar. Matan la vida en el otro —la víctima que odian en ellos mismos— y de esta forma se vengan por su propia opresión transmitiéndola a otras personas. Todo eso parece una paradoja que no se esclarece hasta que uno no reconoce que el odio a la propia víctima que llevamos dentro provoca esta inversión de los sentimientos. Se niega la culpabilidad de los propios agresores —de los padres y de otras figuras de autoridad en la infancia— porque uno no puede soportar el dolor y el terror que produjo su amor falso y/o insuficiente. «Nunca me he sentido tan íntimamente ligado a este legado de los muertos», escribió en su diario un hombre que posteriormente sería un criminal de guerra, «como en mis excursiones alpinas y más tarde yendo en avión. Y nadie lo entendía tan bien como mi madre. Ella sabía [...] lo que una y otra vez me impulsaba a ir donde el corazón todavía se valoraba. Ella lo vivió en todas las fases de planificación y de preparación [...]. Y nunca me dijo "Ve con cuidado" o "Vuelve sano y salvo", sino siempre "Pásatelo bien" o "Que vaya bien"».[9]

Los asesinos de Broadmoor fueron clasificados como psicóticos, pues sus acciones estaban determinadas directamente por el afán de asesinar. Sin embargo, a los asesinos que presentan un comportamiento «normal» y adaptado no los identificamos como psicóticos, pues parecen mentalmente sanos, es decir, asesinan por motivos ideológicos. Su pensamiento nos parece lógico y su manera de expresar los sentimientos se corresponde con las imágenes que relacionamos con los sentimientos humanos normales. Que estas personas no están sanas no lo identificamos hasta que, como en el caso del doctor Münch, su simpatía y su conducta correcta ponen al descubierto que se trata de una pose bien interpretada. Esto, no obstante, es difícil, porque estamos muy marcados por el juego de roles. Ni siquiera es fácil cuando el posar y el juego de roles de repente se desintegran. Esto ocurrió cuando la esposa de Münch le pidió que terminara la entrevista. En ese momento salió de su interior su pensamiento mortífero. Bruno Schirra, el entrevistador, lo describe diciendo que Münch empezó «a echar por tierra su propia leyenda», la leyenda del médico caritativo y benévolo del campo de concentración. En ese momento el monstruo salió a la superficie y mostró su inhumanidad y el carácter robótico que se escondía detrás de la máscara de una persona que fingía tener sentimientos totalmente normales.

Así se expresa la locura de una persona que, en palabras de Cleckley, imita una personalidad humana, pero en el fondo está llena de odio y violencia. Esto lo mostró Münch cuando imitó a la gente muriendo en la cámara de gas. En aquel momento estuvo en total coincidencia con los elementos que dominaban en su vida interior. Se reveló la locura de una persona sin una verdadera identidad, que en lo más íntimo solamente es guiado por el odio. Porque la no identidad emana del odio contra la parte viva de uno mismo, de aquel odio que es transmitido buscando a otras víctimas.

No hay que dejarse engañar por la apariencia de una personalidad sana y razonable, es decir, por una pose de cordura: por la imitación de una «persona completa y normal», como lo denominó Cleckley. Precisamente ahí está el problema de que tantas personas estén marcadas desde la niñez por una pose vista como la realidad. Por este motivo es tan complicado reconocer la locura que se esconde detrás de la pose de normalidad, bondad, benevolencia, éxito y rendimiento de aquellos que en realidad están entregados a la muerte.

El esquizofrénico sufre porque se defiende contra el amor falso de sus padres y de la sociedad desmontando las estructuras de su personalidad, es decir, despersonalizándose para no ser engullido por esta contradicción entre pose y realidad.[10] Quienes se entregan a la muerte, en cambio, no sufren en absoluto.

P. Greenacre señala que estas personas no pueden sufrir porque nunca se desarrollaron como personas y por tanto no experimentan una pérdida, como le ocurre al esquizofrénico cuando se despersonaliza (se desmonta). Esto lo confirman también los resultados del test de Rorschach, al que F. R. Miale y M. Selzer sometieron a dirigentes nazis juzgados en los Juicios de Núremberg.[11] Todos los acusados —Frank, Fritzsche, Funck, Göring, Hess, Kaltenbrunner, Rosenberg, Sauckel, Schacht, Von Schirach, Seyss-Inquart, Speer— resultaron ser personajes que, como expresó Cleckley, carecían de la capacidad de identificar qué significa la vida para los demás. Los informes sobre sus test de Rohrschach los caracterizaron como personas «planas, vacías, secas e insustanciales». Los resultados del test reflejaron que no confiaban en nadie y que no eran dignos de confianza. Sus impulsos vitales estaban determinados por las ambiciones oportunistas, la violencia y los brotes agresivos arbitrarios y sin sentido escondidos detrás de una superficie de adaptación, formalidad artificial y aparente autenticidad.[12] P. Greenacre dice sobre los psicópatas: «La apariencia tiene un valor mayor que la esencia.

Junto con un empobrecimiento emocional básico, este rasgo característico conduce a una presentación superficial muy ligera de la realidad, en la que en todo momento la fachada recibe la mayor atención».[13] Estas personas desarrollan ya en su infancia, muy tempranamente, «encanto y tacto, lo cual les confiere una apariencia de responsabilidad y consideración, atributos que no obstante son artificiales [...] y que son el fundamento de su posterior habilidad para manipular a los demás chantajeándolos con hipocresía».[14] La pose se convierte en la única realidad de estas personas, e insistirán constantemente en que la pose es la única realidad. Las personas de su entorno les siguen el juego, pues la pose las salva de la realidad de su propio sufrimiento. Esa es la conexión que une al pueblo y al gobernante y que lleva a ambos a apoyarse mutuamente.

Un personaje que no haya desarrollado su identidad no es capaz de albergar en su interior sentimientos humanos, pero exteriormente se muestra lleno de entusiasmo. El periodo nazi no es la expresión de una psicopatología en el sentido habitual en el ámbito del diagnóstico psiquiátrico, sino más bien la expresión del descarrilamiento de una evolución que, de no haber ido mal encaminada, habría podido conducir a una identidad autónoma. Lo que permitió que aparecieran personas como Hitler, Gebhardt o Münch —y lo sigue posibilitando— es un desarrollo que se basa en la identificación con agresores, un desarrollo en el que tanto el sufrimiento experimentado como la necesidad de calidez real deben ser negados. Estas personas perciben el dolor de los demás «o bien como algo que no existe, bien como una oportunidad fácil para la explotación mediante la manipulación o como una exhortación al rechazo violento y brutal [...]. Desde el comienzo de su vida, las necesidades emocionales (de estas personas) permanecen insatisfechas; por eso son incapaces de reaccionar ante las necesidades emocionales de la gente de su alrededor».[15]

Albert Speer escribió sobre cómo veía a Hitler hacia el final de la guerra:

Parecía directamente insignificante. Quizá siempre había sido así. Retrospectivamente, en ocasiones me pregunto si esa intangibilidad, esa insignificancia no lo caracterizó ya desde su juventud y hasta su muerte violenta. Con más intensidad aún, creo yo, podía apoderarse de él la violencia; pues ninguna emoción humana lo afectaba. Nadie lograba intimar con su ser, precisamente porque estaba muerto, porque estaba vacío.[16]

Speer —que también carecía de un interior, pero que tenía una capacidad de observación inteligente— describe la falta de vida de las personas sin identidad. Puesto que no pueden soportar el dolor, por un lado se sienten vacías y sin vida y, por el otro, tienen que destruir la vida para llenar el vacío. La violencia (ya sea la de un guardia de un campo de concentración, la de un científico o la de un conquistador) reemplaza una vitalidad orientada hacia la vida. La violencia equivale al sentimiento de estar vivo y pasa a ser, por tanto, la preocupación del ser.

La locura de esas personas no se puede comprender mediante los criterios de diagnóstico tradicionales, pues dichos criterios también confunden la pose con la realidad del ser con demasiada facilidad. Quien sabe posar bien —ya sea en el terreno político, en el económico o en el científico— pasa la criba de estos criterios y no puede considerarse «loco». Sin embargo, estas personas están tan alejadas de la sensibilidad humana que únicamente se sienten motivadas por el odio y la destructividad. Esta locura solo se puede superar tomando en consideración un desarrollo de la identidad con dos vías. Hay que tener en cuenta que una identidad puede desarrollarse de dos modos: o bien como reacción a las necesidades y percepciones propias del niño o bien mediante la identificación con la voluntad de figuras de autoridad. En el segundo caso, se fomenta el odio y la destructividad porque se convierte lo propio en algo ajeno. En el capítulo siguiente volveré sobre esta idea con más detalle.

LA FALTA DE IDENTIDAD
Y SUS CONSECUENCIAS SOCIALES

El estudio de Henry Dicks de 1950 —mencionado anteriormente— con mil prisioneros de guerra alemanes en la Segunda Guerra Mundial quizás ofrezca los resultados más esclarecedores en relación con mis reflexiones sobre la falta de identidad. Apareció al mismo tiempo en que T. W. Adorno, E. Frenkel-Brunswick, D. J. Levinson y R. N. Sanford publicaron su estudio «La personalidad autoritaria»,[1] aunque eran publicaciones independientes. La investigación de Dicks desvela que la identificación con una autoridad castigadora conduce a una situación en la que el propio yo «es abandonado», en la que no es posible desarrollar una fuerza propia, puesto que la fuerza y la necesidad de calidez y afecto deben ser rechazadas. Dicks mostró que esas personas se sienten vacías, pero que llenan este vacío cumpliendo con su deber y satisfaciendo las expectativas de resultados con una conducta obediente. Al mismo tiempo la agresión reprimida contra uno mismo se proyecta en otras personas, más débiles. He expuesto ya algunos de los resultados de Dicks y ahora me gustaría analizarlos de nuevo con más detalle con la ayuda de representaciones gráficas.

Dicks recabó datos sobre variables de personalidad y actitudes políticas mediante 138 entrevistas a fondo. Sus test estadísticos muestran que la problemática de la identificación con figuras paternas autoritarias y la posibilidad o la imposibili-

Distribución de las actitudes políticas de una muestra de mil prisioneros de guerra alemanes (1942-1944) en Inglaterra. (Extraído de: Henry V. Dicks, «Personality Traits and National Socialist Ideology. A War-time Study of German Prisoners of War», *Human Relations*, vol. III, 1950, págs. 120, 135 y ss.)

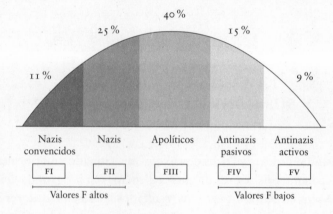

Prueba χ^2 para comprobar la significación de la relación entre actitud política y características de la personalidad (basándose en un sondeo de 138 casos).

	Valor F alto Nazis (36 %)	Valor F bajo (F4 y F5) Antinazis (24 %)	Significación
1. Identificación con el padre y con el antipadre (véase análisis)	53 %	47 %	No
2. Identificación con la madre	17 %	83 %	0,00137
3. Catexis con la madre, transferida a:			
a. otras mujeres	34 %	66 %	0,001
b. a líderes o al Estado	78 %	22 %	0,001
4. La ternura no es tabú	37 %	63 %	0,00964
5. Sadismo			
a. antisocial	62 %	38 %	0,001
b. social	32 %	68 %	0,001
6. Miedo			
a. sintomático	53 %	47 %	0,04042
b. normal	35 %	65 %	0,04042

dad de elaborar una identidad propia trae consigo repercusiones altamente significativas en el comportamiento sociopolítico.[2]

En relación con su actitud política, los mil prisioneros de guerra entrevistados se podían clasificar en las siguientes categorías: un 11 % eran nazis radicales convencidos, un 25 % creían (desde un punto de vista ético) en el nazismo, pero tenían reticencias con respecto a la eficiencia del sistema político. Un 40 % de los encuestados se podían clasificar como apolíticos, pero aceptaban pasivamente las actividades sociales y políticas del régimen. Un 15 % tenían una relación ambivalente con los nazis, experimentaban conflictos, pues de hecho se consideraban patriotas, y no sabían en qué posición estaban. Un 9 % eran antinazis activos que se oponían al régimen en cuanto a las ideas y a veces también con sus actos. Para comprobar la significación estadística de la prueba χ^2, los dos primeros grupos fueron simplificados y clasificados como nazis con un valor F alto (en conjunto un 36 % de los entrevistados). Los dos últimos grupos, el 15 % de pasivos y el 9 % de antinazis activos, todos con un valor F bajo, representaban juntos el 24 % de los entrevistados.

De las variables de personalidad que Dicks investigó cito solamente las que son relevantes para nuestro planteamiento. Son las que siguen:

1. Identificación con el padre, ya sea como decisión adulta (es decir, se sustituyen las relaciones infantiles por relaciones adultas) o a consecuencia de debilidades infantiles, dependencia y miedo. En el análisis estadístico, esta categoría se denomina catexis del padre (ocupación o investidura del padre).

2. Identificación con la madre como base primaria de la identificación con los padres (catexis de la madre).

3. Transferencia de la catexis de la madre:
    3a. La investidura de la madre como objeto de amor se transfiere en la edad adulta a otras parejas femeninas.

3b. La investidura de la madre se transfiere al líder o al Estado. En este caso, se espera que se puedan satisfacer las necesidades de atención y cuidado por medio de un líder o una institución estatal, es decir, mediante una figura abstracta «idealizada».

4. El tabú de la ternura como prohibición de la ternura en la familia. Ser débil se equipara en este caso a la impotencia, la feminidad y la sumisión; la potencia masculina y la inflexibilidad son consideradas parte de un ser fuerte.

5. Sadismo:

5a. El sadismo como identificación con una autoridad castradora. Estos presos sentían un franco placer sádico sin presentar sentimientos de culpa; en su opinión, si las víctimas reprimidas no se sometían había que golpear con más fuerza.

5b. La agresión como reacción normal, consciente y como autoprotección. Se condena el sadismo.

6. Miedo: en este caso las afecciones neuróticas y psicosomáticas, como los síntomas fóbicos o de neurosis obsesiva, se consideran un indicio de una gestión normal o enfermiza con el miedo.

Como vemos en el cuadro, se pone de manifiesto que, en el grupo de los que se identificaban intensamente con el padre, los nazis y los antinazis estaban divididos a partes iguales. Esto, a primera vista, permite suponer que la identificación con el padre no ejerce influencia alguna en la actitud política. No obstante, al realizar el análisis estadístico el resultado se obtuvo juntando (¡por razones inexplicables!) la identificación con el padre —tanto de los niños como de los adultos— en una sola categoría: identificación con el padre. Sin embargo, en el análisis que hace Dicks después de presentar los resultados se ve de forma clara lo que oculta este tratamiento estadístico: que la identificación de los nazis con el padre se diferencia manifiestamente de la identificación de los antinazis con el padre. En este punto señala también que la identificación de los nazis se basaba en el miedo y la sumisión, con la consecuencia de que los clasificados en este grupo idealizaban al padre y se sentían inferiores a él, al tiempo que estaban obsesionados con fantasías de omnipotencia. Habían abandonado su propio yo (ego) y no tenían sentimientos de culpa, pues su superyó estaba externalizado, es decir, cumplían las reglas y obligaciones que les había impuesto la autoridad. Esta «deficiencia» del ego provoca en tales personas —según Dicks— un sentimiento de debilidad y vacío. Sienten la necesidad de agredir a todos aquellos que consideran débiles, están contra los niños y personas que son clasificados como subordinados. Se sienten víctimas de los demás y por tanto autorizados a actuar vengativamente contra ellos.

De los entrevistados que presentaban una identificación con la madre, un 17 % pertenecían al grupo de los nazis, y un 83 % al grupo de los antinazis. Más evidentes todavía son las repercusiones de esta identificación si observamos la transferencia de la investidura de la libido de la madre. Entre los nazis un 34 % presentó la capacidad de transferir la investidura de la libido de la madre a una pareja femenina adulta. El resto de quienes presentaban esta capacidad, un 66 %, pertenecían al grupo de los antinazis. En cambio, un 78 % de los encuestados que transfirieron la investidura libidinosa infantil de la madre a un líder o a una institución autoritaria se encontraban en el grupo nazi. Esto indica que valorar negativamente a la madre impide deshacerse y dejar atrás la dependencia infantil de la madre.

El 63 % de aquellos que habían experimentado una tabuización de la ternura en la familia procedían del grupo nazi; un 37 % eran antinazis (la estadística de Dicks expresa la relación a la inversa, es decir, que un 63 % de los antinazis no experimentaron ninguna tabuización de la ternura y que el 37 % de los nazis sí estaban afectados por ella). El hecho de que la ternura no sea un tabú indica que la infancia estuvo más marcada por el amor que por el miedo. Esto es un requisito para que se produzca un desarrollo de una identidad propia y también para que germinen las convicciones democráticas en el plano político.

El sadismo presenta unas relaciones similares con la actitud política. Entre los encuestados que fueron clasificados como sádicos, un 62 % eran nazis y un 38 % antinazis. En el grupo de los que tenían una relación socialmente normal con la agresión, un 32 % presentaban unas ideas nazis y un 68 %, antinazis.

En cuanto al malestar aparentemente subliminal que tienen las personas sin una identidad propia, son esclarecedores los datos estadísticos sobre el miedo. Estos datos muestran que una persona sin una identidad propia experimenta un desasosiego interno mucho mayor que las personas a las que una verdadera identidad les da la posibilidad de gestionar con responsabilidad sus propios miedos. Al parecer, aquellos cuya identidad se basa en la identificación solo pueden manejar sus miedos de forma proyectiva, desarrollando síntomas psicosomáticos, de neurosis obsesiva o fóbicos para sobrellevar el miedo. Esto significa que uno proyecta el propio malestar, que es el resultado del odio a lo propio, rechazándolo. Esto es el regreso de lo ajeno, escindido de lo propio. La estadística de Dicks muestra que los antinazis en un 65 % gestionaban el miedo de forma normal, mientras que en el caso de los nazis era solo un 35 %. La prueba χ^2 dio como resultado en todos los casos la elevada significación de un 99,99 % (con excepción de la categoría «miedo», donde la significación fue de un 99,95 %). Esto evidencia la probabilidad de que las diferencias investigadas en las distribuciones de frecuencia, con solo una aleatoriedad del 0,01 %, reflejasen verdaderas diferencias.

Los datos de Dicks muestran claramente una conexión entre actitudes políticas y aquellos factores del desarrollo infantil que provocan la falta de identidad. La distribución de frecuencia de la actitud política, como se presenta en el gráfico, coincide prácticamente con la distribución normal de Gauss, es casi idéntica. Ya señalé en *Der Verlust des Mitgefühls* [La pérdida de la empatía][3] que hay varias investigaciones empíricas que presentan resultados similares y que permiten llegar a la conclusión de que la falta de amor de los padres con respecto a los hijos entre nuestra población es algo muy común. La falta de amor es la base de la enajenación de lo propio y por tanto determina cuántas personas no disponen de una identidad propia.

En las *Empirische Untersuchungen zum Gesellschaftscharakter* [Investigaciones empíricas sobre el carácter social][4] de Erich Fromm, aproximadamente el 16 % de los participantes resultaron ser autoritarios, explotadores y destructivos. Eran personas que necesitaban a enemigos para conservar sus estructuras de la personalidad. Las experiencias con las llamadas enfermedades postraumáticas de los veteranos del Vietnam mostraban una imagen parecida. Los soldados que no desarrollaron estos síntomas presentaban estructuras de identidad que se basaban en experiencias empáticas y no en la identificación con símbolos masculinos autoritarios.[5] No necesitaban demostrar su masculinidad, se sentían responsables de lo que habían hecho, contradecían a veces las órdenes y aceptaban tanto los propios miedos como los de los demás. En sus vivencias infantiles abundaban el afecto y la comprensión. Alrededor de un 10 % de los veteranos de Vietnam pertenecían a esta categoría, que se corresponde con el grupo de los antinazis activos en el estudio de Dicks. Llama la atención, en todos estos estudios, la gran cantidad de «personas no implicadas». Estos representaban un 40 % en el estudio de Dicks (los apolíticos), y eran dos tercios en el caso de los veteranos de Vietnam, que habían participado en actos atroces o se quedaron mirando sin hacer nada para evitarlos, pero que posteriormente desarrollaron síntomas de estrés.

Todo ello sugiere la gran presencia que tienen las fuerzas que en nuestra cultura convierten lo propio en ajeno, con lo cual impiden que se produzca un desarrollo propio de la identidad y que finalmente se castigue en otros seres a la víctima

que somos. Me parece que se corresponden a aquel 50% de la
población del que Winnicott —gracias a sus experiencias clínicas como pediatra y más tarde como psicoanalista— supone que tienen tendencias no democráticas. Se trata de «personas que no se han formado por completo», que en la estructura
de su personalidad están desplazadas hacia fuera y que han de
tener a los demás bajo control en lugar de a sí mismos.[6] Este
50% se corresponde con el 36% de los nazis en el grupo investigado por Dicks.

Estas personas se dejan contagiar fuertemente por miedos
paranoicos, sobre todo en tiempos de inseguridad, porque se
sienten amenazados por las transformaciones sociales. Detrás
de los miedos paranoicos se esconde lo ajeno que deben quitarse de encima. Ahí está el peligro de las sociedades democráticas.
Por eso es importante —también lo señala Winnicott— reconocer la importancia que tiene no disponer de una identidad con
respecto a la desintegración social y a la aparición de dictadu-
ras. El remedio contra la descomposición social es fomentar las
experiencias de afecto y atención en el desarrollo de los niños.
Nuestra civilización tiene que preocuparse por crear las condiciones necesarias para que los niños puedan experimentar verdadero amor, reconocimiento y empatía. El amor es el sustrato
de nuestra historia, tanto de la individual como de la social. Si
este sustrato está dañado, la condición humana no se desarrolla correctamente. Lo dijo Erik H. Erikson: «Quienes estudian
nuestra historia siempre ignoran que todos los individuos fueron paridos por madres; que todas las personas han sido niños;
que las personas y los pueblos tuvieron sus inicios en un cuarto
de niños; y que una sociedad está formada por individuos que
se encuentran en el proceso de evolucionar de niños a adultos».[7]

Ahora, con la ayuda de otras historias biográficas, querría
corroborar lo infausta que es la relación entre la infancia y el desarrollo de la identidad y cómo en este proceso se generan tendencias mortíferas, atributo característico de las personas sin
una identidad propia.

EL HOMBRE REDUCIDO

HERMANN GÖRING

El padre de Hermann Göring fue una persona de cierta relevancia. En 1885 fue ministro residente de África del Suroeste, en aquel entonces colonia alemana. Algunos años más tarde se trasladó a Haití como cónsul. Al quedar embarazada de su cuarto hijo, su esposa volvió a Alemania para dar a luz allí. El niño, Hermann Göring, nació el 12 de enero de 1893. Solo unas semanas después del parto la madre volvió con su marido. El niño Hermann se quedó en Alemania, fue confiado a la condesa Von Fuerth, una amiga de la familia. Hermann no volvió a ver a su madre hasta los tres años. Ese encuentro fue su primer recuerdo: la madre se inclinó sobre su hijo y este la golpeó en la cara con los dos puños.[1]

Gracias a investigaciones como las de C. M. Heinicke y I. J. Westheimer, sabemos que las separaciones tempranas de la madre con respecto al niño suponen una herida profunda y que estos —con razón— reaccionan con mucha agresividad a su reaparición. La separación provoca terror interno y desata unos graves sentimientos de inferioridad, pues el niño pequeño percibe este trauma como una profunda ofensa a su yo en construcción. Un niño sitúa el motivo de su abandono en sí mismo.

Para un niño ser abandonado significa que algo le pasa, porque, de no ser así, la madre no lo abandonaría. Monika Nienstedt y Armin Westermann han descrito estas vivencias traumáticas de manera exhaustiva y conmovedora en su libro *Pflegekinder: Psychologische Beiträge zur Sozalisation von Kindern in Ersatzfamilien* [Niños tutelados: Contribuciones psicológicas a la socialización de niños en familias adoptivas y de acogida] (1999).

En África el padre de Göring había trabado amistad con el doctor Ritter von Epenstein, un rico judío apóstata. Cuando Hermann Göring tenía ocho años y su padre se jubiló con una pensión relativamente pequeña, Von Epenstein compró un vistoso castillo cerca de Núremberg que ofreció a los Göring como domicilio. La señora Göring, que era considerablemente más joven que su marido y que tenía una relación amorosa con Von Epenstein, aceptó la oferta. Así pues, la familia se trasladó al castillo de Veldenstein. El padre tenía un modesto dormitorio en la planta baja y tenía prohibido acceder a las estancias de los pisos superiores, pues estaban reservadas a su mujer y a su amante. De vez en cuando los Göring visitaban a los Von Epenstein en su castillo en Austria. En estos casos el padre se alojaba en una casita fuera del castillo, mientras que la madre se instalaba con Von Epenstein. No es sorprendente que estos acontecimientos dejaran profundas huellas en el pequeño Hermann. La imagen que dibuja Gilbert del niño[2] es la de un chaval inquieto, fascinado por los uniformes militares y por los actos bélicos, y además desconsiderado, osado y provocador.

Los historiadores no suelen reconocer la importancia de tales evoluciones infantiles. Joachim Fest escribe sobre Göring: «Su origen, de buena familia, [...] le ahorró los sentimientos de inferioridad característicos del trastornado carácter pequeño-burgués».[3] Si se equipara «buena familia» a afecto emocional, no puede entenderse que un niño compense sus afecciones y vivencias aterrorizadoras, que lo hacen dudar profundamente de sí mismo, con una petulancia grandilocuente que nada tiene que ver con una buena autoestima. Ello conduce a una visión totalmente distorsionada de los orígenes de la conducta de Göring, cuya patología no se puede identificar en absoluto. Es a través de un hecho sustentado por experiencias clínicas y humanas que el rechazo de un niño por parte de la madre provoca un dolor que el niño solo puede superar con aislamiento, rechazo y negación. Esto significa, no obstante, que vive escindido de su dolor y que tiene que buscarlo una y otra vez fuera de sí mismo. Exactamente en esta situación se encontraron Hitler, los asesinos de Broadmoor y todas las personas sin identidad que he descrito. El dolor empieza a desempeñar un papel decisivo en la vida de estas personas porque tienen la necesidad de volver a encontrar el dolor perdido. Desgraciadamente, esto significa que tienen que infligir dolor a otras personas para, más allá de las vivencias que sufrieron, vengarse de la víctima que ellos mismos fueron en el pasado. Por esta razón hay que infligir a otras personas el dolor que uno sufrió (aunque, como a la paciente que he descrito, no se lo toleraran). El dolor significaba debilidad y ponía furiosa a la madre. El dolor implicaba ser inferior a los demás y por tanto tenía que rechazarse.

Ahora me gustaría ilustrar este proceso, en el que la venganza contra la sensibilidad humana deviene un apremio permanente, mediante un ejemplo de mi consulta. El paciente, un hombre de negocios de cuarenta y seis años, habló sobre una nueva relación que había iniciado con una mujer muy atractiva: «Ese fin de semana tenía dentro una rabia enorme, estaba lleno de odio. Los demás solo me quieren oprimir, y yo tengo que adaptarme. ¿Cómo llegamos en la última sesión a hablar de que había vivido algo doloroso? ¡Ah, sí! ¡Mis padres...! No puedo entender que se rieran de mí». Y luego cuenta: «Mi novia y yo estuvimos paseando durante todo el sábado. Estábamos cansados los dos; yo quería hacer el amor, pero ella estaba cansada. Entonces se me insinuó y se me acercó. En ese punto yo me aparté. No quise seguir adelante». Yo le pregunto: «¿Quiere decir que usted la rechazó?». Él: «Yo no lo percibí así. Cuando a ella le vinieron las ganas, yo me cerré. Tuve la sensación de que no podía cuando ella podía. Me someto, me vendo». Yo: «¿Quiere decir que usted se somete si reacciona a las insinuaciones de su novia?». Él: «Tengo rabia dentro cuando ella reacciona a mis guiños». Yo le pregunto: «¿Quiere decir que usted se vengó cuando su novia se le acercó?». Él: «Sí, es algo perverso. Para mí es una cuestión de vida o muerte. Me da miedo perderla. Y al mismo tiempo siento que soy un impresentable». Yo: «La mujer reaccionó a sus gestos; me parece que usted niega que le da la sensación que se convierte en un esclavo si reacciona a los gestos de ella». Él: «Sí, es una locura. En verdad conseguí lo que quería». Yo: «A mí me recuerda a una antigua venganza que le aparece ahora, en el presente». Él: «¿Contra qué?». Yo: «Quizá contra una antigua y honda ofensa». Él: «Me siento desamparado».

Ahí apareció el sentimiento, muy natural, aunque no adecuado a la situación actual, de un niño pequeño que no fue querido. «Tengo que seducir a mujeres para asegurarme intimidad. Quiero demostrar que soy un buen hombre», dijo. «Sí, ¿y luego qué ocurrió?», quise saber yo. Él: «Es como un gol en propia puerta. Yo quería demostrarme que podía lograr que a ella le vinieran ganas de acostarse conmigo; y luego me eché atrás porque no conseguí mi objetivo». Yo: «Pero usted dijo que había logrado su objetivo, ¿no?». Él: «Entiendo lo que dice, pero yo no lo percibo así». Yo: «¿Qué le pasó en sus adentros?». Él: «La confirmación. Solo recibo amor cuando hago algo, cuando me esfuerzo terriblemente, cuando me sacrifico; si no, me quedo sin nada. Ya no participo en un teatro como este».

Aquí vemos una inversión total en la vivencia de la motivación. Ahora se percibe como algo negativo, pese a que era positiva. La mujer se le acercó, y esto tiene que invertirse. «Siempre tengo que pedir afecto de rodillas. Cuando me hace caso, es como un acto de misericordia. Me dejan colgado». En este punto el paciente se puso a sollozar con fuerza. «"¿Qué estará pasando, que el pequeño esté llorando?". Así hablan los padres. "Cerremos la puerta y así no lo oiremos más"». «Sí», dije yo, «esta fue su humillación». El paciente, no obstante, transformó esa ofensa en autocompasión. Así eludió el verdadero dolor de su humillación original causada por los padres por dejarlo llorar «por amor». «¿Dónde está la relación?», preguntó desconcertado. Yo: «Usted nunca pudo satisfacer a sus padres pese a intentarlo. Todo era hipocresía». Él: «Me siento como Tomás, el discípulo incrédulo, no me lo creo». Tras una pausa: «¿Quiere decir que rechaza a Lisa cuando ella va en serio?».

La pregunta es si él puede admitir que fue ofendido por sus padres de una forma realmente profunda, o si tiene que seguir demostrando que el afecto que recibe ahora es hipocresía, que la proximidad real no es posible y que tiene que seguir adelante con sus actos vengativos cotidianos contra el afecto. No admitiendo el origen de su sufrimiento porque ese dolor fue abrumador, sigue creyendo que el amor de sus padres fue auténtico y no una mentira. Por eso se siente autorizado a vengarse contra el amor verdadero que recibe.

En este punto el comportamiento de mi paciente nos permite entender mejor aquello que movía también a Göring. El alto cargo nazi también fue profundamente humillado por su madre cuando esta lo abandonó. Göring también percibió en su madre la hipocresía de una pose de amor a la que más tarde contestó golpeándola con los puños. Pero no podía admitir el sufrimiento, igual que mi paciente. Tener que comportarse con sensibilidad humana fue siempre «una espina en el ojo», como lo expresó Gilbert.[4] Según él, todas las personas no estaban motivadas más que por el poder y la necesidad del mismo. Para él, la apacibilidad y el respeto eran una mascarada hipócrita detrás de la cual se escondían la guerra y los deseos de asesinar. Para él, estos eran los únicos signos de grandeza. Solo de esa forma podía, como mi paciente, mantener alejado el sufrimiento real que había padecido.

Cuando Hermann Göring jugaba de niño, siempre representaba guerras. Lideraba a sus compañeros de juego en combates contra enemigos imaginarios. Cuando alguien dudaba de su papel de líder, «le daba una paliza para hacerle saber quién mandaba allí».[5] Parecía disfrutar con las situaciones emocionantes y no tenía sentido del peligro. Ante Gilbert, el psicólogo judicial en Núremberg, dijo presumiendo: «A los doce o catorce años, yo ya no tenía miedo a la muerte». Una vez, estando en los Alpes austriacos, hubo un alud. Los demás, montados en pánico, buscaron cobijo, pero él se quedó ahí y admiró el tremebundo espectáculo de la avalancha de pedazos de nieve, hielo y rocas. Un día, estando con otros muchachos en un bote de remos, se acercó sin control a una cascada que había al final de un lago, por lo que todos estaban muy nerviosos. Pero él dijo solamente: «¡Dejad de decir tonterías! Si nos caemos, moriremos, no hay nada que podamos hacer; así que ¿por qué tanto nerviosismo?». Él creía, escribe Gilbert, que no le podía ocurrir nada. Su vida de fantasía lo protegía del miedo que desata normalmente una realidad peligrosa. En sus fantasías se hacía pasar por un héroe sin miedo que menospreciaba cualquier peligro.

Al mismo tiempo, frente a sus hermanas tenía comportamientos agresivos y sádicos. Ni el padre ni la madre conseguían controlarlo, por eso lo mandaron a la escuela a Ruth. Como revancha por las reprimendas que recibía de padres, maestros y demás, durante un mes entero fingió estar enfermo. Sus brotes de agresividad y sadismo llevaban a un ciclo de rechazo, venganza y cada vez más agresiones. Finalmente, su padre lo envió a una escuela militar en Karlsruhe. Aquello pareció calmarlo. Su madre dijo una vez: «Hermann será o un gran hombre o un gran criminal».[6] Esa actitud es típica de madres de hijos con una evolución como la de Göring. Admiran a su hijo, en el fondo se lo toleran todo, como Ase, la madre de la obra de Ibsen *Peer Gynt*. Esta admiración provoca que lo que motiva al niño sean la «grandeza» histórica y no la sensibilidad humana. Significativamente, Göring se mostraba obediente ante los instructores militares. Pero, cuando eran civiles, los trataba con desdén, grosería y violencia.

Cuando era joven, parecía insensible a los peligros físicos. En la Primera Guerra Mundial, cuando era un subteniente desenfrenado, tenía un gran afán por la heroicidad, y realizó algunas acciones osadas. Poco después, sin embargo, sufrió un ataque reumático que lo libró de volver a las trincheras. Se convirtió en piloto y contrajo una severa lesión de cadera. Una vez curado, se hizo un nombre como aviador de caza y el káiser le concedió una condecoración *pour le mérite*.

El hecho de no sentir miedo, las conductas heroicas y las reacciones psicosomáticas (reuma) coexistían. Hermann Dahlmann, antiguo general de la Luftwaffe, expresó en una conversación con Heinrich Fraenkel[7] que albergaba grandes dudas tanto sobre la habilidad de Göring para la aviación como sobre su capacidad como oficial. Conocía a Göring des de 1914 y afirmó que este había obtenido la condecoración por conexiones y ni antes ni después no había abatido los preceptivos veinticinco aviones enemigos. Cuando Göring asumió el control de la escuadra de Richthofen, siguió Dahlmann, había tenido grandes dificultades para mantener la disciplina. Según Dahlmann, debido a su arrogancia no era muy querido entre sus hombres.[8]

Permanecían sus fantasías de heroicidad y grandeza que habían sido el motor de su vida. Eran la fuerza compensatoria por la autoestima atacada que nadie quería reconocer. El poder y la violencia se convirtieron así en la motivación de todas sus acciones. Al mismo tiempo, la mentira se convirtió en un componente de su carácter, pues la necesitaba para mantener en pie sus fantasías de heroicidad. Esas fantasías eran tan intensas que una vez, cuando a los ocho años miró desde el castillo de Veldenstein abajo, hacia el valle, transformó una locomotora acercándose en la representación de una escena totalmente irreal: vio carros romanos avanzando triunfantes por el valle, llenos de combatientes con yelmos emplumados, mientras masas de gente los aclamaban a su paso. «Era tan real», le contó a Gilbert. «Pensé que era como en las historias que se cuentan sobre ello. No sé cuánto duró esa visión. Me acerqué rápidamente a mi madre para contárselo a ella y a mi hermana. Ellas solo se rieron. Volví a ir un par de veces, pero aquella visión concreta nunca se repitió».[9]

Su padre, bisnieto de un asesor de Federico el Grande y estricto prusiano, había sido oficial de caballería en tiempos de Bismarck. Las identificaciones de Hermann estaban escindidas. Por un lado, se identificaba con el rol estricto de un padre autoritario; pero, por el otro, le encantaba el lujo y el esplendor medieval de los castillos del amante de su madre, Ritter von Epenstein, donde vivía la familia Göring. Para él, Epenstein encarnaba el poder y la riqueza, mientras que su padre, en las relaciones de poder reales, se había convertido en un don nadie.[10] Al mismo tiempo el hijo tenía que negar el dolor por la situación real del padre, su indigna sumisión, así como la traición amorosa de la madre contra él y su padre.

En los informes sobre el test de Rohrschach (a los que fueron sometidos todos los acusados en los Juicios de Núremberg) de Göring, llama especialmente la atención su incapacidad extrema para enfrentarse a los sentimientos en las relaciones humanas. Carecía de la sensibilidad para el trato con otras personas; no era capaz ni de dar ni de aceptar la calidez y ni una actitud maternal. En cuando a su sexualidad, mostraba una identificación masculina débil. Percibía la autoridad como algo ridículo, como algo poco fiable y sádico. Sus respuestas al test de Rohrschach permitieron concluir que había profundas heridas detrás de su comportamiento de menosprecio y desdén. Las figuras de autoridad pasaron a ser los médicos. Von Epenstein era médico. Los resultados de los test apuntaban a la grave humillación que Göring había sufrido pero que no podía admitir. Además, permitían identificar que en las situaciones confusas de su infancia se había sentido desgarrado y hecho añicos.[11]

El test de Rohrschach reveló no solo agresividad, sino también una seria depresión, que Göring trataba de superar con la violencia. Esto también lo logró. Su menosprecio por el peligro y su tendencia a exponerse continuamente a situaciones peligrosas pueden interpretarse también como una tendencia

suicida inherente. En las personas que en su experiencia interpersonal más íntima —la relación con el padre y la madre—
han sufrido ofensas, es característico que eviten el dolor yendo en pos de la violencia y el peligro. El miedo es reprimido.
Ya hablé, por ejemplo, de una paciente que estuvo a punto de
ahogarse, pero que no sintió miedo alguno. Esa tendencia caracterizó el comportamiento temerario de Göring hasta el fin
de sus días y acabó provocando que no tomara precauciones
con su propia vida.

Su actitud osada existía en paralelo con su sumisión de esclavo con que trataba de tranquilizar a figuras de autoridad como
Hitler. En este caso era como el padre y no como Von Epenstein:
«No soy yo quien vive, sino que Hitler vive en mí […]. Quien
conozca las circunstancias en nuestro país sabrá que cada uno
de nosotros tiene tanto poder como el *Führer* desea darle. Y solo
con el *Führer*, y estando detrás de él, es uno realmente poderoso y tiene en su mano los potentes instrumentos de poder del
Estado. Pero, contra su voluntad, o también contra sus deseos,
perdería uno inmediatamente todo su poder. Una palabra del
Führer y sería el fin de aquel que Hitler deseara ver eliminado. Su eminencia y su autoridad son infinitas».[12] En estas palabras resuena el pánico ante el que detenta el poder. A Hjalmar
Schacht le dijo Göring sobre su relación con Hitler: «Cada vez
que estoy frente a él se me cae el alma a los pies». Tras enfrentamientos en el cuartel general del *Führer*, en los que se sometía por completo a Hitler, a menudo Göring tardaba horas en
calmarse. «Esta relación», decía, «para mí ha sido directamente prostitución mental».[13]

Este hombre, cuya jactancia no tenía límites, se había sometido por completo al juego de poses de Hitler al oírlo hablar por
primera vez, en 1922. Eso es típico de las personas cuya identidad se basa en la identificación con figuras autoritarias. Por un
lado, menosprecian la sensibilidad humana y, por el otro, se so-
meten a la pose de poder y determinación: en el caso de Göring,
al padre y a la vez al amante de su madre. Sin esta sumisión, es-

tas personas no pueden existir. El sometimiento llena el vacío derivado de un interior sin una identidad propia. Su única alternativa a la sumisión es ponerse siempre en situaciones de peligro que sean violentas y/o suicidas. Fue la pose de Hitler lo que se convirtió en el punto central de la vida de Göring. Como ya he explicado, estas personas se caracterizan por apropiarse de la pose del represor idealizado como si de una fuerza auténtica se tratara para poder sentirse fuertes de una forma alucinatoria. Aquí poder y fuerza son equivalentes. Esto da como resultado una servidumbre voluntaria, una inversión de la propia opresión y al mismo tiempo la negación de las propias heridas y del propio sufrimiento.

Hitler había mandado detener a Göring y a su familia, y les esperaba la muerte. Cuando Hitler se quitó la vida, Göring estaba al borde de la desesperación. Como contó su mujer, dijo Göring: «¡Ahora no le podré decir nunca que le fui fiel hasta el final!».[14] Por mucho que Göring estuviera sometido a Hitler, su sed de venganza contra la sensibilidad humana no tenía límites. Con el Decreto para la Protección del Pueblo y el Estado, del 28 de febrero de 1938, ordenaba a la policía, a la SA, a las SS y a los Cascos de Acero que hicieran uso de las armas sin contemplaciones: «Cada bala que salga del cañón de una pistola de la policía es mi bala. Si esto se llama asesinato, entonces yo he asesinado, lo he ordenado yo, yo lo encubro, yo asumo la responsabilidad de ello y no tengo de qué avergonzarme». «Mis medidas no serán obstaculizadas por objeciones jurídicas. Mis medidas no serán obstaculizadas por la burocracia. ¡No tengo que aplicar la justicia, solo tengo que aniquilar y exterminar, nada más!». Y el 11 de marzo de 1933: «Prefiero fallar algunas veces disparando, pero al menos haber disparado».[15]

Cuando Göring, en la época del pogromo contra los judíos de noviembre de 1938, se adueñó de los caudales de los seguros de los negocios judíos, le dijo a Heydrich que habría sido mejor matar a doscientos judíos que destruir tantos bienes valiosos.[16] Detrás de su rabia sin límites estaba la incapacidad de soportar su propio dolor. Con esto me refiero sobre todo al dolor psíquico. Miale y Selzer señalan que en el test de Rohrschach Göring no solamente reprimía las emociones, sino que las eliminaba de verdad, se deshacía de ellas y así amputaba lo que habían causado. Esa era su forma de gestionar el dolor: lo negaba. Como sustituto de esas sensaciones reales, construyó un armazón artificial de sentimientos estándar. Estos sentimientos reemplazaban la individualidad de un yo autónomo.[17] Göring es el ejemplo típico de una persona sin un interior porque esa parte interior es demasiado dolorosa y fue menospreciada y rechazada por figuras de autoridad.

Es interesante recordar que, tras el anuncio de la sentencia en Núremberg, Göring le preguntó a Gilbert, el psicólogo judicial, qué decía el test de Rohrschach acerca de su carácter. Gilbert le respondió: «Francamente, usted ha mostrado que pese a su carácter activo y agresivo no tiene el coraje de asumir responsabilidades reales. En la prueba de las manchas se ha traicionado a sí mismo con un pequeño gesto». Göring lo miró desconcertado. «¿Se acuerda de la tarjeta de la mancha roja? [...] (muchos) dudan y dicen que hay sangre. Usted también dudó, pero no mencionó la sangre. Trató de apartarla con los dedos, como si creyera que podía limpiar una mancha de sangre con un pequeño gesto. E hizo lo mismo en todo el proceso judicial. Se quitó los auriculares cuando las pruebas de su culpabilidad fueron insoportables. E hizo exactamente lo mismo en la guerra intentando impedir que las atrocidades cometidas entrasen en su conciencia tomando drogas. Ahí está su culpabilidad. Yo comparto la opinión de Speer: ¡es usted un cobarde moral!».[18]

En su drogadicción se mostraba que no era capaz de tolerar su dolor psíquico. Había empezado a tomar drogas tras ser herido el día del *putsch* de Múnich, en noviembre de 1923. En verano de 1924 ya era adicto a la heroína. En ese momento estaba en Suecia. Allí lo ingresaron en el psiquiátrico de Lanbro, en la sección de enfermos violentos. En 1925 su médico sueco constató que «tenía un carácter débil, que era un hombre al que le gustaba presumir para encubrir su falta, profundamente arraigada, de valentía moral». El diagnóstico fue que era histérico, inestable en sus valores personales, sensible y, sin embargo, impasible, un hombre violento, dominado por los miedos. La conclusión del informe era la siguiente: «Como les ocurre a muchas personas, que pueden llevar a cabo actos de gran coraje físico y a menudo estar al mismo tiempo impulsados por la desesperación, Göring carecía de una forma superior de coraje en su conducta».[19] Gilbert escribe que estaba claro que desde la niñez Göring mostraba una fuerte necesidad de estimulación física y una incapacidad para tolerar el castigo y la frustración.[20] Durante toda su vida buscó refugio en las drogas y en otras sustancias para huir de las situaciones que le provocaban miedo. El comandante penitenciario norteamericano de Mondorf dijo sobre el recluso Göring: «Cuando llegó, era un tío bobo que venía cargado con dos maletas llenas de pastillas de Paracodeine. Pensé que era un representante farmacéutico. Pero lo desenganchamos de las drogas y lo convertimos en un hombre».[21]

A propósito: la necesidad de identificación de Göring con el agresor, incluso antes del suicidio de Hitler, lo llevó a identificarse con los norteamericanos, que se perfilaban como los nuevos vencedores. El día del último cumpleaños de Hitler estaban todos reunidos en una estrecha sala del búnker. Göring estaba sentado a la mesa frente a Hitler. Speer describe la situación: «Él, que daba mucha importancia al aspecto físico, en los últimos días había modificado significativamente su uniforme. Para nuestro asombro, la tela gris plateado de su uniforme había sido reemplazada por la tela gris marrón del uniforme estadounidense. Al mismo tiempo sus charreteras, hasta entonces de cinco centímetros de ancho y doradas, habían sido sustituidas por charreteras simples de tela a las que sencillamente se habían hilvanado las condecoraciones de su rango, el águila dorada de mariscal del Imperio [...]. Como un general norteamericano».[22] Por lo visto, Göring no era consciente de ello en absoluto. Y Hitler tampoco parecía darse cuenta de la transformación de Göring. El psiquiatra sueco lo había descrito acertadamente como una persona sin interior. Esto es lo que distingue a las personas que tienen que rechazar su dolor, su propia pena, considerándolo algo extraño o ajeno.

Cuando una persona, como ya hemos descrito, ha perdido el acceso a su dolor, lo busca volviéndose violenta. «La negación del dolor desata impulsos de asesinato, violencia», me dijo Mechthilde Kütemeyer, médico jefe de medicina psicosomática en el hospital Santa Ágata de Colonia. En cambio, cuando las personas no se identifican por completo con su opresor, dirigen su agresividad contra ellos mismos, contra la propia persona. Dice Kütemeyer: «Se hacen cortes, se escaldan, provocan accidentes con fracturas y otras lesiones [...] para vivir el último pedazo de la vida». Parece como si negando el dolor se perdiera la sensación básica de la vitalidad. En su libro *Selbstverletzendes Verhalten* [Conducta autolesiva] (1999) Ulrich Sachsse describe algo parecido. En su trabajo con pacientes afectados, llegó a la conclusión de que las personas que no tienen conciencia de su dolor lo buscan en la autolesión. La paradoja es que al lesionarse uno trata de experimentar el dolor de esta forma; pero, infligiéndoselo a los demás, ¡uno ya no tiene que experimentarlo como un dolor propio! Ese dolor propio, no obstante, es el verdadero dolor, que ya no se percibe al ser transmitido a otras personas. Convertirse en agresor significa, pues, poner en marcha la disociación. Por eso hay que buscar y engendrar dolor continuamente, para huir del propio. Para el Göring niño era imposible admitir que su sufrimiento era debido a la falta de amor y a la traición del padre y de la madre. Al mismo tiempo su identificación con los opresores llevó a una inversión total de los sentimientos, en la que se idealizaba al agresor en vez de odiarlo. En una situación como esta, el odio a lo propio se proyecta por completo en otras víctimas. De ahí la violencia brutal de tales personas.

RUDOLF HESS

Rudolf Hess se había desplazado a Inglaterra en 1941 para conseguir por su propia cuenta que los británicos dieran plena libertad a Alemania para su política expansionista. Quería garantizarles, por parte de Alemania, que el Imperio británico permanecería intacto. Obviamente, después de aterrizar fue detenido.[23] Lo que lo había impulsado a enzarzarse en aquella aventura era que el profesor Haushofer, experto en geopolítica, había soñado con que Hess sobrevolaría el océano.[24] Durante su detención, hasta 1946, fue examinado por un grupo de psiquiatras y psicólogos.[25]

Rudolf Hess nació en 1896 en Alejandría, en Egipto. Su padre, un gran comerciante, era muy estricto e infundía miedo a sus hijos. Rudolf, su hermano y sus dos hermanas solo osaban jugar alegremente cuando el padre no estaba en casa. Durante su tiempo en prisión afirmó haberse rebelado contra su padre solamente una vez cuando era niño. Aparte de aquella ocasión, había sido siempre un buen chico y había obedecido a los deseos de su padre. A los doce años fue enviado a un internado evangélico en Godesberg am Rhein. Estuvo allí tres años. Sus profesores lo describían como un muchacho muy patriótico. Después de la escuela le habría gustado estudiar ciencias naturales y matemáticas, pero su padre quería que fuera perito mercantil. Por eso lo mandaron, con quince años, a la Escuela Superior de Comercio de Neuchâtel, en Suiza. Un año más tarde, en 1912, se mudó a Hamburgo para iniciar su formación como perito mercantil. Al estallar la Primera Guerra Mundial, en 1914, se alistó con gran entusiasmo al servicio militar. Estaba contento de librarse del trabajo comercial. Sirvió en el regimiento de infantería bávaro y fue herido dos veces. Más tarde fue nombrado subteniente y en 1918 fue transferido a la Luftwaffe, las fuerzas aéreas.

Terminada la guerra, Hess se unió en Múnich a un grupo nacionalista y antisemita y participó en enfrentamientos políticos en las calles. A raíz de eso, fue herido de nuevo en 1919. También había iniciado estudios universitarios en Múnich, donde se vio influenciado por Karl Haushofer, profesor de geopolítica. El equipo de psiquiatras ingleses destacó en el análisis del desarrollo de su personalidad que Hess siempre buscaba un sustitutivo del padre: hombres con los que se identificaba para que lo influenciaran. Primero desempeñó esta función su profesor de historia en Godesberg, luego fue Haushofer y finalmente Hitler. El equipo inglés relacionó esa necesidad de identificación con un gran vacío interior. Compensaba su profunda dependencia y pasividad tratando de vivir como un asceta, imponiéndose extraordinarias tareas de autocontrol, mostrándose fuerte y masculino mediante una exigencia desmesurada y siendo absolutamente intolerante con la debilidad. Tenía un miedo enfermizo a que pudieran considerarlo moralmente reprobable e inferior. Esto se hacía patente también en la relación con su cuerpo. Por ejemplo, atribuyó inmediatamente una eyaculación nocturna que tuvo en el hospital en Maindriff a un huevo que había comido el día anterior. Así pues, se juró no volver a comer nunca huevos.[26]

En 1920 conoció a Hitler. Aquello fue una conexión «prácticamente mágica», como lo expresó su mujer.[27] La esposa de Hess explica que después de un acto en el que Hitler había hablado Hess estaba como «abstraído»: «"Ese hombre, ese hombre", exclamaba [...]. Estaba como cambiado, vital, radiante, ya no estaba melancólico ni afligido».[28] Había encontrado la parte de sí mismo que había rechazado porque no podía coexistir con su padre. Mediante la identificación con una figura idealizada podía apropiarse de esa parte y vivirla.

¿Qué imagen tenía Hess de esa figura idealizada? En un artículo escrito poco después de ese primer encuentro con Hitler, describió cómo tenía que ser dicha figura: «Un profundo conocimiento en todos los ámbitos [...]. La fe en la pureza de la propia causa y en la victoria infinita, una fuerza de voluntad inflexible le dan el poder de un discurso cautivador que hace exultar a las masas [...]. El pueblo ansía tener a un verdadero líder, libre de todas las disputas partidistas, un líder puro con una verdad interior [...]. En cualquier ocasión el líder demuestra su coraje.

Esto da al poder organizado una lealtad con confianza ciega; así logra imponer una dictadura. Si lo requiere la necesidad, no le da miedo tener que verter sangre [...]. Su horizonte único y exclusivo es conseguir su objetivo, pasando incluso por encima de sus amigos más cercanos [...]. Esa es la imagen del dictador [...], con una dureza inmisericorde y a la vez blando en el amor a su pueblo [...], con puño de acero en un guante de seda, capaz en última instancia de vencerse a sí mismo».[29]

Estas frases reflejan la terrible verdad de un yo sin una personalidad interna, de una persona que no pudo desarrollar una identidad propia y que por tanto busca a alguien al que someterse incondicionalmente. Es el padre idealizado lo que echa en falta. Sometiéndose a este, puede rechazar al padre real. Permanece, no obstante, la influencia de una ficción, de un ideal que los padres proyectaron, pero que no tenía nada que ver con su realidad. La servidumbre voluntaria que de ello deriva tiene dos funciones en una: es una huida ante la responsabilidad con uno mismo y es una venganza contra el opresor idealizado, mientras que a este —padre, madre o ambos— se le está negando. Esto ocurre de forma velada, es decir, con el argumento de mantenerse fiel a una autoridad. Una persona así está totalmente atrapada y dominada por el dictado de la obediencia que se le impuso. Hess supo formular con gran claridad este someterse por completo: «Hay una persona que queda excluida de toda crítica: el líder. Esto emana de algo que todo el mundo siente y sabe: él siempre tiene razón y siempre la tendrá. En la lealtad acrítica, en la entrega al líder, sin preguntar el porqué en casos concretos, en el cumplimiento tácito de sus órdenes está anclado nuestro nacionalismo. Creemos que el líder sigue una vocación superior para la creación del destino alemán. Esta creencia no admite críticas».[30]

Ahí vemos a una persona que no tiene un interior, que anda en pos de algo poderoso para llenar su vacío interior, alguien que no sabe realmente qué significan los sentimientos de amor y amabilidad. Al contrario: desprecia estos sentimientos por ser una muestra de debilidad, los odia y los destruye. A menudo se dice de estas personas que son muy cariñosas con su mujer, su hijo y su secretaria. Ello se debe a que no nos damos cuenta de que estos comportamientos no se basan en la empatía con los demás, sino que son un juego de roles en el que el afectado se comporta «correctamente». Puesto que esas personas se ajustan a la apariencia de la sensibilidad humana, pueden ser muy encantadoras o también ignorar a los demás. Pues no identifican en sí mismos la tendencia mortífera que los conecta con la imagen idealizada de un superhombre y que los dirige contra lo vital. Odian el amor que les fue negado y quieren aniquilar todo lo que les recuerda a su propia pena y a sus propias necesidades de afecto. Por eso elevan la «lealtad acrítica» a aquel que los quiere destruir. Buscan una figura que esté dispuesta, con una «fuerza de voluntad inflexible», a verter sangre —incluso la suya propia—. Hitler, que dominaba a la perfección la pose de fortaleza y fuerza de voluntad y que se correspondía a los sueños autodestructivos de todo torturador (Hitler siempre hablaba del «amor a mi pueblo») les dio la «salvación» a la no existencia que ellos buscaban. Ahí reside la tragedia de Hess y del pueblo alemán, así como de sus víctimas. En nombre del amor se destruyó la vida.

Probablemente, la vida de Rudolf Hess es conocida de sobras. Querría, sin embargo, mencionar sus pérdidas de memoria durante su cautiverio en Inglaterra y durante los Juicios de Núremberg, pues atestiguan sus problemas por comprender la realidad frente a sus idealizaciones. Durante el juicio él mismo le dijo a Gilbert que estaba tan cansado de pensar sobre lo que estaba pasando que tenía que dormir.[31] Este fue probablemente el motivo de su amnesia. Gilbert observó una relación interesante. Cuanto más aguda era su amnesia, menos le perseguía la obsesión por que le hubiesen envenenado la comida. Este fue el diagnóstico psicológico de los autores: «Las características paranoicas de su personalidad aparecían claramente en su egocentrismo, que se basaba en un profundo sentimiento de inseguridad, en el temor a ser herido o atacado. Detrás se escondía quizá la inseguridad extrema de este paciente y su conflicto por su valor como persona y su aceptación en la sociedad. Al parecer, no tenía una gran confianza en la bondad de los demás; y, mientras que por un lado se replegaba en sí mismo, por el otro buscaba continuamente fuera de sí mismo a un personaje idealizado al que poder querer y en el que poder confiar para mitigar su soledad interior». Los autores se refieren a un «amor» que nada tiene que ver con el amor tradicional: es más bien el sentimiento que los hijos desarrollan en las familias autoritarias cuando la severidad y la dureza del padre se reinterpretan como amor.[32] «En este caso la persona idealizada era, obviamente, Hitler. No obstante, dentro de las condiciones vitales limitadas de su cautiverio, aparecieron también otras figuras. Encontraba constantemente a personajes con defectos y los identificaba con los poderes malvados que trabajaban en su contra. Extrañamente, el valiente duque de Hamilton y el caballeresco rey de Inglaterra, como objetos idealizados de su veneración, jugaban casi el mismo papel que Hitler. Quizá Hess tuviera también un gran miedo a que se hiciera añicos aquel ideal tan importante para él si veía al Hitler real, alguien sin escrúpulos y destructivo».[33]

Este aferrarse al juego de roles de lo idealizado se corresponde a la fuerza de la impronta de la infancia en el proceso de idealización del agresor. No da cuenta únicamente del éxito de Hitler —encarnaba perfectamente el mito masculino de la fuerza y la voluntad—, sino que también pone de manifiesto lo patológico inherente a dicho proceso. Una vez aferrado a este camino y desposeído de lo propio, el afectado queda «enganchado» a la imagen y al juego de roles, mediante lo cual se aparta de la realidad de los sentimientos reales. Albert Speer, por ejemplo, se había despedido de Hitler el 22 de abril de 1945 en Berlín y había grabado un discurso en disco en el que exhortaba a oponer resistencia a la orden de destrucción que había dado Hitler. Aun así, se sintió impulsado a visitar una vez más a Hitler a sabiendas de que este podía mandar arrestarlo y asesinarlo. En su libro *Memorias* escribe que Hitler lo atrajo como un imán. Afirma que quería despedirse bien de Hitler. ¿Cómo hay que entender esta afirmación, teniendo en cuenta que corría el peligro de ser asesinado? Yo creo que Speer describe aquí el poder que ejerce la identificación con el agresor sobre una persona que no tiene nada propio. El vacío interior del que he hablado reiteradamente es algo muy real. Para llenarlo, al afectado no le queda más remedio que identificarse con el agresor. El único remedio consiste en el coraje de dejar que recaigan sobre uno mismo el dolor y las depresiones causados por la propia condición de víctima. Para ello una persona requiere mucha fuerza, la cual quizá solo pueda lograrse atreviéndose a confiar su dolor a otra persona que la apoye. Esa otra persona ha de poder amar, es decir, no debería intervenir, sino acompañar al otro en su dolor. De eso se trata: ser capaz de volver a sentir la propia pena junto a otra persona con corazón. Esa pena también la experimentaron los asesinos de Broadmoor cuando empezaron a comprender el dolor de sus víctimas. Pero ¿cuántas personas son capaces de pasar por este proceso?

En su libro *El insensible* (1997) Andrew Miller describe la vida de un cirujano que no experimenta dolor, que no conoce el afecto humano. Esta es la consecuencia del dolor insoportable de un rechazo que empezó con su engendramiento. Cuando, mediante la experiencia del amor, vuelve a su dolor original expulsado, Miller hace notar al lector lo terrible que es esa vuelta atrás a lo que nos da vida:

> Y encuentra una palabra para esta quemazón. Una palabra que salta desde los labios incluso mientras se está pronunciando; que se dice como si uno estuviera siseando entre dientes: dolor. Lleva consigo suficiente aire para hacer titilar la llama de una vela, pero no para apagarla, en cualquier caso no inmediatamente, siempre que la llama no esté débil y la vela no esté consumida del todo.

El vacío que surge de la negación del dolor es una realidad terrible que es difícil de identificar. No la dejamos aflorar
por miedo a encontrar de nuevo el antiguo terror. Un *skinhead*
que pateó cruelmente hasta la muerte a una persona totalmente
desconocida e inofensiva dijo en 1999 en un conversación con
el doctor Christian Eggers, director de la Clínica Universitaria
de Psiquiatría Infantil y Juvenil de Essen: «La rabia, la frustración, la tristeza no penetran en mi interior [...], simplemente las
reprimo, esto es lo mejor; o, si no, las transformo en un odio
lleno de frialdad». Ese es nuestro dilema si no creemos que un
vacío como este exista realmente porque no somos capaces de
reconocer que efectivamente hay personas sin identidad. Solo
podríamos hacer algo por ellas y por nosotros aceptando que
se producen esas indeseadas evoluciones y que incluso son muy
frecuentes. En el fondo, la obsesión, tan extendida hoy en día,
por la imagen y el juego de roles como realidad es un indicio
de la cantidad de personas que hay sin una identidad propia y de
que nuestra cultura fomenta su existencia.

Esta interacción entre una falta de identidad y la consiguiente necesidad de buscar la salvación de la propia insuficiencia en
la construcción de una imagen (lo cual es resultado de la falta
de identidad) es lo que hizo posible la aparición de Hitler. Eso
también lo identificó Freud en su escrito *Psicología de las masas y análisis del yo*, de 1921. Hay que tener en cuenta que los
atributos del yo de los que habla Freud se corresponden al mito
masculino de la fortaleza y la fuerza de voluntad y que precisamente las obsesiones de un yo vacío de identidad por la imagen
de los progenitores y por el juego de roles son las que caracterizan a esas personas. «Mediante esta relación, la elección del líder se vuelve mucho más fácil. Este solo debe tener las cualidades típicas de esos individuos de forma especialmente marcada y
pura y dar la impresión de poseer una gran fuerza y una libertad
libidinosa; así se ajusta a la necesaria imagen de un jefe fuerte,
que le infunde una superioridad a la que, de no ser así, quizá no
podría aspirar».[34] Exactamente eso mismo seguimos haciendo

en todos los ámbitos de la vida, y nuestra cultura lo fomenta, de modo que la apariencia ocupa el lugar de la esencia verdadera.

DIRECTIVOS

Daniel Goeudevert, antiguo miembro de la junta directiva de Volkswagen, escribe en su libro *Wie ein Vogel im Aquarium* [Como un pájaro en un acuario]:

> El poderoso a menudo no es suficientemente consciente de la pesada corona de oro que lleva, y las relaciones con sus lacayos parecen totalmente fluidas mientras está sentado en su trono. Consigue todo cuanto quiere. Se rodea de un séquito a su gusto y recibe a personas de todo el mundo que quieren contactar con él. Creyendo que todo eso tiene que ver con su persona, se aleja más y más de la realidad de la vida humana. Su sombra alcanza unas dimensiones exageradas, hasta que todo desaparece detrás de ella: la realidad, los demás y también él mismo; hasta que él se convierte en una sombra —en el sentido más real de la palabra— de sí mismo.[35]

Esto concierne naturalmente solo a una parte del problema. Una persona que —al igual que Hitler— vive en una imagen, interpreta su deificación como confirmación de su imagen proyectada, y cree que esa es la realidad de su identidad imaginada. Todo el proceso, no obstante, se pone en marcha porque ambos, tanto los poderosos como los sometidos, creen en el juego de roles. Sucede exactamente como lo describió C. Wright Mills: estas personas solo pueden alcanzar su posición y mantenerla adoptando una pose de «personalidad enérgica»: «Uno se muestra encantador, sonríe con frecuencia, se presenta como alguien que sabe escuchar, conversa sobre los intereses del otro y le hace sentir importante. Y todo eso se hace con gran franqueza».[36] Así pues, las relaciones personales se convierten en publicidad, todo únicamente en beneficio del éxito: «Uno tiene que convencer a los demás —y también a sí mismo— de que es lo contrario de lo que realmente es». Por eso Goeudevert concluye acertadamente que «el problema del directivo que se retira no tiene que ver tanto con la pérdida de la imagen sino más bien con la pérdida de la identidad».[37] No obstante, Goeudevert parece no haberse dado cuenta de que en esta «pérdida de identidad» se basa la confusión de la imagen con una identidad real. Si se perdiera el estatus, una identidad real no se perdería. El problema consiste en que nos adaptamos a aquellas apariencias externas que creemos que se corresponden con los ideales del agresor con quien nos hemos identificado. Si logramos llevar a cabo esta adaptación, nos consideramos «normales y sanos». Por eso también nos da miedo lo que realmente somos y llevamos dentro: lo extraño que tuvimos que rechazar. Henry Miller resumió así esa circunstancia: «Estamos tan "sanos" que, de encontrarnos a nosotros mismos por la calle, no nos reconoceríamos, pues estaríamos delante de un yo que nos da miedo».[38]

Goeudevert documenta un tipo de desarrollo en la vida de los directivos que lleva a fantasías de grandeza y a transgresiones de los límites de los demás. Esta conducta a su vez oculta actividades fuera de la legalidad, como en el caso del presidente de la directiva de Bremer Vulkan AG, quien a finales de 1995 fue detenido por sus manipulaciones criminales. Goeudevert escribe: «La vida del directivo es totalmente heterónoma, está determinada por otras personas: obliga directamente a la liquidación del propio yo [...]. Y ¿adónde queremos llegar (con tanta prisa)? [...] Vamos a la marcha más elevada y corremos el peligro de confundir, con tanta aceleración, el tiempo con el objetivo».[39] En este punto cabe recordar la afirmación de Hitler de que tenía que llegar rápidamente al poder para organizar una guerra conquistando territorios: «Tengo que llegar al poder en breve [...]. ¡Tengo que hacerlo! ¡Tengo que hacerlo!».[40] El 5 de noviembre de 1937 explicó en un discurso secreto (registrado por escrito el 10 de noviembre de 1937 por el coronel Friedrich Hossbach, oficial adjunto de Hitler) que la «cuestión alemana» solo podía solucionarse con violencia. Quedaban por determinar únicamente el «cuándo» y el «cómo».[41] Es decir: lo más rápido posible.

Un estudio que llevó a cabo Michael Maccoby con directivos norteamericanos pone de relieve el sentido, desplazado hacia fuera, de la identidad de esos hombres.[42] Maccoby, quien también cayó en el éxito y la grandeza, clasifica la esencia de estos hombres, orientada a juegos de imagen, como «normal» en cuanto al estado de salud. Esto muestra que un psicólogo y psicoanalista, pese a su formación universitaria, puede sucumbir a la falta de identidad al verse ofuscado por el éxito y la grandeza. «Era una sociedad totalmente masculina», escribe Maccoby sobre un campamento de verano cerca de San Francisco, donde miembros del gobierno de Estados Unidos, jefes de empresas, senadores, generales, rectores de universidad y actores se reunían regularmente para disfrutar de un programa común de reposo. «Incluso las comidas eran servidas por hombres, y el nivel de masculinidad de los jóvenes se subrayaba animando a orinar en la secuoya más cercana. Cada año se interpretaba una obra de teatro en la que los personajes femeninos los interpretaban hombres. La obra que yo vi estaba repleta de indirectas misóginas y de un humor que expresaba la enajenación del intérprete con respecto a su hogar y a su familia. Un ejemplo: en la obra el presidente de los "Consolidados Unidos" llamaba a su hijo, que había fracasado como vicepresidente de una empresa de relaciones públicas. El padre le decía que no servía para nada: "Me alegro de que tu madre ya no esté viva, así no tiene que ver tu fracaso". A lo que el hijo respondía: "Pero, papá, mamá aún está viva, por la mañana la he visto". "Ah, sí", dice el padre. "A ver, no se puede esperar que sepa qué ocurre en cualquier asunto". Carcajadas».[43]

Aun así, escribe Maccoby: «Los directivos que investigamos no son víctimas de este sistema, sino quienes de él se benefician, son los más admirados dentro de las mejores organizaciones y son un ejemplo para las empresas más pequeñas. Encuestando a los directivos más efectivos y creativos, pudimos descubrir

el desarrollo humano óptimo que permiten estos sistemas [...],
analizamos a personas sanas» (!). Maccoby no se da cuenta de
que la idealización machista del éxito y el menosprecio de lo femenino que de ello emana corresponde a una no identidad, como
fue típico también de los tiempos de Hitler. Las entrevistas ponen
de manifiesto hasta qué punto la necesidad de tener prestigio de
estos directivos es equiparable a los sentimientos de inferioridad
de Hitler y sus seguidores, lo cual Maccoby, no obstante, presenta como prueba de la «fortaleza» de esa gente. Así se describe el
vicepresidente de una sociedad: «Tengo una fuerte necesidad de
tener éxito. Y tengo una necesidad muy fuerte de ser aceptado
por los demás. Percibo la inseguridad y las dudas sobre mí mismo en lo competente que soy. Solamente quiero jugar si puedo
ganar y hacerme respetar. Si no, no hay motivo para jugar. A la
gente le gusta jugar a juegos en los que puede ganar [...]. Ganar
significa conseguir el respeto de los iguales». De niño ese hombre tenía pesadillas en las que se caía de puentes, era perseguido
y cazado por el fracaso y la competencia. Últimamente soñaba
más a menudo con una peonza girando. Quería saber qué significaba eso, y le dijeron que se sentía como una peonza, que
tenía que estar continuamente en movimiento; que temía caer-
se si se relajaba y dejaba de dar vueltas. Él estuvo de acuerdo y
dijo: «Ni siquiera puedo tomarme unas vacaciones». Ese hombre estaba orgulloso de mantener «la calma» estando bajo presión. Para él contaba la imagen, su efecto en los demás, y no lo
que realmente era.[44]
Maccoby cuenta también el caso de una secretaria que trabajaba en una de esas enormes organizaciones. Consideraba que
su tarea consistía en «complacer a aquellos hombres para ha-
cerles la vida más fácil». En esta identidad artificial creía, además, que no podía tener sentimientos reales y que era responsable del estado de ánimo de la oficina. «Cuando se rompió mi
compromiso matrimonial, me tomé un día libre, pues no quería
que los demás se deprimieran porque yo no podía sonreír». Pensaba también que ejercía «una gran influencia emocional sobre

la gente de la oficina, ya que son importantes para mí». En ello se expresa un doble autoengaño. No solo se engañaba a sí misma pensando que por «consideración» no podía tener ni mostrar sentimientos propios, sino que también creía que el motivo era su interés por los demás. En realidad, se trataba de la ilusión del poder, apoyada también por su jefe. Este le decía, por ejemplo, que dependía totalmente de ella hacer felices o infelices a los de la oficina. Dándole la sensación de que tenía el poder, podía manipularla y someterla. En un clima de grupo como este, marcado por los juegos de roles y de imágenes, siempre existe la presión por participar. Al que no participa se le atribuye la etiqueta de traidor de la «existencia» común. En el fondo, este proceso de participación no se distingue de la tan alabada «camaradería» de los nazis en las SA, las SS y en el ejército. Es publicidad continua de uno mismo, con lo cual uno demuestra que se ajusta a las normas del grupo, que no piensa de otra forma. Esto da «seguridad».

En el mundo moderno de los directivos no se trata de cometer asesinatos primitivos. Sin embargo, el asesinato del alma que se comete aquí es el mismo que en la época nazi. Eso opina Carl Amery al decir que Hitler es un precursor de nuestro tiempo. Quiere advertir de que actualmente la persona ideal se corresponde con la idealización de la inhumanidad, donde solo cuentan el éxito y la adaptación y en la que «el bolsista o el yuppie de los medios de comunicación [...] se engancha en el parachoques de su Porsche Boxster el adhesivo "Vuestra pobreza me da asco"».[45] La ambición de esas personas es la misma que la de Speer, Göring, Frank o Schneider/Schwerte.

Pero Hitler no fue el único precursor. Solamente llevó la construcción de una imagen y el mito masculino de la fuerza y la determinación a una nueva cima. Lo escindido, lo mortífero parece ser más bien la fuerza motriz de todas las «grandes» civilizaciones. Hans Jakob von Grimmelshausen lo describe en *El aventurero Simplicissimus*, publicado en 1668. Las personas compran y venden «no únicamente para satisfacer sus necesidades, sino también por los beneficios que se producen cuando el valor de las mercancías aumenta por el trabajo humano». El arte está en entregarse a la ambición y no darse cuenta de que duele. Todo el *Simplicissimus* es, quizás, un intento de abordar las tendencias mortíferas de los demás con humor negro.

EL MENOSPRECIO A LOS DEMÁS

Hitler atribuía falsamente al pueblo alemán la capacidad de pensar por sí mismo y la necesidad de confiar el liderazgo a un hombre fuerte. Este desprecio respecto a aquellos que fingía amar era compartido por todos sus compañeros e incluso por el pueblo. Eso es lo raro, que las personas sintieran entusiasmo por aquellos que en el fondo los menospreciaban. Se sentían queridos por aquellos que les tenían una consideración nula. Esto se puede aplicar tanto a hombres como a mujeres. En una conversación con Gilbert dijo Göring: «A ver: evidentemente, el pueblo no quiere una guerra. ¿Por qué debería un pobre campesino cualquiera poner su vida en juego en una guerra cuando lo mejor es lo que puede sacar volviendo con los huesos sanos […]. Pero al final son los líderes de un país quienes determinan la política, y siempre es fácil lograr que el pueblo participe […]. No hace falta hacer nada más que decirle al pueblo que será atacado y reprochar a los pacifistas su falta de patriotismo y afirmar que están poniendo al país en peligro».[1] Casi en el mismo instante, añade: «Mi pueblo ya ha sido humillado antes. La lealtad y el odio lo unirá de nuevo».[2] Por tanto se miente a sí mismo y a sus oyentes. Ellos, no obstante, como en el caso de Hitler, no quieren saber la verdad, porque están determinados a idealizar a sus opresores y a esperar que les traigan la salvación.

Para Hitler las mujeres eran inferiores, las consideraba solamente engendradoras de «carne de cañón». «Cuando se dice que el mundo del hombre es el Estado, que el mundo del hombre es su lucha, su disponibilidad para servir a la comunidad, también podría decirse quizá que el mundo de la mujer es más pequeño, pues su mundo es el hombre, la familia, sus hijos y su casa».[3] Pese a ese desprecio contra las mujeres, Hitler fue especialmente querido por las mujeres: «Debería escribir mucho más, pero ya está bien por hoy. Si usted, mi *Führer*, el 20 de abril celebra su cumpleaños, yo también quiero conmemorarlo. Si me levanto temprano, me gustaría transmitirle saludos cordiales, me pondré un vestido bonito y, si es un día soleado, me alegraré como un crío».[4] Otra mujer escribe el 29 de marzo de 1943: «Desde el primer momento en que oí hablar de Adolf Hitler, él fue para mí la llegada de una nueva fe, de la fuerza, la potencia, el amor. Para mí es el ejemplo de vida a seguir hasta que cierre los ojos para siempre, y quiero luchar por él hasta el fin». De otra carta del 15 de septiembre de 1942: «No tengo nada más que mi amor por ti. Si lo quieres, querido *Führer*, tómalo. No tengo nada más para traerte como ofrenda sino este amor».[5]

El menosprecio por la vida de los demás proviene de una obediencia que nos enseña que lo propio es débil e insuficiente y que la pena que uno siente no es más que una confirmación de esta debilidad despreciable. Así, el menosprecio protege del miedo que podría formarse al reconocer la propia situación. Se tiene que menospreciar para no quedar contagiado por el propio dolor y el de los demás. Esto es lo que hay detrás también del cruel divertimento, descrito por Reck-Malleczewen, de los jóvenes soldados alemanes que se apiñaron para contemplar juntos el «espectáculo» de la masacre de una ciudad rusa en la que treinta mil judíos fueron asesinados con ametralladoras y lanzallamas. Precisamente esas personas, que llevaban dentro el menosprecio por la vida, se convierten en objeto de deseo, y tanto hombres como mujeres quieren ser amados por ellos.

Esto solo puede significar una cosa: Hitler fue querido por su pose porque así la gente no tenía que enfrentarse a su propia inferioridad y a su falta de identidad. En el caso de los hombres, esta obsesión elimina además a la mujer. Pues la obediencia respecto al padre y a sus posteriores sustitutos hace posible negar el dolor y el miedo que un niño ha experimentado por culpa de una madre que no le dio amor apropiándose del menosprecio del padre hacia la madre. Con este proceso de obediencia, el menosprecio se convierte en el elemento que aparentemente da cohesión a la vida.

Así emerge un mundo donde las relaciones están desconectadas, en el que las personas tratan consigo mismas y con los demás como si tuvieran que obtener continuamente la confirmación por su comportamiento «correcto», en el que el propio yo y sus necesidades no pueden percibirse y en el que siempre lo que importa es la inferioridad o la superioridad entre personas. En este mundo no existe la relación de igualdad. Y, como lo propio da miedo, se desperdicia la libertad de ser uno mismo. Esto hace que una persona menosprecie. Grimmelshausen expresó este origen del menosprecio con las siguientes palabras: «Que la mayoría de las personas se evaporen es la causa de que no hayan sabido lo que eran, lo que podían ser o lo que tenían que ser».

No se identifica la causa porque las vivencias aterrorizadoras de la infancia provocaron que uno no tuviera derecho a saberlas ni pudiera saberlas. Fijémonos ahora una vez más en las circunstancias de la infancia, donde se encuentran los orígenes de la conducta autodestructiva. Lo determinante es el proceso de educación que nuestra cultura fomenta. En general, el padre asume el rol de la severidad porque transmite lo que le hicieron a él. Solo puede sentirse confirmado en su autoestima impuesta si sus hijos son como él tuvo que ser. En esta estructura de relaciones represora para ella, la madre —que no reconoce lo que le es propio— no puede expresar directamente su justificada agresión, sino solo indirectamente o inconscientemente: menospreciando en secreto al padre y adoptando consigo misma y con los hijos (sobre todo los varones) una actitud mimadora.

Exactamente como ocurre en *Peer Gynt*, de Ibsen, o en la obra de Eugene O'Neill *Una espléndida mansión*: el hijo es inducido a asumir el papel que se le atribuye en las fantasías de grandeza de su madre. Pero, como estas fantasías no permiten un contacto real, el niño no puede desarrollar un verdadero sentido por el valor interno. La madre mima a su hijo: le ahorra todo sentimiento de culpa. El hijo reacciona a este juego de poder con las correspondientes exigencias. Satisfaciendo estas exigencias, una madre cree estar mimando al niño solo por amor. Así se forman relaciones que en el fondo solo se basan en poses. Los padres aparentan simpatía y amor, lo cual no se corresponde con la realidad y sus sentimientos verdaderos. El hijo también finge algo que en realidad no siente. «Sirve» a sus padres con poses que estos esperan de él para sentirse confirmados como padres cariñosos en su imagen falsa de sí mismos. Así el amor se convierte en algo traicionero. En lugar de relacionarse con los demás cariñosamente y con empatía, los niños aprenden a tratar con los demás con hipocresía y manipuladoramente. Mimar y adoptar una pose de preocupación pasa a sustituir al afecto verdadero. El niño «obediente» se convierte en un objeto para mostrar que ha de reflejar la imagen de unos «buenos» padres. Greenacre cree que con este proceso se impide que los niños tengan la posibilidad de acceder a una verdadera relación con la realidad. Con esto quiere decir la capacidad de acceder a una verdadera intimidad. En lugar de eso, estos niños desarrollan conductas que tienen como objetivo mostrarse «correctamente». No se entrena el hecho de ser uno mismo sino la proyección de una imagen. En el trato con los demás, estos niños a menudo muestran tempranamente mucho encanto y tacto, con lo cual dan la impresión de ser respetuosos y amables con los demás. Como mostró Cleckley, esta conducta se puede desenmascarar por su superficialidad. Es solo la base de una hábil manipulación de los demás.

Así, el menosprecio a los demás se convierte en la base de una identidad que carece de lo propio, que odia lo que podría haber sido y que por tanto necesita lo extraño para poder castigar en ello lo propio devenido «extraño». Un círculo vicioso que caracteriza nuestra historia y que no puede interrumpirse con la razón. Al mismo tiempo, detrás del menosprecio se esconde el presentarse a uno mismo como una persona amable para negar así las motivaciones reales. Lo trágico es que compramos esta pose falaz como si fuese «auténtica» e insistimos en ser salvados por aquellos que mienten. Sin embargo, las personas que son realmente auténticas en sus sentimientos nos dan miedo, pues nos ponen en peligro ante los dioses a quienes nos hemos adherido por miedo y terror.

LA CAMARADERÍA

La camaradería sirve para respaldar las conductas inhumanas. Para alguien sin identidad propia nada es más importante que tener constantemente la confirmación de que es un «buen tío». Todo gira en torno a cerciorarse de que se mantiene dicha imagen de bueno que uno tiene que interpretar de forma creíble para conseguir la confirmación. Así pues, la camaradería se convierte en una necesidad de la que uno no puede deshacerse, pues es la prueba de que se es alguien. Que los soldados se arrojen a la batalla no tiene que ver tanto con las necesidades de realizar heroicidades como con el poder que ejerce la necesidad de no ser considerado un cobarde por los demás. El psicólogo militar israelí Ben Shalit preguntó a soldados justo después de un combate sobre qué les daba más miedo. Casi todos temían sobre todo decepcionar a sus compañeros.[1] El miedo a no estar a la altura de las expectativas de los demás pesaba con mucha fuerza en el ánimo de los soldados. Lo que se fomenta en nosotros es la necesidad de adaptarnos, el afán por decir siempre lo que es aceptado en el grupo. Aquel al que uno se ha sometido es el que fija lo que es aceptable. De esa forma se eliminan la empatía y la experiencia compartida. El batallón de policía de Hamburgo participó en actos atroces no solo para mantener la relación (!) con los compañeros; su participación también reforzaba sus

«valores de masculinidad» colectivos.[2] Pues el significado básico de la camaradería está en venderse como un hombre «aceptable». Es como si con la confirmación de la «camaradería» se
ratificase la propia identidad. Evidentemente, esta identidad no
es en absoluto la propia sino más bien el papel del «compañero honorable» que uno ha aprendido a interpretar. Detrás de
la camaradería se esconde el miedo ante la terrible vergüenza
a ser humillado ante los demás. Todo es un juego con las hipó-
critas reglas de la honorabilidad, a partir de la cual uno se ha
construido una «identidad» mediante la identificación con las
imágenes idealizadas de los agresores que son (o eran) de todo
menos honorables. Lo malo es que en esta identificación solo
cuenta lo que los demás piensen sobre uno mismo. Esto conduce a que al final solo importe la apariencia, la pose. Se desarrolla una adicción en la que uno solo vive por la imagen que uno
ansía encarnar. Si es necesario, uno tiene incluso que mantener
esta alucinación con violencia.

Así pues, no es de extrañar que, en sociedades en las que se
da mucha importancia a ideales externos de masculinidad, como
el honor, el deber y la lealtad, los índices de asesinatos y homi-
cidios sean muy altos. Este es el caso, por ejemplo, de los estados del sur de Estados Unidos. En Estados Unidos los antiguos
estados esclavistas encabezan la lista de las cifras de asesinatos;
en 1996 Luisiana ocupaba el primer puesto, con 17,5 asesinatos por cada cien mil habitantes. Al final de la lista estaban los
estados de Nueva Inglaterra o los estados del norte del Medio
Oeste. Dakota del Sur tuvo, con 1,2 asesinatos por cada cien mil
habitantes, el índice más bajo. La mayor parte de los antepasa-
dos de los habitantes de los estados del sur provenían de países
donde el honor se valora mucho en el ideal de masculinidad.

Bertram Wyatt-Brown, catedrático de Historia en la Universidad de Florida, explica que la esclavitud reforzó estas concep-
ciones del honor. La esclavitud desposee del honor a un grupo
de personas y se lo confiere a otro. Esto reafirmó cada vez más
a los blancos en su arrogancia de ser un pueblo honorable y su-

perior. Puesto que la esclavitud solo podía mantenerse con una violencia brutal, los dirigentes blancos reaccionaban con extrema susceptibilidad ante cualquier desafío que cuestionara su supuesta superioridad. Entre los estados esclavistas Luisiana era donde se daban las condiciones más brutales.[3] El «honor» y la «lealtad» también fueron el signo distintivo de los nacionalistas alemanes que justo después de la Primera Guerra Mundial se recrearon en verdaderas orgías de asesinatos políticos. Las investigaciones de Dicks han puesto claramente de manifiesto que las personas que se identifican con más intensidad con valores abstractos y con padres autoritarios son también aquellos cuya estructura de la identidad no presenta una esencia propia. Para esas personas el asesinato, el menosprecio y el odio a la vida son la única forma de soportar su vacío interior y «pervivir».

Obviamente, no se trata de un fenómeno exclusivo de Alemania. Lo que en tiempos del Tercer Reich ocurrió a un nivel tan altamente organizado probablemente se debiera más bien a estructuras que estaban hechas para la obediencia al Estado. Las repercusiones descritas pueden producirse en todas partes, siempre que a la persona se le haya quitado lo propio y se haya reemplazado por una voluntad ajena. El resultado es que lo propio —convertido en extraño— y la propia experiencia de víctima se transmiten castigando a otras víctimas por nuestra condición de víctimas, la cual negamos.

Aquí surge la pregunta de si podemos hacer algo para que esas personas recuperen el acceso a sus propias necesidades verdaderas. Responder con un no significaría rendirse ante la única necesidad que las personas con un desarrollo como este aún pueden percibir: el odio. Si no somos capaces de afrontar este hecho, transmitiremos las repercusiones a aquellos que se aprovechan del odio adrede para sus manipulaciones y sus objetivos de poder. El odio es una realidad. Si no lo reconocemos y no lo tenemos en cuenta, quedaremos a merced de los fascistas. Esto sigue siendo vigente hoy en día. Es un error terrible que personas de tendencia democrática nieguen este hecho por no querer admitir que nuestra socialización hace posible ese odio.

Dicho lo cual, la pregunta de qué podemos hacer queda en parte contestada: tenemos que enfrentarnos a nuestros orígenes y reconocer dónde también nosotros sufrimos terror y represión al recibir un amor falso. Es duro afrontar el propio terror, reconocer los déficits del amor de nuestros padres y (re)vivir el propio dolor y las propias heridas. Pero ese es el único camino para liberarnos de verdad de la servidumbre. Dijo Confucio: «Quien sufre su sufrimiento se libera de él». Franz Kafka lo expresó así: «Desde fuera uno puede lograr causar un impacto en el mundo, pero solo desde dentro puede uno vivirlo con vitalidad (es decir: con calidez)». Con esto también dio pistas sobre adónde lleva una evolución equivocada y qué puede provocar enfrentarse al dolor.

Pero el dolor es tan apabullante que todos intentamos negarlo. Es esta negación lo que supone un obstáculo. Pero, negando el dolor, el que lo ha experimentado incluso peor que nosotros no puede admitirlo. Para que quede más claro, en este punto me gustaría volver a mostrar con el ejemplo de un paciente cuán profundo es este terror. Más aún: que la vivencia de que nuestro ser no sea reconocido por los padres es como un golpe mortal. Nuestra cultura niega lo amenazante que es esta falta de reconocimiento. No pensamos que lo que se les hace a los niños de muy pequeños sea doloroso para ellos y que siga afectándolos en el tiempo. Hasta hace poco incluso las operaciones de corazón a bebés se practicaban sin anestesia. Los médicos creían que el dolor solo era temporal y que se olvidaba.

La negación de nuestra esencia es omnipresente y penetra en cada fase de nuestro ser: un paciente cuenta un sueño en que está arrastrándose por el suelo en medio de un grupo de compañeros del trabajo. Sabe que uno de ellos es un asesino y que, si se lo dice a alguien, será asesinado. Cuenta el sueño a raíz de hablar de su dificultad para decir algo negativo de sus padres. Había dicho anteriormente que su madre lo humillaba constan-

temente. Por ejemplo, diciéndole: «¡No te hagas tanto el interesante!». Salió el tema también acerca de una carta en la que
el padre había escrito a la madre que el hijo estiraría la pata si
no trabajaba bien en la escuela. Y así acaba llegando al sueño.
En la sesión vocifera: «No debería volver más a terapia. Usted
acabará cerrando el libro y dirá: "El paciente no lo ha consegui-
do"». Inmediatamente después formula la siguiente pregunta:
«¿Se podía tocar realmente a mi madre?». Y luego: «¿A alguien
le importa si me quedo o me voy?». Yo le comento, conmovido
por su aflicción: «¿Cómo pudo usted sobrellevar que su madre
no le dejara tocarla?». Él: «Usted cerrará el libro y ya está». Yo:
«Sí, así era su madre». Él: «Me estoy mareando». Tras una pausa: «Sí, si le interesó será solo porque así puede escribir sobre
mi padre». Yo: «Sí, para su madre no era usted más que un objetivo». Él: «¿Cómo lo sabe?». Yo: «Lo estoy percibiendo junto
a usted». Él: «Los niños le servíamos para que interpretara su
papel de madre. Este era el objetivo para el que servíamos. La
madre que dio sus soldados al *Führer*». Tras otra pausa: «Nada
es cierto. La empatía de la que papá carecía absolutamente. No
puedo entender que matara a aquellos muchachos». El padre
había sido coronel de las SS. Y luego añade: «¿Qué significa ver
que tu padre no tenía empatía y que asesinaba?». Yo: «Creo que
no deja que lo alcance la tendencia mortífera de los ojos de su
padre que vivió usted en su persona». (Otras muchas veces ya
habíamos llegado a este punto, pero el paciente nunca había podido expresarlo con tanta claridad.) Él: «¡Usted no sabe lo que
dice, él no me asesinó a mí!». Yo: «Me refiero al asesinato psíquico que él cometió, por ejemplo, cuando escribió a su madre
que usted podría morir». Tras un breve descanso dijo: «Yo me
salvé diciéndome que aquello no iba conmigo. Los ojos de mi
padre, eso era lo peor, y esa sonrisa dulzona y obesa. Lo importante de verdad es que fue un asesino. Me alegro mucho de que
después de la guerra lo acusaran de criminal de guerra».

Aquí vemos el alcance de una ofensa como esta. «Saber que
a alguien le importa», que nuestro propio ser es importante para

la madre, es una experiencia fundamental. Sin ella no puede uno sentirse en armonía consigo mismo. Para Göring fue una ofensa extraordinaria que su madre lo abandonara tras su nacimiento y no volviera hasta que tenía tres años. Para asimilar lo imposible, el paciente tuvo que negar que las tendencias asesinas de su padre también se dirigían contra él.

Nos encontramos con esta problemática en todas las personas violentas; es prácticamente imposible revivir el antiguo terror y sobreponerse a él. El dolor que hay que soportar es enorme. Pero, hasta que no lo reconozcamos, no seremos capaces de plantar cara a los criminales para ayudar a nuestra sociedad.

EL DOLOR Y LOS DESEOS DE AMOR

¿Cómo se puede soportar el dolor? ¿Cómo se pueden mantener en vida los deseos de amor de modo que el odio contra la vida no se convierta en la esencia de la vida? ¿Qué pasará si la juventud no sabe percibir su desesperación, su dolor? Hoy en día está de moda la indiferencia, o mejor aún: fingir reacciones indiferentes mediante una actitud corporal exagerada. El sufrimiento no está de moda. Los niños han incorporado las lecciones de sus padres, según las cuales aquel que es importante —es decir, que posee un yo— es el que compra y consume. La música actual refuerza esta actitud. El hip hop promulga la autoestima oponiéndose al sufrimiento, como si nada nos pudiera afectar adoptando el estilo de un criminal. En el musical *Superstar* Lauryn Hill cantaba la siguiente letra, que proviene del habla de la calle y que significa aproximadamente lo que sigue: «Ven aquí, nena, ponme a cien; todo lo que haces es muy cansino; la música debería inspirar; ¿por qué no estamos flipando?». La respuesta de Lisa Williamson, alias Sister Souljah, es la siguiente: «Para crear un movimiento político, hay que tener educación y conciencia. Es difícil mezclarlo con el capitalismo. La mayor parte de la gente, si tiene que elegir, preferirá sucumbir al dinero que a otra cosa». Como dice el grupo de rap The Coup en «Busterismology»: «Si no estás hablando de acabar con la explotación, entonces no eres más que un sambo (un lacayo) cualquiera, diciendo palabras motivacionales, pero nunca luchando por la justicia, y mientras te oprimen los que estrangulan con sueldos de esclavo, ¿quieres hacer lo mismo?, ¿quieres que te pongamos un negocio?, así estarás al lado de la clase dominante, en la cuneta, pues cuando empecemos esta revolución lo único que harás será traicionarnos».[1]

Lo que queda es una conducta agresiva, una rebelión contra una sociedad contradictoria y restrictiva cuya idealización solamente encubre la propia enajenación. Y queda también la indiferencia y la destrucción de todo el dolor para liberarse de la culpabilidad impuesta. En mucha gente, el anhelo de afecto se queda en la estacada, porque de niño uno tuvo que entregarse a la mentira del amor sincero. A pesar de todo, sigue habiendo personas que pueden escapar de este pantano, porque el anhelo de afecto está ahí, un anhelo que a fin de cuentas lo originó una madre que estaba ella misma atrapada en dicho pantano.

La biografía de Gottfried Wagner (1997), bisnieto de Richard Wagner, atestigua que una persona puede defenderse contra la enajenación que se le impuso y pese al dolor y el sufrimiento puede creer en sí mismo. En su caso se trataba de oponerse a la autoridad de un padre que castigaba y rechazaba y que exigía obediencia absoluta, y así exponerse no solo al poder de la soledad y el abandono, sino también oponerse al éxito programado y al estatus. Algo había en el hijo que no le permitía aceptar las mentiras en la conducta de su padre, director del Festival de Bayreuth, Wolfgang Wagner. Gottfried no podía negar la contradicción entre las palabras del padre y lo que él mismo experimentaba. Una voz interior lo incitaba a tratar de encontrar siempre algo auténtico en la vida. Ello le causó mucho sufrimiento. También por ello desarrolló una percepción empática del dolor de su madre, a pesar de que ella no quería admitir la relación dolorosa con su padre. Pero el hijo tuvo la fuerza suficiente para afrontar su sufrimiento y así crearse una vida para sí mismo. La calidez de una mujer que le prodigó afecto lo ayudó a desplegar su propia calidez y a transmitirla a un hijo adoptado.

Así pues, ¿qué les da a algunas personas la fuerza para soportar el dolor? Las personas como Hitler o Göring, que fueron elogiadas como héroes, no tenían la fuerza suficiente para soportar el sufrimiento emocional. El deseo de Hitler era engendrar una generación de jóvenes alemanes que no sintiera dolor alguno. Con ello ocultaba el miedo y lo convertía en una virtud. Si no se puede experimentar la pena porque está mal vista, entonces queda vetado para siempre el acceso al dolor. Paul MacLean, investigador de la Universidad Rockefeller, estudió las conexiones neuronales en el cerebro que están relacionadas con la empatía. Descubrió que la falta de estimulación de la empatía en la niñez conduce a que esta se convierta en una característica del individuo.[2] Sin embargo, también se sabe que incluso personas insensibles pueden recuperar sus cualidades empáticas, es decir, su percepción emocional del dolor, si desaparecen las restricciones culturales que ciegan nuestra percepción con respecto a la empatía.[3]

Esto significaría que cualquiera que hubiera experimentado, aunque fuese solo una vez, el núcleo de un afecto empático por parte de la madre (incluso siendo embrión) puede recuperar el acceso a su yo empático y por tanto al sufrimiento. Lo único que importa es que la capacidad empática requiere entrenamiento. El anhelo de afecto, siempre y cuando se mantenga, juega un papel importante en el desarrollo y la conservación de nuestra sensibilidad humana. Mientras aún sintamos ansias de amor y afecto, no todo está perdido. En este proceso los poemas desempeñan una función primordial. A las personas que son frías, cerradas y calculadoras en el trato con los demás, la poesía llega incluso a darles acceso a un mundo interior que estaba latente y que pueden reactivar. Yalal ad-Din Muhammad Rumi, nacido en 1207 en Afganistán y fallecido en 1273 en Turquía, escribió este poema hace muchos siglos:[*]

---

[*] N. del T.: Traducción propia siguiendo la versión alemana de Friedrich Rückert.

La muerte acaba con el dolor de la vida,
pero la vida se estremece ante la muerte.
La vida ve la mano oscura,
no el brillante cáliz que esta ofrece.
Así se estremece ante el amor un corazón,
como si estuviera amenazado de hundirse.
Pues donde el amor despierta, muere
el yo, el oscuro déspota.
Déjalo morir en la noche
y respira libre al alba.

Este poema despierta no solo nuestro deseo de fundirnos con un ser querido, también expresa el profundo miedo que entraña el amor. Pues, si la fusión no se basa en una entrega libre sino que recuerda a las exigencias de los padres, que querían poseer y abrazar fuertemente a su hijo, entonces el amor y la intimidad se perciben como una amenaza mortal. Sin embargo, en nuestro mundo, que está sometido a la negación de estos hechos, permanecen los deseos de amor, aunque sea únicamente en imágenes fantasiosas. El amor real, es decir, entre iguales, da miedo, pues uno se puede perder en él. La primera experiencia con el «amor» de una madre que ni conocía sus propios límites ni los del hijo provoca pánico. Los niños experimentan un miedo profundo y existencial a perderse porque el otro los haya devorado, se haya vuelto un mismo ser fundiéndose con ellos. Así, pese a los deseos de amor, uno y otro permanecemos alejados. Pero a menudo no lo sabemos. En cambio, pensamos encontrar el amor al poseer al otro. Creemos que es amor andar a la caza de una persona que no puede dar amor ni calidez reales. Los engaños en los que caemos son variados, pues la necesidad de amor es inconmensurable.

Donald Winnicott ha descrito cómo el miedo que se experimenta con una madre simbiótica impulsa a muchos niños hacia los brazos del padre autoritario. Puesto que en nuestra cultura el miedo es negado, se crea una idealización reforzada del padre opresor. A menudo este patrón de relación pervive a lo

largo de toda la vida y determina nuestra conducta amorosa.
Andamos en pos de aquellos que tienen poco que darnos, pues
tales «relaciones» nos dan la sensación de seguridad y nos quitan el miedo ante una verdadera fusión. Muchas personas creen
que viven esta fusión en el sexo y por tanto encumbran el orgas-
mo sin afecto ni amor como el objetivo primordial en la vida.

Un paciente me cuenta lo siguiente: «Hace medio año mantu-
ve una relación sexual con mi mujer que fue más bonita e intensa de lo que nunca había sido. Desde entonces me da miedo
la intimidad con ella. No nos hemos vuelto a acostar. Antes la
relación era mucho más distante, pero yo podía admirar su belleza, podía tomarla y disfrutar. Después de ese día, su cuerpo
dejó de ser deseable. La belleza tiene que ser joven y atractiva.
Para mí ella había perdido su atractivo. Pero aquella experiencia de hace medio año fue distinta. No me sentí atraído por su
aspecto, pero el sexo fue más intenso que nunca, y bonito. Pero
no experimenté deseo sexual de su cuerpo de mujer. Y aquello me dio miedo». Y añade más tarde: «Me cuesta entregarme
al amor; esto ya me ha pasado antes. Luego no puedo dominar. Tengo que ser activo y atrayente, esto me apasiona. Hacer
el amor con alguien, pues sí, está bien, pero me da miedo; la
proximidad es incómoda. Siempre tengo mala conciencia porque no estoy a un mismo nivel con ella. El sexo juntos es demasiado. Me da miedo y tengo que protegerme. Es mejor cuando
me siento atraído por el cuerpo y lo disfruto. Este goce excita,
está bien». Le pregunto qué hizo que el sexo estuviera tan bien
la última vez. Dice él: «El dejarse llevar, que yo sencillamente
era». Le digo yo: «Y ¿esto le causó miedo?». Él: «Sí, me tomé
mal que ella estuviera, es decir: me sentí desprotegido ante ella».
   Mientras ese hombre, al mantener relaciones sexuales, tenía la sensación de que conquistaba a su mujer en su belleza, se
sentía bien. La conquista era su forma de sustituir la proximidad, es decir: lo protegía ante la proximidad. Por eso muchas
personas se sienten «cercanas» al otro. Luego tienen encuen-

tros orgiásticos y creen que tienen la vida bajo control. Sin embargo, se teme al afecto y a dejarse llevar porque conducirían a una verdadera fusión. Esto significa que una fusión solo es posible si una persona se siente segura en sus propios límites, por tanto, que tiene una identidad. Pero, si lo propio es algo inestable, porque se convirtió en algo ajeno, entonces uno siente una constante inseguridad. El sexo se basa en el poder, la posesión y el dominio. Ese estado se considera erróneamente una relación de proximidad. Esto explica también por qué en nuestra cultura se da tanta importancia a la belleza. Poseer la belleza se convierte en el sustitutivo de la proximidad. De esa forma, no obstante, una persona nunca puede experimentar que la belleza real surge del amor, es decir, que no es una condición previa sino una consecuencia del amor: la belleza es la forma que da el amor. Desde la antigua Grecia la belleza exterior —poseerla y conquistarla— ha tenido un valor primordial en nuestra cultura. Esto es un indicio de que por aquel entonces empezó a darse importancia a la proyección del ser hacia fuera, es decir, la enajenación del yo.

Los deseos de proximidad real persisten y con ello también la esperanza de establecer relaciones de ternura como parte de la esencia humana. Estos deseos esconden la posibilidad de abrirse de nuevo al dolor. Abriéndonos a él, permaneceríamos anclados en nuestra existencia humana y no tendríamos que buscar el dolor en otras personas ni torturarlas ni castigarlas.

¿QUÉ PODEMOS HACER?

Tenemos que fomentar todo lo que hace prosperar el amor. Para ello hay que aliviar sobre todo la maternidad mediante apoyo social y económico. Las madres deben tener más oportunidades de estar en contacto entre sí y así compensar el aislamiento de la maternidad. Es decir: más apoyo de los jardines de infancia y las guarderías. Significa también darles a los niños la oportunidad de vivir su mundo interior y sus fantasías, en lugar de sentarlos delante del ordenador o del televisor. Los niños deberían vivir experiencias lo antes posible con libros, cuentos, pinturas, plantas y animales. La autora de libros infantiles Joanne K. Rowling lo expresó muy acertadamente: «Un libro para niños amuebla el interior de nuestra mente y hace que sea más interesante vivir en ella. Cuanto más tarde se empieza a amueblar el interior, más difícil es. Un libro para niños llena nuestra cabeza de cosas que podremos llevar encima el resto de nuestra vida».[1] En el fondo, con esto nos está diciendo que se tiene que estimular el interior de un niño para que lo propio de la persona se convierta en el núcleo de su yo, mediante lo cual se fomenta el desarrollo de una verdadera identidad. Este fomento debe empezar lo antes posible. Puede ocurrir estando todavía en el útero.

Pero tampoco hay que perder la esperanza si de entrada se obstaculiza este desarrollo. Los déficits pueden recuperarse bajo determinadas circunstancias. Eso indican los trabajos del pedagogo brasileño Paulo Freire.[2] Si se acepta la esperanza como una necesidad legítima —desenmascarando su negación—, se liberan el amor y la rabia legítima. Digo rabia legítima porque nuestra cultura tiende a rechazar la rabia justificada de los niños. Esto conduce a que esta se considere algo ajeno. Sin embargo, si se acepta esta agresión y se hace accesible al niño y/o al adulto, puede transformarse en energía para acciones constructivas. Freire lo mostró en su trabajo con los más pobres entre los campesinos brasileños oprimidos. Despertando de nuevo su esperanza —es decir, sus deseos de amor—, logró efectivamente que en una semana aprendieran a leer y escribir y que se expresaran en poemas.[3] Se convirtieron en pacíficos revolucionarios que no mostraban ni odio ni violencia. «Las personas presentan actitudes distintas frente a situaciones limitantes. Algunas consideran tales barreras un obstáculo que no se puede superar. Para otras son un obstáculo que no desean superar. Otras, por otro lado, reconocen el obstáculo y desarrollan la necesidad de poder derribarlo».[4] Viendo su situación limitada como la única posibilidad pero desarrollando luego conciencia de la situación, estas personas fueron capaces de deshacerse de esa falsa «verdad». Este es el camino que uno tiene que seguir para dejar atrás la identificación con el agresor. Reduciendo la idealización, se fomenta el desarrollo de un yo propio y por tanto de la sensibilidad humana.

Sin embargo, ¿qué ocurre con las personas que carecen de una identidad verdadera? ¿Cómo hay que tratarlas? Las personas cuyo yo potencial fue enajenado dependen de reglas externas y de condiciones generales fijas que dan sentido y equilibrio a su yo. Cuando dicho marco externo amenaza con romperse, por ejemplo porque las estructuras autoritarias, las relaciones, las costumbres o las tradiciones se vienen abajo, entonces estas personas buscan refugio y seguridad allí donde creen encontrar o donde se les promete encontrar autoridad. En tiempos de renovación cualquier alteración de las estructuras de relación (y de estatus) se percibe como una amenaza, aunque traiga consigo más bienestar económico y una mejora de las condiciones de vida. Esto lo demostraron Tocqueville, con el ejemplo de la Revolución francesa, Fromm y deMause, con la República de Weimar, y Schell, con la situación actual en Estados Unidos. También apunta en esa dirección la radicalidad derechista en la Alemania oriental tras la caída del muro de Berlín. Las personas sin un yo propio necesitan la autoridad para mantener compacta la imagen de su personalidad, y siempre tratarán de recuperar esa autoridad con violencia.

La inestabilidad y el caos pueden aparecer porque la identificación con el poder autoritario no puede tolerar el desarrollo de las libertades sociales. Fromm ya lo señaló en 1941.[5] Así, el restablecimiento de las estructuras de poder social puede convertirse en el deseo de sectores sociales más extensos. DeMause partió de la base de que las tendencias de liberalización y de relajación de las presiones sociales durante la República de Weimar provocaron miedo a la transformación y al crecimiento. Amplios sectores de la población reaccionaron con violencia y asesinatos a la ampliación de las alternativas de vida interior y exterior, lo cual acabó desembocando en la llegada al poder de Hitler.

Es interesante ver que Alexis de Tocqueville —a diferencia del pensamiento común tanto entonces como hoy— ya señaló en 1865 que la revolución de 1789 no tuvo lugar por la miseria económica. Durante los años previos en el Antiguo régimen se había vivido incluso un auge económico. «No siempre se produce una revolución cuando una mala situación llega a su peor estado. Con mucha frecuencia lo que ocurre es que un pueblo que durante mucho tiempo ha soportado las leyes más oprimentes sin quejarse y al mismo tiempo como si no las sintiera, las liquida con violencia en cuanto disminuye la opresión. El gobierno que ha sido destituido por la revolución es casi siempre mejor que el que hubo anteriormente».[6]

Jonathan Schell resume las transformaciones experimentadas durante los últimos treinta años en Estados Unidos de la siguiente forma: a) se eliminó la discriminación y la opresión contra la población negra; b) la revolución sexual acabó con tabús como el sexo prematrimonial; c) la revolución feminista conllevó la supresión de leyes que oprimían a las mujeres en el matrimonio, dio acceso a las mujeres al mercado laboral y a la vida pública; d) el movimiento a favor de los derechos de los homosexuales logró que la homosexualidad dejara de ser un tabú. Todas estas evoluciones permitieron conseguir más libertad humana, más derechos y supusieron el fin de muchas presiones en la vida social. Schell demuestra que estos decenios de liberalización también estuvieron marcados por una política cada vez más conservadora: incluso se llegó al extremo de que el asesinato de médicos que facilitaban el aborto tuviera cierta aprobación social. Aunque las manifestaciones concretas sean distintas, en este caso, igual que en la época de la República de Weimar, también se ha gestado una actitud violenta contra el avance de las libertades.

Si la identidad se basa en la identificación con la autoridad, la libertad genera miedo. Esas personas tienen que disimular la víctima que llevan dentro ejerciendo la violencia contra otros seres.

Tanto las penurias económicas como el bienestar pueden despertar la víctima que las personas llevan en su interior. Entonces se ve amenazado el sentimiento de autoestima y crece la propensión a encontrar enemigos y víctimas.

Un yo así no se apacigua hasta que una autoridad promete restablecer el orden social. El historiador norteamericano John Bushnell describió tales procesos en relación con los motines que se produjeron en el ejército ruso durante los años 1905 y 1906. Ya he hablado sobre ello en otro capítulo. Se trata de poder someterse a una autoridad. Sin una autoridad, un yo basado en la identificación amenaza con desintegrarse. Esto conduce a la violencia, ya que hay que defender lo autoritario para huir del antiguo terror. Por eso hay que rechazar la libertad buscando y combatiendo lo propio —que está amenazado por la libertad—

en elementos externos ajenos a uno mismo. Para ello lo propio se encuentra más fácilmente en personas que son similares.

Todo eso tiene consecuencias para el trato con esas personas. Con una tolerancia afectuosa y un acercamiento comprensivo no podremos calmar a los radicales violentos de derecha y a los neonazis. Por las investigaciones con niños violados y maltratados sabemos que estos reaccionan a un acercamiento amable con odio y violencia. Mediante la idealización de aquellos que ejercen la violencia, el amor y la calidez se convierten en algo que desata el terror interno. El menosprecio de las conductas de afecto es una reacción defensiva. Este rechazo del afecto se mostraba también en la conducta de los nazis que investigó Dicks.

El amor y la calidez se castigan con menosprecio. Las personas comprometidas socialmente que tratan de acercarse a violentos y radicales de derecha «de forma comprensiva» no solo quedan decepcionadas, sino que tienen que contar con que les puedan dar una paliza. No obstante, el odio y la violencia tampoco son el remedio adecuado. Al tratar con personas llenas de odio tenemos que ser, sobre todo, consecuentes. Es decir: ¡hay que poner límites! Ese es el único lenguaje que entienden las personas sin una identidad interior. Quien quiera ayudarlos requiere una autoridad interna. Debe tener la certeza de que la violencia y el odio son indignos para las personas. La pose autoritaria de personas como Hitler se basa, por el contrario, en la necesidad de considerar al extraño como una bestia para poder matarlo.

La autoridad interna de la que estoy hablando se basa en la plena conciencia de que dos personas están vinculadas por su condición de seres humanos. Con esto aceptamos al otro sin aprobar su conducta. ¡Solamente de esa forma podemos darle a entender claramente sus límites! Eso quería decir Jakob Wassermann al escribir que a una persona enrabietada que maltrata a su caballo tendrían que quitarle el látigo de la mano. Luego puede uno averiguar cómo se llegó a la situación: si el rocín era malo o si el cochero era violento. Al principio hay que manifestar un no incondicional a la violencia. En cuanto nos adentremos en los debates, aquel que está lleno de odio y violencia nos tratará de débiles y sentirá que sus pretensiones están justificadas. Cuando en el ordenamiento jurídico alemán se limitaron los derechos de los solicitantes de asilo, ello conllevó un aumento de los ataques a dichas personas. Los racistas vieron en la nueva ley una legitimación de su odio.

La coherencia contribuye, en primer lugar, a calmar a aquellos que necesitan autoridad para su estructura de la personalidad. Durante el *putsch* de Múnich de 1923 ocurrió lo contrario. Cuando el gobierno bávaro puso coto a Hitler con un par de disparos, su movimiento se desmoronó. Hasta que las instancias judiciales no lo trataron comprensivamente como una persona con una «pena» justificada, el derrumbamiento no se convirtió en un nuevo comienzo. Es significativo que las autoridades estatales correspondientes siempre minimizan la violencia de la extrema derecha y la consideran «comprensible». A su violencia se le quita importancia considerándola una «pelea». Cuando maltratan a «extranjeros», la sociedad tiende a mirar para otro lado. Sin embargo, los delitos cometidos por extranjeros aparecen a cada momento en los medios. También la violencia de izquierdas se clasifica como un peligro. Esto pone de manifiesto los límites de una comprensión lógica, que niega las diferencias en el desarrollo de estas dos direcciones opuestas.

En *Der Wahnsinn der Normalität* [La locura de la normalidad] describí cómo tanto la extrema derecha como los izquierdistas están escindidos del amor y que ambos han experimentado rechazo y privaciones. Pero su reacción es distinta. El rebelde de izquierdas busca el amor pero le da miedo. Por eso se cierra a él, y a pesar de que en un plano ideológico busca la conexión con la humanidad, en realidad niega su vinculación con ella. Tiene que demostrarse constantemente que es diferente. Su rebelión constante le ahorra el descubrimiento de su vinculación con el ser humano, porque teme el «amor» de su madre, pero lo anhela. Así pues, pese a sus objetivos ideológicos, permanece aislado de los demás. Toda rebelión, escribió Henry Miller en 1964, tiene que ser un engaño para esconder el deseo de conexión con la madre.

Por el contrario, el conformista de extrema derecha odia el amor, niega ansiarlo, porque debería admitir que lo necesita. En su identificación con el agresor insiste, no obstante, en que el amor defectuoso que le dieron fue bueno. Del mismo modo que el rebelde, él también niega que la madre fuera percibida tanto como alguien bueno como malo. Pero, mientras que el rebelde sigue buscando a la buena madre sin poder admitir que la necesita, el conformista rechaza a la buena madre porque toma la mala como la buena. Así niega para siempre la pérdida de sensibilidad. Para conservar este estatus, debe combatir con violencia todo aquello que despertaría recuerdos y deseos de la buena madre. Esto conduce a la situación, aparentemente absurda, de que percibe la violencia que se dirige contra él como un apaciguamiento, incluso como una forma de afecto. Por eso se someterá también a autoridades estatales si estas son verdaderamente consecuentes. Sin embargo, esto no es posible mientras los políticos y otras fuerzas sociales estén influenciados por el odio y la violencia. Estos agentes también consideran la violencia como un punto fuerte, lo cual tiene algo que ver con su propia credibilidad como autoridades. Así, no se dan cuenta de cómo su propia estructura estatal se está desmoronando.

En el caso de los rebeldes de izquierdas, en cambio, la coherencia conduce a una reacción totalmente distinta. Estos tienen que oponerse aún más al «mal padre» para proteger —presuntamente— a la «buena madre». En ellos la autoridad inflexible solo provoca resistencia y no identificación.

LA VIDA INTERIOR:
LA CONDICIÓN INTERNA DE VÍCTIMA

El extraño que llevamos dentro permanece oculto ante nosotros precisamente porque el mundo, cada vez más orientado hacia lo externo, encubre el vacío interior del que él mismo es causa. Estamos abrumados con actividades que estimulan permanentemente nuestros órganos sensoriales. Confundimos el movimiento con la vitalidad y admiramos a aquellas personas que parecen estar en medio de la vida porque están continuamente en acción.

Uno de mis pacientes se enamoraba siempre de mujeres que consideraba especialmente vitales porque estaban siempre empezando algo nuevo y por eso no le parecían «aburridas». Iban a fiestas, viajaban por el mundo y decoraban su casa y su jardín. Con el tiempo, no obstante, el paciente se dio cuenta de que con esas mujeres nunca podía ver el mundo tranquilamente, que con ellas no era posible pasar el rato disfrutando de la naturaleza o compartiendo la lectura, un pensamiento o un sentimiento, como el dolor o el éxtasis. Eso era aburrido. El paciente tenía un padre que nunca se mostró receptivo a los sueños y fantasías del hijo, porque no les daba ningún valor. Sin embargo, siempre estaba activo, tanto profesionalmente, donde aspiraba a crecer y progresar, como en el ocio: continuamente organizaba viajes, iba al teatro o a reuniones sociales. Por eso el hijo se consideraba inferior, pero al mismo tiempo censuraba al padre por su actitud de rechazo. Quedó muy sorprendido el día en que descubrió que buscaba su «vitalidad» en las mujeres.

Esa búsqueda de estimulación exterior provoca una adicción que no se reconoce como tal. No nos cansamos de ampliar nuestras posesiones, tenemos que aumentar continuamente nuestro dominio sobre las cosas, las personas y los sistemas económicos y políticos. Cuanto más seguimos esta aspiración, más dependemos de la dictadura de la acción. Al mismo tiempo, las cosas externas, en su repercusión sobre nuestro yo, son el motivo por el que nuestra hambre de experiencias ya no se puede saciar y la dependencia de la estimulación exterior no deja de crecer. Pues esta forma de movimiento, irrelevante para los procesos internos, como nuestra necesidad de amor y afecto, refuerza el deseo —creado artificialmente— de experimentar este tipo de movimiento, que da una apariencia de vitalidad. Sin embargo, el interior creativo permanece intacto y por tanto vacío.

Cuando el exterior ya no proporciona equilibrio, la estructura de la personalidad se va rompiendo. Este peligro existe, por ejemplo, cuando se desintegra la estructura de una sociedad porque la distribución del estatus y las posesiones conlleva un aumento de la desigualdad, cuando los ricos son cada vez más ricos y los pobres, más pobres, cuando las personas perciben cada vez menos empatía, porque se percibe al otro, en la lucha por el estatus social, como una amenaza, pues unirse a él podría hacer disminuir el propio estatus. De esa forma aumenta el aislamiento del individuo. Tales procesos refuerzan la sensación de víctima. El odio que de ello emana tiene que proyectarse una y otra vez hacia fuera. Las consecuencias son la xenofobia, la búsqueda de posibles enemigos, los pogromos, los genocidios, a fin de cuentas una tendencia mayor a la violencia.

En tales circunstancias, las personas que no pueden desplazar su odio hacia fuera pierden la sensación de tener la vida bajo control. Se sienten impotentes y desamparadas, tienden a caer en depresión o desarrollan enfermedades. Esto también es consecuencia de una socialización durante la cual se ha formado una identidad propia o bien, mediante la pérdida de lo propio, se ha alcanzado un estado de falta de identidad. En las personas que a lo largo de esta evolución no se han identificado por completo con autoridades externas, el surgimiento de la propia condición de víctima conduce a una agresión dirigida hacia dentro. Cuanto más intensa sea la capacidad de estas personas de percibir el dolor y la pena como parte de su desarrollo personal, más depresiones causarán las agresiones dirigidas hacia dentro. En aquellas personas que sean menos capaces de admitir el dolor y la pena como una experiencia emocional propia, las repercusiones aparecerán más bien a nivel somático. En su trabajo con bebés, la psiquiatra infantil Myriam Szejer ha mostrado que tales procesos transcurren a una edad muy temprana.[1] Los niños cuyos sentimientos y percepciones son negados por su entorno y no reciben atención, pueden desarrollar en este periodo vital situaciones sumamente graves.

Estudios recientes han mostrado que el fenómeno descrito también tiene consecuencias en un espacio social mayor. Durante el siglo XX la esperanza de vida ha aumentado en todo el mundo, sobre todo en los países industrializados, donde subió dos años cada década. Las investigaciones hacen suponer que esto no tiene tanto que ver con el progreso médico, sino que se debe más bien a la mejora de la higiene, la alimentación y la calidad del agua y la vivienda.[2] Sin embargo, la esperanza de vida no es igual para todo el mundo. Los ricos tienen una esperanza de vida más elevada que los pobres. En zonas muy pobres de Washington y en el Bronx, en Nueva York, los hombres mueren de media entre diez y quince años antes que en estados prósperos, como Virginia o Colorado. Aun así, no se puede establecer fácilmente una relación lineal entre pobreza y esperanza de vida. Esto ya lo descubrió un grupo de epidemiólogos en los años sesenta.[3] Los investigadores llegaron a la conclusión de que una muerte temprana tiene que ver más bien con el estatus social del individuo. Cuanto más baja es la posición en la jerarquía social, mayor es el riesgo de enfermar tempranamente y de morir joven. Lo que parece causar que la gente enferme es la sensación de no tener la vida bajo control. La gente se siente desamparada e indefensa. Esto implica un mayor estrés. Personas como los nazis trataron de recuperar la seguridad de forma alucinatoria. Esto lo hacen también aquellos que hoy en día odian, torturan y actúan violentamente contra extranjeros.

Allí donde estas «vías de escape» no funcionan, el soma asume la carga. En 1976 Michael Marmot averiguó en un estudio con funcionarios en Whitehall, en Londres, que quienes tenían un estatus funcionarial más bajo tenían una probabilidad cuatro veces mayor de sufrir un infarto que sus jefes de los niveles superiores.[4] También padecían embolias cerebrales con más frecuencia y desarrollaban más a menudo enfermedades gástricas y ciertos tipos de cáncer. Lo sorprendente de los resultados era que, dentro de la jerarquía, todos sufrían por su posición social. El riesgo de los jefes de mayor rango —con más poder de decisión— de sufrir un ataque al corazón solo era la mitad que el de los jefes de menor rango, que solamente tenían que transmitir las decisiones. Para los empleados subordinados, que solo ejecutaban las decisiones, el riesgo de morir por un ataque al corazón era tres veces mayor que para sus jefes. Solo por los ingresos no se podía prever el estado de salud de los funcionarios. ¿Por qué tenía que repercutir el tamaño de su casa o de su coche en la salud? ¿Por qué tenía que ser más saludable tener cuatro dormitorios que tres?, se preguntó Marmot.

Hoy en día ser pobre parece significar algo muy distinto que la pobreza en el sentido tradicional. Las personas no se sienten pobres porque no tienen dinero suficiente para comprar comida o una vivienda. Se sienten pobres si no organizan grandes eventos sociales o si no pueden comer en sitios exclusivos, si no se visten siempre siguiendo la moda más reciente o si no pueden amueblar su casa con los diseños más novedosos. Las personas no padecen estrés por estar rodeadas de cloacas o por vivir en barrios de chabolas, sino por sentirse inseguras y desamparadas sin una muleta «externa». Puesto que no reconocen que su vacío interior y su falta de identidad son la causa de esa inseguridad, intentan controlarla poseyendo, dominando, humillando o destruyendo a otras personas. Cuando esto no les sale bien, se sienten perdidos. Empiezan a padecer estrés, lo cual provoca transformaciones hormonales que a la larga causan enfermedades.

Robert Karasek distingue entre el estrés que aparece por el trabajo excesivo y la presión de los plazos y el estrés que surge cuando las personas pierden la sensación de ser dueños de su vida.[5] En el trabajo de Marmot se estudia el segundo tipo de estrés, en el que el estatus desempeña un papel importante y que va acompañado de un riesgo mayor de sufrir enfermedades cardiacas y de tener valores más altos de fibrinógeno en la sangre. El fibrinógeno es determinante en la formación de los ataques al corazón. Esa forma de estrés de la que habla Marmot se reduce cuando las personas desarrollan un sentimiento de pertenencia, de espíritu comunitario y tienen un objetivo en la vida. Durante la Segunda Guerra Mundial en Inglaterra la esperanza de vida aumentó seis años, y esto pese a la escasez de alimentos, la disminución de los estándares de vida y el fallecimiento de treinta mil personas en Londres por los ataques aéreos y de cuatro mil soldados en la guerra. Es cierto que seguían existiendo diferencias entre pobres y ricos, pero las personas se mantuvieron unidas y desarrollaron una ética de la solidaridad y la cooperación. La nación compartía una misma voluntad. La vida de las personas tenía un sentido, los individuos tenían un sitio en la estructura social y no se sentían desamparados.

Un fenómeno parecido se observó en Roseta, una población de Pensilvania fundada a finales del siglo XIX por emigrantes del sur de Italia. En los años cincuenta se descubrió que la probabilidad de que los habitantes de esta pequeña ciudad sufrieran un infarto era la mitad que la media estadounidense. Esto era desconcertante porque la gente de Roseta tenía una alimentación muy rica en grasas, fumaba y bebía alcohol con frecuencia. Los investigadores Stewart Wolf y John G. Bruhn[6] determinaron que la vida en esa pequeña ciudad se caracterizaba por que había un sentido de comunidad especialmente fuerte. Se preocupaban unos

de otros, pasaban mucho tiempo juntos y se daban mutuamente
una sensación de reconocimiento y protección. No había ni cri-
minalidad ni desempleo. A principios de los años sesenta empezaron a cambiar las circunstancias. Hubo riñas entre familias,
los ricos se construyeron casas más grandes, vallaron sus jardines y se aislaron de sus vecinos. El tono de las relaciones cambió: dejaron de invitarse mutuamente y se trataban con menos
respeto. En 1985 el valor medio de los infartos ya era igual que
la media de otras zonas de Estados Unidos; y esto a pesar de
que ahora los habitantes se alimentaban «más saludablemente»
y fumaban y bebían menos. Ciertamente, la esperanza de vida
mejoró en todas partes en Estados Unidos, pero, como apuntan
los estudios realizados en Inglaterra, las mejoras diferían según
el estatus social. En Roseta el estatus había empezado a tener
su importancia, por eso las personas se habían vuelto más soli-
tarias. Como lo expresó un hombre que estaba en el paro: «La
gente se ha vuelto indiferente».

En los tiempos de la «prosperidad thatcheriana», entre 1980
y 1990, en Gran Bretaña aumentaron considerablemente las
diferencias entre pobres y ricos. Los ingresos de los cargos directivos subió un cincuenta por ciento; los de los trabajadores
no subieron en absoluto. Se redujo la tributación de los ricos,
pero subieron los impuestos a los bienes de consumo, de la ga-
solina al jabón, de modo que el poder adquisitivo real dismi-
nuyó un diez por ciento. La desigualdad en la distribución de
los ingresos fue mano a mano con unas profundas transformaciones institucionales. Con Margaret Thatcher el poder de los
sindicatos se redujo al mínimo y se destruyó el sentimiento de
solidaridad. Los trabajadores perdieron su sentimiento de identidad y, en cambio, se extendió la sensación de abandono. Robert Putnam, politólogo de la Universidad de Harvard, describió algo parecido en relación con la sociedad norteamericana.[7]
Putnam señaló que ahí también se había diluido el sentimiento
de pertenencia y que se había sustituido por una creciente ato-
mización de los individuos.

La falta de identidad de los individuos y la desintegración de las estructuras sociales son aspectos que se retroalimentan. Las estructuras sociales dan a las personas un sentimiento de pertenencia y confieren también una identidad a aquellos que por sí mismos casi no tienen identidad o que no tienen en absoluto. Para esas personas las transformaciones de las estructuras traen consigo inseguridades existenciales. En general, esto provoca que suban los índices de enfermedades y de mortalidad y/o que estallen con más intensidad la violencia y el odio. Así pues, no se trata únicamente de las diferencias entre ricos y pobres. Lo decisivo es qué consolida una identidad que no surge desde dentro.

Las repercusiones de esta relación para los acontecimientos sociales son enormes. Sin embargo, no queremos ver la realidad. Aunque reconocemos que hay un problema social, no penetramos hasta las fuentes reales. Esto, no obstante, significa querer tapar el peligro con tiritas. Una y otra vez las modificaciones legales y las medidas sociales, como los subsidios por desempleo o el reciclaje profesional, tienen que aliviar las situaciones de emergencia que resultan de la obsesión de las sociedades por el poder y la posesión. Pero no nos adentramos en las causas más profundas que son la base de esta obsesión. La siguiente crisis vendrá, por tanto, provocada por la presión constante por conseguir más grandeza, por la aspiración ambiciosa de las empresas, de las instituciones académicas y del poder político, obsesionados con los beneficios; las necesidades de las personas solo tienen un papel secundario. La dinámica de este proceso se esconde en la falta de identidad de aquellos que ponen en marcha este ciclo una y otra vez, porque solo la posesión y el poder les dan la sensación de tener una identidad.

El resultado es una competición entre aquellos que tienen que tener cada vez «más grandeza» y aquellos que, aunque están cegados por la grandeza, han conservado suficiente sensibilidad humana —es decir, acceso a su dolor— para intentar contrarrestar la miseria humana. El segundo grupo siempre se esforzará para construir estructuras que, a lo más, puedan neutralizar la insuficiencia de la falta de identidad. La alternativa sería la llegada al poder de aquellos que están más afectados por la desintegración de las estructuras que confieren identidad, es decir, las personalidades como Hitler, gobernadas completamente por el odio y la violencia.

La solución real, no obstante, consistiría en esforzarse para poner coto al deseo de conseguir grandeza y posesión y en orientar de nuevo a las personas hacia sus posibilidades verdaderas, que tienen que ver con el amor, el afecto, la intimidad y el acceso al dolor. Este no es un cometido ni fácil ni rápido. Pero es sencillamente lo único que puede poner fin a este ciclo fatal e impedir la desintegración de la sociedad. Solo de esa forma podemos compensar la escisión de nuestro ser, que lleva a la enajenación y a la caza de víctimas. En principio, solamente hay dos mundos: el de la vida y el que se ha entregado a la destrucción y a la muerte.

La solución consiste en admitir el dolor. Una de mis pacientes se sorprendió al ver que podía llorar por el destino de Diana de Gales, pero no por lo que le habían hecho a ella. Se acordaba de un suceso de cuando tenía cuatro años. Le había dicho a su madre que era una mala madre y que por tanto se buscaría otra. La madre respondió: «Pues vete, tú misma». La madre no reconoció la desesperación que había detrás de la queja de la niña. Por eso la paciente nunca se sintió autorizada a sentir su propio dolor. Pero en los dramas televisivos y en la desdichada vida de Diana de Gales lo pudo recuperar, sin —en sus palabras— «verlo con mis propios ojos». Sus propios ojos eran los que una vez habían visto y sentido su propio dolor. Solo podemos curarnos si podemos finalmente sentir el dolor como algo propio.

El niño queda enajenado de su propio interior porque se le impone identificarse con personas que no lo entienden. Si, además, estas aún creen que con lo que hacen solo quieren lo mejor para el niño, entonces al crío se le hace imposible reconocer su verdadera situación. Su dolor por lo que se le hizo también debe ser negado para conservar la vinculación imprescindible con la persona que hace de madre. Por esta razón también cuando somos adultos tenemos que rechazar nuestro dolor. Reconocerlo nos llevaría a ver la víctima originaria que llevamos dentro, pero que no puede ser reconocida, puesto que pondría en evidencia a los que nos infligieron el dolor. Este es el comienzo de toda destructividad y de toda violencia. Si uno no siente su propio dolor, tiene que encontrarlo en otras personas. Castigamos a los demás, a nuestros hermanos y hermanas, que son nuestra viva imagen, por un dolor que nos es propio y que, habiéndonos adueñado de él en el otro, tenemos que negar una y otra vez, pero esta vez menospreciando a la víctima, que está llena de dolor.

Este odio contra la propia víctima es la base del impulso que lleva a las personas a borrarse a sí mismas y a los demás, a poner fin a la vida misma, pues uno se venga porque se le privó de amor y porque lo que recibió fue una mentira. Puesto que las personas que están enredadas en este ciclo fueron víctimas una vez, la solución no puede ser simplemente el castigo. Obviamente, esto no significa que se tenga que tolerar el asesinato o el menosprecio. Debemos tomar cartas en el asunto y decir no. Pero esto nos genera problemas, porque a menudo las personas no pueden reconocer el odio como tal o no quieren hacerlo. Los espectadores, las autoridades y los políticos le quitan importancia considerándolo un exceso juvenil, como una riña normal. Así pues, seguimos siendo incapaces de combatir el odio, que supone un peligro para la sociedad democrática. Tenemos que llamar al odio por su nombre para que sientan vergüenza aquellos que, aunque lo ven, no sienten suficientemente la vergüenza. De esta clase de personas hay en abundancia. Las observaciones del coronel Grossman, del general Marshall y demás demuestran que hay suficiente sensibilidad humana a pesar de que no todas las personas pudieran desarrollar una plena identidad propia. En el fondo, de los sujetos analizados en los estudios solo un 20 % disfrutaban matando.

Los políticos deben tener la valentía de reconocer el odio y de hacer frente a aquellos que lo avivan para conseguir poder. Si su postura es de plena convicción, animará a otras personas a oponerse también al odio. Una autoridad cuya fuerza de convicción se basa en el amor a la vida no se puede comparar con la pose autoritaria de un Hitler, que solo intentaba refutar su propia pobreza e inferioridad interiores. La voz convincente de la sensibilidad humana puede dar la fuerza necesaria a los indecisos y a los titubeantes para declararse en favor de la vida y combatir el odio. Políticos como Abraham Lincoln y Franklin D. Roosevelt lo supieron instintivamente.

Tomar conciencia del dolor es la única manera de poner fin al ciclo de autodestrucción en el que se encuentran tantas personas en nuestra sociedad. A todas las personas que de niños tuvieron que apartar, encubrir o negar su dolor porque no experimentaron ni compasión ni obtuvieron reacciones a su pena, se les hizo daño. Este hecho, no obstante, debe expulsarse de la conciencia, pues ningún niño puede vivir con el dolor psíquico causado por el hecho de no haber recibido amor ni reconocimiento, de haber sido abandonado emocionalmente. Ello tiene como consecuencia que se desarrollen depresiones, enfermedades e incluso con frecuencia que se produzca la muerte. Esto lo han descrito en profundidad numerosos autores, entre ellos Dolto, Eliacheff, Shaneen, Stork y Szejer.

Lo importante para los niños es la supervivencia, pues el dolor puede matar. Algunos se salvan «demostrándose» que nadie los puede querer. Esta forma extrema de protegerse contra los adultos, que, de otro modo, los devorarían emocionalmente, se apropiarían de ellos, conduce a la muerte de la vitalidad. Mostrándose como si no fueran dignos de ser amados, al parecer se creen seguros ante un amor falso. Pero su muerte en vida refleja una verdad existencial de su vida,[8] en la que el hecho de ser uno mismo esconde el peligro de ser devorado por el otro. Este no-ser existencial es, por tanto, el paso lógico para escapar de la amenaza. Estas personas se diferencian en sus tendencias autodestructivas de aquellas que esquivan su sufrimiento atacando y destruyendo. En este caso la violencia es una vía de escape para eliminar el dolor vivido. Estas personas se burlan del amor y de la vida simulando el amor y la amabilidad. Juegan con las esperanzas que despiertan en los demás. Y se vengan destruyendo esas esperanzas.

He descrito anteriormente cómo uno de mis pacientes eludía el dolor por la mirada mortífera de su padre: «Me salvé (de su mirada) diciéndome que aquello no iba conmigo». Una paciente gestionó su dolor de una forma muy distinta. Durante varias sesiones había defendido que todo lo que yo le decía solo tenía un efecto de humillación y crítica en ella. Me percibía a mí como a su madre, que constantemente le ponía restricciones: «Yo nunca podía protestar. Mi delito era que no estaba destrozada del todo». Le recordé a la paciente que desde hacía algún tiempo sufría dolor de muelas. Los médicos no sabían encontrar ninguna causa orgánica. «¿Quizá tenga eso algo que ver con el dolor que su madre le infligió?», le pregunté yo. A lo que ella respondió: «No puedo admitirlo, ese dolor; si no, no podría seguir viviendo [...]. No puedo soportarlo, exactamente como percibo el dolor de Fridolin (un chico al que cuidaba) cuando sus padres sistemáticamente le reprimen sus ganas de vivir y sus fantasías. Su sufrimiento es terrible para mí. Mi madre nunca me dejó hacer nada ambicioso, como por ejemplo cantar en un coro. Simplemente no me dejaban. Si yo me tomara a mí misma en serio, podría admitir el dolor. Pero entonces ahí está mi madre, ¡y usted me dice que no voy a morir! Mi madre reaccionaba a mis peticiones retirándome el cariño. Este sentimiento lo tengo en todas partes, como si ella ganara cuando alguien me rechaza. No puedo tomarme en serio, ni sentir que me han ido mal las cosas. Cuando a los veinte años asistí por primera vez a una clínica para hacer psicoterapia, no podía hablar, no era capaz de decir nada malo sobre mis padres. Me daba miedo que temieran que pudiese decir algo sobre ellos. Eso habría sido un pecado original. Uno se asusta por algo así. Tengo la sensación de que no soy nada. Pero mis padres tienen a Dios de su parte. A mí me inculcaron que el destino de los demás es más importante que el mío. En el momento en que usted me pregunta algo, se me pone en marcha el modo "oficial" y ya no puedo ser libre, dejo de sentir».

Si nos fijamos con más detalle, identificamos el mecanismo con el que se aleja del dolor. Son las palabras críticas de la madre lo que desata su reacción, no la motivación real de la madre, que consiste en limitar a la hija, en poseerla como un objeto, como una chica incompetente que la madre tiene que expulsar de su propia persona. Esta tendencia mortífera en la madre no puede ser reconocida, pues provocaría demasiado miedo y dolor. Por tanto, la paciente se centra en la semántica de las palabras. Así no puede percibir la motivación de la persona con la que está tratando. Solo podía entender mis palabras como las de su madre, como una crítica restrictiva, a pesar de que mi intención era otra muy distinta a la de su madre.

Este fenómeno se ve muy claramente en el comportamiento de los esquizofrénicos, una concretización mediante la cual se separan los pensamientos y los arrebatos pasionales. Esto ocurre cuando las personas no pueden vivir con su insoportable dolor. Esta paciente, cerrándose ante mi motivación de ayudarla, se protegía del hecho de tener que reconocer el insoportable dolor causado por el rechazo de la madre. Por eso tampoco puede experimentar el afecto verdadero. Obviamente, ahí vemos también el miedo a la proximidad, que complica la terapia. Pero ese miedo forma parte de la experiencia de un «amor» que la abrumó. Sin embargo, ella intenta conservar el núcleo de un yo propio, por mucho que este se esconda ante sí misma, intenta «rescatar la perla en el fondo del lago».

Sin tomar conciencia de su dolor, una persona no puede convertirse en un ser humano. Puede, a lo sumo, equipararse a una máquina eficiente que imita la sensibilidad humana. Por el contrario, aquellos que sienten dolor siguen esforzándose para dar vida a su individualidad, su vitalidad y su amor. Los otros, con su vida entregada a la venganza opresiva, han renunciado a ello.

NOTAS

EL EXTRAÑO

1   S. Freud, 1918 (1947).

2   «Das Ich ist die eigentliche Angststätte» [El yo es el lugar donde se da realmente el miedo]; S. Freud, 1926 (1986).

3   S. Freud, 1919 (1986).

4   E. O'Neill, 1997, acto III.

CÓMO EMPIEZA TODO

1   Citado en S. Chamberlain, 1997.

2   Íbid. La cursiva es nuestra.

3   A. Hitler, 1938.

4   Citado en S. Chamberlain, 1997.

5   V. Turner, 1967.

6   H. Arendt, 1973.

7   B. Stein, 1981.

8   P. Celan, 1963 («Salmo»). Versión española de José Ángel Valente.

9   W. Heron, 1953; J. C. Lilli, 1956; H. U. Grunebaum, 1960.

10   R. E. Byrd, 1938.

11   E. Bone, 1957.

12   T. Des Pres, 1980.

13   Anotación personal, 28/12/1997.

14   W. Soyinka, 1972.

LA OBEDIENCIA

1 Véase S. Chamberlain, 1997.

2 C. von Krockow, 1991, citado en K. Meyer.

3 Citado en Leacock, 1981.

4 Véase también A. Gruen, 1997.

5 Anotación personal de M. Welch sobre una conferencia de M. H. Klaus y J. H. Kennel en el congreso Annual Attachment Conference, celebrado en Cleveland, Ohio, en octubre de 1994. Véase también M. H. Klaus und J. H. Kennell, 1970; 1976.

6 Véase S. Ferenczi, 1984.

7 Ibíd.

8 E. Neumann, 1997.

9 Véase también el debate de S. Diamonds sobre historia, 1979.

10 S. Diamond, 1979.

11 F. Dolto, 1988.

12 V. von Weizsäcker, 1956.

13 M. Cox, 1982.

14 D. W. Winnicott, 1958.

15 P. Niemelä, 1980; 1982a; 1982b; 1985; 1987; 1992.

16 A. Gruen, 1999.

17 A. Bessel, van der Kolk y Saporta, 1991.

18 L. DeMause, 1996.

19 J. C. Rheingold, 1964; 1967.

20 J. C. Rheingold, 1964.

21 S. Ferenczi, 1992.

22 A. McF. Johnson, 1951.

23 P. Schilder y D. Wechsler, 1934.

ADOLF HITLER

1 Citado en P. Deussen, 1911.

2 Véase I. Kershaw, 1998; R. Binion, 1973.

3 Véase Gruen, 1980.

4 R. Binion, 1973.

5 Citado en G. L. Weinberg, 1961.

6 B. F. Smith, 1973.

7 Véase F. Jetzinger, 1956.

8 C. Amery, 1998.

9   Véase A. Miller, 1983.

10   I. Kershaw, 1998.

11   Véase A. Hitler, 1938.

12   Véase N. Bromberg y V. V. Small, 1983.

13   Véase también H. Stierlin, 1975.

14   A. Miller, 1980.

15   I. Kershaw, 1998.

16   J. C. Fest, 1978.

17   Véase G. Wagner, 1997.

18   Stierlin, 1976.

19   P. Niemelä, 1992.

20   Íbid.

21   Véase F. Jetzinger, 1956.

22   H. Cleckley, 1964.

23   A. Kubizek, 1953.

24   Véase también A. Gruen, 1991.

25   C. W Mills, 1956.

26   Véase G. Kren, 1974.

27   I. Kershaw, 1998.

28   Citado según E. Deuerlein, 1959, en I. Kershaw, 1998.

29   Íbid.

30   Citado en M. Domarus, 1962, vol. 1.

31   Véase G. Wagner, 1997.

32   Citado según H. Hoffmann, 1974, en I. Kershaw, 1998.

33   S. Haffner, 1940 y 1996.

34   A. Krebs, 1959.

35   Citado en I. Kershaw, 1998.

36   A. Hitler, citado en I. Kershaw, 1998.

37   A. Hitler, 1938.

38   A. Hitler, citado en I. Kershaw, 1998.

39   I. Kershaw, 1998.

40   Íbid.

41   Íbid.

42   M. Domarus, 1963.

43   I. Kershaw, 1998.

44   M. Domarus, 1963.

45   I. Kershaw, 1998.

46   Según S. Haffner, 1998.

47 Citado en H. Heiber, 1962.

48 S. Haffner, 1998.

49 A. Hitler, en abril de 1945, a A. Speer, citado en H. Heiber, 1962.

50 A. Speer, 1969.

51 Véase también A. Gruen, 1987.

52 Véase J. Raban, 1990; véase también Gruen 1993a.

53 I. Kershaw, 1998.

54 M. Domarus, 1963, vol. 2

55 J. Toland, 1977, citado en A. Miller, 1983.

56 G. L. Waite, 1971.

57 S. Freud, 1922 (1955).

58 H. Heiber, 1962.

59 M. Domarus, 1963, vol. 2.

60 Íbid.

61 Íbid.

62 R. Rosenbaum, 1998.

63 H. C. Rheingold, 1964; 1967.

64 Citado en R. Payne, 1962.

65 H. Heiber, 1962.

66 Íbid.

67 Íbid.

68 Íbid.

LAS PERSONAS QUE CONVIRTIERON A HITLER EN EL *FÜHRER*

1 Discurso pronunciado en Núremberg el 14 de septiembre de 1936, en: M. Domarus, 1963, vol. 1.

2 Véase E. Forster, 1922.

3 R. Binion, 1973.

4 R. Binion, 1973, pág. 213; véase Binion, 1978.

5 13/07/1934, Domarus, 1963, vol. 1.

6 F. von Papen, 1952.

7 Citado en I. Kershaw, 1998.

8 S. Frank, 1953.

9 I. Kershaw, 1998. La cursiva es nuestra.

10 Íbid.

11 F. Wiedemann, 1964.

12 I. Kershaw, 1998.

13   M. Domarus, 1962, vol. 1.

14   Íbid.

15   J. Kramer, 1983.

16   Citado en I. Kershaw, 1998.

17   Íbid.

18   K. Lüdecke, 1938, citado en I. Kershaw, 1998.

19   Citado I. Kershaw, 1998.

20   E. Fromm (1974), 1989.

21   W. Maser, 1971.

22   Ibíd.

23   M. Domarus, 1962, vol. 1.

24   V. I. Lenin, 1973.

25   Extraído de un discuros de Hitler pronunciado el 8 de noviembre de
     1934, M. Domarus, 1962, vol. 1.

26   N. Frank, 1993.

27   G. M. Gilbert, 1962, pág. 269; véase A. Gruen, 1989.

28   Véase también H. Fraenkel y R. Manvell, 1967.

29   G. M. Gilbert, 1962.

30   Íbid.

31   Citado en G. M. Gilbert, 1962.

32   C. R. Browning, 1996.

33   H. Jäger, 1982.

34   C. R. Browning, 1996.

35   C. R. Browning, 1996.

36   P. Zimbardo et ál., 1983.

37   T. Keane, citado en J. Herman, 1993.

38   N. Breslau y G. Davis, 1987.

39   H. Hendin y A. P. Haas, 1984; M. Gibbs, 1989; S. S. Luthar y E. Zigler,
     1991; E. E. Werner, 1989.

40   C. R. Browning, 1998 (epílogo).

41   J. L. Herman, 1993.

42   D. Grossman, 1995.

43   Citado en D. Grossman, 1995.

44   D. Grossman, 1995.

45   D. Grossman, 1995.

46   H. V. Dicks, 1972.

47   H. V. Dicks, 1950.

48   Íbid.

49   D. W. Winnicott, 1950.

50   M. Gambaroff, 1984.

51   Citado según N. Bromberg y V. V. Small, 1983.

52   W. C. Langer, 1972.

53   El informe se basa en un estudio del doctor W. C. Langer para la OSS
     en el año 1943.

54   OSS, 1943.

ADOPTAR UNA POSE

1   F. Schaeffer, 1961.

2   T. C. Schneirla, 1950.

3   D. M. Levi, 1945; citado en B. Schaffner, 1948.

4   G. Bateson, 1942 (inédito), citado en B. Schaffner, 1948.

5   Citado en B. Schaffner, 1948.

6   J. Bushnell, 1985; véase también el debate en: A. Gruen, 1987.

OBEDIENCIA Y AMBICIÓN

1   Véase L. Jäger, 1998.

2   Citado en L. Jäger, 1998.

3   Íbid.

4   Íbid.

5   Véase L. Jäger, 1998.

6   Citado en L. Jäger, 1998.

7   Fuentes de este capítulo: M. Lilla, 1997; H. Meier, 1994.

8   M. Lilla, 1997.

9   H. Meier, 1994.

10   Citado en H. Meier, 1994.

11   C. Schmitt, 1927.

12   Véase H. Meier, 1994.

13   H. Meier, Glossarium.

14   H. Meier, 1994.

15   Íbid.

16   Íbid.

17   Íbid.

18   C. Schmitt, 1927.

19   M. Lilla, 1997.

LO MORTÍFERO

1   A. Mitscherlich y F. Mielke, 1947.

2   A. Hitler, 1938.

3   M. Domarus, 1963, vol. 1.

4   A. Mitscherlich y F. Mielke, 1947.

5   Citado en C. Beradt, 1994.

6   B. Schirra, 1998.

7   W. Kütemeyer, 1982.

8   W. Nagel, 1985.

9   Anotación personal.

10   Véase P. Greenacre, 1952.

11   E. R. Miale y M. Selzer, 1975.

12   Íbid.

13   P. Greenacre, 1952.

14   Íbid.

15   E. R. Miale y M. Selzer, 1975.

16   A. Speer, 1993.

LA FALTA DE IDENTIDAD
Y SUS CONSECUENCIAS SOCIALES

1   Versión alemana abreviada, 1968.

2   Dicks usó la prueba χ^2 para medir la significación de la dependencia o independencia de las variables.

3   A. Gruen, 1997.

4   E. Fromm, 1989.

5   Véase también A. Gruen, 1997, y J. L. Hermann, 1993.

6   D. W. Winnicott, 1958.

7   E. H. Erikson, 1946.

EL HOMBRE REDUCIDO

1   Los datos biográficos sobre Göring proceden de las siguientes fuentes: F. L. Miale y M. Selzer, 1975; G. M. Gilbert, 1950; D. M. Kelley, 1947; H. Fraenkel y R. Manvell, 1962 y 1967; J. C. Fest, 1993.

2   G. M. Gilbert, 1950.

3   J. C. Fest, 1993.

4   G. M. Gilbert, 1962.

5   Íbid.

6   Íbid.

7   H. Fraenkel y R. Manvell, 1964.

8   Íbid.

9   G. M. Gilbert, 1962.

10 H. Fraenkel y R. Manvell, 1964.

11 Véase E. R. Miale y M. Selzer, 1975.

12 Citado en J. C. Fest, 1993.

13 Íbid.

14 Íbid.

15 Íbid.

16 H. Fraenkel y R. Manvell, 1964.

17 E. R. Miale y M. Selzer, 1975.

18 G. M. Gilbert, 1962.

19 H. Fraenkel y R. Manvell, 1964; E. Butler y G. Young, 1951.

20 G. M. Gilbert, 1950.

21 Citado en G. M. Gilbert, 1950.

22 A. Speer, 1969.

23 J. C. Fest, 1993.

24 J. R. Rees, 1947.

25 Íbid. Mis explicaciones sobre Hess se basan en esta publicación así como en los trabajos de G. M. Gilbert (1950; 1962), E. R. Miale y M. Selzer (1975) y J. C. Fest (1993).

26 J. R. Rees, 1947.

27 J. C. Fest, 1993.

28 Ibíd.

29 R. Hess, 1933, citado en J. C. Fest, 1993.

30 Discurso pronunciado el 30 de junio de 1934, citado en J. C. Fest, 1993.

31 J. R. Rees, 1947.

32 Véase también J. R. Rees, 1947.

33 J. R. Rees, 1947.

34 S. Freud, 1921 (1993).

35 D. Goeudevert, 1996.

36 C. W. Mills, 1956.

37 D. Goeudevert, 1996.

38 H. Miller, 1980.

39 D. Goeudevert, 1996.

40 A. Krebs, 1959.

41 M. Domarus, 1963.

42   M. Maccoby, 1976; versión en alemán, 1979.
43   Íbid.
44   Íbid.
45   C. Amery, 1998.

EL MENOSPRECIO A LOS DEMÁS

1   G. M. Gilbert, 1962.
2   Íbid.
3   Hitler ante la Organización de Mujeres Nacionalsocialistas, 1934, citado en A. Kuhn y V. Rothe, 1982.
4   Extraído de una carta a Hitler del 10 de abril de 1944, en: H. Ulshöfer, 1996.
5   Ibíd.

LA CAMARADERÍA

1   B. Shalit, 1988.
2   C. R. Browning, 1996.
3   B. Wyatt-Brown, citado en Fox Butterfield, 1998.

EL DOLOR Y LOS DESEOS DE AMOR

1   Todas las citas proceden de: A. Ards, 1999.
2   P. MacLean, 1967.
3   Véase el debate en: A. Gruen, 1999, y O. Sacks, 1985.

¿QUÉ PODEMOS HACER?

1   Citado en Th. Bodmer, 1999.
2   P. Freire, 1970; 1971; 1994.
3   P. Freire, 1970.
4   Íbid.
5   E. Fromm, 1941.
6   A. de Tocqueville, 1978.

LA VIDA INTERIOR:
LA CONDICIÓN INTERNA DE VÍCTIMA

1   M. Szejer, 1998.
2   Véase H. Epstein, 1998.

3   P. Townsend y N. Davidson, 1982.

4   G. Rose y M. Marmot, 1981.

5   R. Karasek y T. Theorell, 1999.

6   S. Wolf y J. G. Bruhn, 1999.

7   R. Putnam, 1995.

8   Véase A. Gruen, 1968; 1993b.

BIBLIOGRAFÍA

ADORNO, Theodor W.; FRENKEL-BRUNSWIK, Else; LEVINSON, Daniel J.; SANFORD, Nevitt, *The Authoritarian Personality*, Harper, Nueva York, 1950 [Se puede encontrar la traducción al castellano del prefacio, la introducción y las conclusiones en: *Empiria. Revista de Metodología de Ciencias Sociales*, n° 12, julio-diciembre, 2006, págs. 155-200].

ADORNO, Theodor W., *Studien zum Autoritären Charakter*, Suhrkamp, Fráncfort del Meno, 1995.

AMERY, Carl, *Hitler als Vorläufer. Auschwitz – der Beginn des 21. Jahrhunderts?*, Luchterhand, Múnich, 1998.

AMÉRY, Jean, *Jenseits von Schuld und Sühne*, Szczesny, Múnich, 1966 [trad. esp.: *Más allá de la culpa y la expiación*, Editorial Pre-Textos, Valencia, 2001].

ARDS, Angela, «Organizing the Hip-Hop Generation», *The Nation*, 26/7/1999.

ARENDT, Hannah, *The Origins of Totalitarianism*, Harcourt, Nueva York, 1973 [trad. esp.: *Los orígenes del totalitarismo*, Alianza, Madrid, 2015].

ASCHERSON, Neal, «The «Bildung» of Barbie», *The New York Review of Books*, 24/11/1983.

BATESON, Gregory, *Hitlerjunge Quex*, Institute for Intercultural Studies, Museo de Historia Natural, Nueva York, 1942 (inédito).

BERADT, Charlotte, *Das Dritte Reich des Traums*, Suhrkamp, Fráncfort del Meno, 1994.

BINION, Rudolph, «Hitler's Concept of Lebensraum: The Psychological Basis», *History of Childhood Quarterly*, 11, 2, 1973.

BINION, Rudolph, *Daß ihr mich gefunden habt. Hitler und die Deutschen – Eine Psychohistorie*, Dengler, Stuttgart, 1978.

BLUVOL, Helen, *Differences in Patterns of Autonomy in Achieving and Underachieving Adolescent Boys*, The City University of New York, 1972.

BODMER, Thomas, «Interview mit Joanne K. Rowling», *Das Magazin des Tagesanzeiger*, 34, 28/08/1999.

BONE, Edith, *Seven Years Solitary*, Harcourt, Nueva York, 1957.

BORMANN, Martin, *Leben gegen Schatten*, Bonifatius, Paderborn, 1996.

BRESLAU, Naomi.; DAVIS, Glenn, «Post-traumatic Stress Disorder: The Etiologic Specificity of Wartime Stressors», *American Journal of Psychiatry*, 144, 1987.

BROMBERG, Norbert; SMALL, Verna V., *Hitler's Psychopathology*, International Universities Press, Nueva York, 1983.

BROWNING, Christopher R., *Ganz normale Männer. Das ReservePolizeibataillon 101 und die «Endlösung» in Polen*, Rowohlt, Reinbek, 1996.

BROWNING, Christopher R., *Ordinary Men: Reserve Police Bataillon 101 and the Final Solution in Poland* (ed. rev.), Harper, Nueva York, 1998.

BUSHNELL, John, *Mutiny and Repression*, Indiana University Press, Bloomington, 1985.

BUTLER, Ewan; YOUNG, Gordon, *Marshal Without Glory*, Hodder and Stoughton, Londres, 1951.

BYRD, Richard E., *Alone*, Putnam, Nueva York, 1938 [trad. esp.: *Solo*, Volcano, Ávila, 2017].

CELAN, Paul, *Die Niemandsrose*, Fischer, Fráncfort del Meno, 1963.

CHAMBERLAIN, Sigrid, *Adolf Hitler, die deutsche Mutter und ihr erstes Kind*, Psychosozial, Gießen, 1997.

CLECKLEY, Hervey, *The Mask of Sanity*, Mosby, St. Louis, 1964.

COETZEE, John M., *Giving Offense: Essays on Censorship*, Chicago University Press, Chicago, 1996 [trad. esp.: *Contra la censura: ensayos sobre la pasión por silenciar*, Debate, Barcelona, 2016].

COHN, Norman, *Das Ringen um das tausendjährige Reich. Revolutionärer Messianismus im Mittelalter und sein Fortleben in der modernen totalitären Bewegung*, Francke, Múnich, 1961 [trad. esp.: *En pos del milenio. Revoluciones milenaristas y anarquistas místicos de la Edad Media*, Barral, Barcelona, 1972].

COX, Murray, «"I Took a Life Because I Needed One", Psychotherapeutic Possibilities With The Schizophrenic Offender-Patient», *Psychotherapy and Psychosomatics*, 37, 1982.

DEMAUSE, Lloyd, «Restaging Early Traumas in War and Social Violence», *Journal of Psychohistory*, 23, 4, 1996.

DEMAUSE, Lloyd, *The Psychogenic Theory of History, Journal of Psychohistory*, 25, 2,1997.

DES PRES, Terrence, *The Survivor: An Anatomy of Life in the Death Camps*, Oxford, Nueva York, 1980.

DEUERLEIN, Ernst, «Hitlers Eintritt in die Politik und die Reichswehr», *Vierteljahrshefte für Zeitgeschichte*, 7,1959.

DIAMOND, Stanley, *Kritik der Zivilisation*, Campus, Fráncfort del Meno, 1979.

DICKS, Henry V., «Personality Traits and National Socialist Ideology: A Wartime Study of German Prisoners of War», *Human Relations*, vol. III, 1950.

DICKS, Henry V., *Licensed Mass Murder: A Sociopsychological Study of Some SS Killers*, Heinemann, Londres, 1972.

DEUSSEN, Paul, *Jacob Böhme. Über sein Leben und seine Philosophie*, Brockhaus, Leipzig, 1911.

DJILAS, Milovan, *Land ohne Gerechtigkeit*, Kiepenheuer & Witsch, Colonia, 1958 [trad. esp.: *Tierra sin justicia*, Buenos Aires, Sudamericana, 1959].

DOLTO, Françoise, *Über das Begehren. Die Anfänge der Menschlichen Kommunikation*, Klett-Cotta, Stuttgart, 1988.

DOMARUS, Max, *Hitler. Reden und Proklamationen 1932–1945*, vols. 1 y 2, Würzburg, 1963.

EGGERS, Christian, *Gutachten Paukstadt*, 1999.

EHRENREICH, Barbara, *Blood Rites*, Metropolitan Books, Nueva York, 1997.

ELIACHEFF, Caroline, *Das Kind, das eine Katze sein wollte. Psychoanalytische Arbeit mit Säuglingen und Kleinkindern*, Kunstmann, Múnich, 1994.

EPSTEIN, Helen, «Life and Death on the Social Ladder», *New York Review of Books*, 16/7/1998.

ERIKSON, Erik H., *Ego Development and Historical Change*, International Universities Press, 1946.

FERENCZI, Sándor, «Sprachverwirrungen zwischen den Erwachsenen und dem Kind (1932)», *Bausteine zur Psychoanalyse*, vol. 3, Ullstein, Berlín, 1984.

FERENCZI, Sándor, «The Unwelcome Child and his Death-Instinct», *International Journal of Psychoanalysis*, 10, 125, 1929.

FEST, Joachim C., *Hitler*, Ullstein, Berlín, 1978 [trad. esp.: *Hitler*, Planeta, Barcelona, 2005].

FEST, Joachim C., *Das Gesicht des Dritten Reiches*, Piper, Múnich, 1993.

FISCHER, Joschka, «Wider den moralisierenden Saubermann in der Kulturpolitik», *Pflasterstrand*, n° 139, 10/9/1982.

FORSTER, E., *Lehrbuch der pathologischen Physiologie*, Lüdke-Schlayer, Leipzig, 1922.

FRAENKEL, Heinrich; MANVELL, Roger, *Hermann Göring*, Verlag für Literatur und Zeitgeschichte, Hannover, 1964 [trad. esp.: *Goering*, Grijalbo, Barcelona].

FRAENKEL, Heinrich; MANVELL, Roger, *The Incomparable Crime*, Heinemann, Londres, 1967.

FRANK, Hans, *Im Angesicht des Galgens*, Gräfelding, Múnich, 1953.

FRANK, Niklas, *Der Vater*, Goldmann, Múnich, 1993.

FREIRE, Paulo, «Cultural Action for Freedom», *Harvard Educational Review*, 40, 3, 1970.

FREIRE, Paulo, *Pädagogik der Unterdrückten. Bildung als Praxis der Freiheit*, Kreuz, Stuttgart, 1971 [trad. esp.: *Pedagogía del oprimido*, Siglo XXI España, Tres Cantos, 2009].

FREIRE, Paulo, *Pedagogy of Hope: Reliving Pedagogy of the Oppressed*, Continuum, Nueva York, 1994 [trad. esp.: *Pedagogía de la esperanza: reencuentro con pedagogía del oprimido*, Siglo XXI España, Tres Cantos, 1994].

FREUD, Sigmund, *Das Tabu der Virginität (1918)*, Obras completas, vol. XII, Fischer, Fráncfort del Meno, 1947 [trad. esp.: «El tabú de la virginidad», en: *Obras completas*, Amorrortu Editores, Buenos Aires, vol. XI].

FREUD, Sigmund: *Das Unheimliche (1919)*, Obras completas, vol. XII, Fischer, Fráncfort del Meno, 1986 [trad. esp.: «Lo ominoso», en: *Obras completas*, Amorrortu Editores, Buenos Aires, vol. XVII].

FREUD, Sigmund, *Massenpsychologie und Ich-Analyse (1921)*, Fischer, Fráncfort del Meno, 1993 [trad. esp.: *Psicología de las masas*, Alianza, Madrid, 2010].

FREUD, Sigmund, *Medusa's Head (original de 1922)*, ed. estándard, Hogarth, London, 1955 [trad. esp.: «La cabeza de medusa», en: *Obras completas*, Amorrortu Editores, Buenos Aires, vol. XVIII].

FREUD, Sigmund, *Hemmung, Symptom und Angst (1926)*, Obras completas, vol. XIV, Fischer, Fráncfort del Meno, 1986 [trad. esp.: «Inhibición, síntoma y angustia», en: *Obras completas*, Amorrortu Editores, Buenos Aires, vol. XX].

FROMM, Erich, *Die Furcht vor der Freiheit*, Steinberg, Zúrich, 1941 [trad. esp.: El *miedo a la libertad*, Paidós, Barcelona, 2007].

FROMM, Erich, «Adolf Hitler, ein klinischer Fall von Nekrophilie», en: *Anatomie der menschlichen Destruktivität (1974)*, dtv-Gesamtausgabe, München, 1989, vol. VII.

FROMM, Erich, *Empirische Untersuchungen Zum Gesellschaftscharakter*, dtv-Gesamtausgabe, München, 1989, vol. III.

GAMBAROFF, Marina, *Utopie der Treue*, Rowohlt, Reinbek, 1984.

GIBBS, Margaret, «Actors in the Victim that Mediate Disaster and Psychopathology», *Journal of Traumatic Stress*, 2, 1989.

GILBERT, Gustave M., *The Psychology of Dictatorship*, Ronald Press, Nueva York, 1950.

GILBERT, Gustave M., *Nürnberger Tagebuch*, Fischer, Fráncfort del Meno, 1962.

GOEUDEVERT, Daniel, *Wie ein Vogel im Aquarium*, Rowohlt, Berlín, 1996.

GREENACRE, Pyllis, «Conscience in the Psychopath», en: P. Greenacre, *Trauma, Growth, and Personality*, Nueva York, 1952, págs. 165-187.

VON GRIMMELSHAUSEN, Hans Jakob, *Der abenteuerliche Simplicissimus Teutsch (1668)*, Reclam, Stuttgart, 1996 [trad. esp.: El *aventurero Simplicissimus*, Plaza & Janés, Barcelona, 1978].

GROSSMAN, Dave, *On Killing: Psychological Cost of Learning to Kill in War and Society*, Little, Brown & Co., Nueva York, 1995.

GRUEN, Arno, «Autonomy and Identification: The Paradox of their Opposition», en: *International Journal of Psycho-Analysis*, 49, 4, 1968.

GRUEN, Arno, «Maternal Rejection and Children's Intensity», en: *Confinia Psychiatrica*, 23, 1980.

GRUEN, Arno, *Der Wahnsinn der Normalität. Realismus als Krankheit. Eine Theorie der menschlichen Destruktivität*, dtv, Múnich, 1987.

GRUEN, Arno, *La Donna del Mare di Henrik Ibsen* (Programa del Piccolo Teatro di Milano), febrero de 1991.

GRUEN, Arno, *Falsche Götter*, dtv, Múnich, 1993a.

GRUEN, Arno, «The Integration vs. Splitting of the Wholeness of Experience», en: G. Benedetti (ed.), *The Psychotherapy of Schizophrenia*, Hogrefe & Huber, Berna, 1993b.

GRUEN, Arno, *Der Verlust des Mitgefühls. Über die Politik der Gleichgültigkeit*, dtv, Múnich, 1997.

GRUEN, Arno, *Ein früher Abschied. Objektbeziehungen und psychosomatische Hintergründe beim plötzlichen Kindstod*, Vandenhoeck & Ruprecht, Gotinga, 1999.

GRUNEBAUM, Henry U.; FREEDMAN, Sanford J.; GREENBLATT, Militon, «Sensory Deprivation and Personality», en: *American Journal of Psychiatry*, 116, 1960.

HAARER, Johanna, *Die deutsche Mutter und ihr erstes Kind*, Lehmanns, Múnich, 1941.

HAFFNER, Sebastian, *Germany, Jekyll & Hyde*, Secker and Warburg, Londres, 1940; versión alemana (1939): *Deutschland von innen betrachtet*, Verlag 1900 Berlin, Berlín, 1996 [trad. esp.: *Alemania Jekyll & Hyde*, Ariel, Barcelona, 2017].

HAFFNER, Sebastian, *Anmerkungen zu Hitler*, Fischer, Fráncfort del Meno, 1998 [trad. esp.: *Anotaciones sobre Hitler*, Galaxia Gutenberg, Barcelona, 2003].

HEIBER, Helmut (ed.), *Hitlers Lagebesprechungen. Die Protokollfragmente seiner militärischen Konferenzen 1942-1945*, Deutsche Verlags-Anstalt, Stuttgart, 1962.

HEINICKE, Christoph M.; WESTHEIMER, Ilse J., *Brief Separations*, International Universities Press, Nueva York, 1965.

HENDIN, Herbert; HAAS, Ann P., *Wounds of War: The Psychological Aftermath of Combat in Vietnam*, Basic Books, Nueva York, 1984.

HERMAN, Judith L., *Die Narben der Gewalt*, Kindler, Múnich, 1993.

HERON, Woodburn.; BEXTON, William H.; HEBB, Donald O., «Cognitive Effects Of A Decreased Variation In The Sensory Environment», en: *American Psychologist*, 18, 1953.

HESS, Rudolf, *Der Stellvertreter des Führers*, Zeitgeschichte, Berlín, 1933.

HITLER, Adolf, *Mein Kampf*, Zentralverlag der NSDAP, Múnich, 1938.

HOFFMANN, Heinrich, *Hitler, wie ich ihn sah. Aufzeichnungen seines Leibfotografen*, Múnich, 1974 [trad. esp.: *Yo fui amigo de Hitler*, Noguer y Caralt Editores, Barcelona, 2003].

IBSEN, Henrik, *Peer Gynt. Ein dramatisches Gedicht*, Reclam, Stuttgart, 1982 [trad. esp.: *Peer Gynt. Hedda Gabler*, Hyspamerica Ediciones Argentina, Madrid, 1988].

IGNATIEFF, Michael, *The Warrior's Honor*, Chatto & Windus, Londres, 1998 [trad. esp.: *El honor del guerrero*, Taurus, Barcelona, 1999].

JÄGER, Herbert, *Verbrechen unter totalitärer Herrschaft*, Fráncfort del Meno, 1982.

JÄGER, Ludwig, *Seitenwechsler. Der Fall Schneider/Schwerte und die Diskretion der Germanistik*, Wilhelm Fink, Múnich, 1998.

JAMES, William, *Principles of Psychology (1905)*, Dover, Nueva York, 1950.

JETZINGER, Franz, *Hitlers Jugend*, Viena, 1956.

JOHNSON, Adelaide McF., «Some Etiological Aspects of Repression, Guilt, and Hostility», en: *Psychoanalytic Quarterly*, 220, 511, 1951.

KARASEK, Robert; THEORELL, Töres, *Healthy Work: Stress, Productivity, and the Reconstruction of Working Life*, Basic Books, Nueva York, 1999.

KELLEY, Douglas M., *Twenty-two Cells in Nuernberg: A Psychiatrist Examines the Nazi Criminals*, Nueva York, 1947.

KERSHAW, Ian, *Hitler 1889-1936*, Deutsche Verlags-Anstalt, Stuttgart, 1998 [trad. esp.: *Hitler, 1889-1936*, Península, Barcelona, 1999].

KLAUS, Marshall H.; KENNELL, John H.; PLUMB, Nancy; ZUEHLKE, Steven, «Human Maternal Behavior at First Contact with her Young», en: *Pediatrics*, 46, 187, 1970.

KLAUS, M. H.; KENNELL, John H., «Parent-to-Infant Attachment», en: *Maternal Infant Bonding*, Mosby, St. Louis, 1976.

KRAMER, Jane, «Letter from Germany», en: *New Yorker*, 19/12/1983.

KREBS, Albert, *Tendenzen und Gestalten der NSDAP*, Deutsche Verlags-Anstalt, Stuttgart, 1959.

KREN, Gertrude, «Comment on Binion», en: *History of Childhood Quarterly*, 2, 2, 1974.

KROCKOW, Christian Graf von, *Fahrten durch die Mark Brandenburg*, Deutsche Verlags-Anstalt, Stuttgart, 1991.

KUBIZEK, August, *Adolf Hitler, mein Jugendfreund*, Graz, 1953 [trad. esp.: *Hitler, mi amigo de juventud*, Nueva República, Molins de Rei, 2007].

KUHN, Annette; ROTHE, Valentine, *Frauen im deutschen Faschismus*, vol. 2, Schwann, Düsseldorf, 1982.

KÜTEMEYER, Wilhelm, *Die Krankheit Europas*, Suhrkamp, Fráncfort del Meno, 1982.

LA BOÉTIE, Etienne de, *Freiwillige Knechtschaft (1550)*, Klemm/ Oelschläger, 1991 [trad. esp.: *El discurso de la servidumbre voluntaria*, Tusquets, Barcelona, 1980].

LANGER, Walter C., *Oss Books*, National Archives, 1942-1943.

LANGER, Walter C., *The Mind of Adolf Hitler: The Secret Wartime Report*, Basic Books, Nueva York, 1972 [trad. esp.: *La mente de Hitler*, Grijalbo, Barcelona, 1974].

LEACOCK, Eleanor B., *Myths of Male Dominance*, Monthly Review Press, Nueva York, 1981.

LENIN, Vladímir Ilich Uliánov, *Der linke Radikalismus. Die Kinderkrankheit im Kommunismus (1920)*, Verlag Neuer Weg, Pequín, 1973 [trad. esp.: *La enfermedad infantil del «izquierdismo» en el comunismo*, Fundación Federico Engels, Madrid, 2015].

LEVI, Primo, *Ist das ein Mensch*, dtv, Múnich, 1992 [trad. esp.: *Si esto es un hombre*, El Aleph, Barcelona, 2002].

LEVY, David M., *Nazi and Anti-Nazi: Criteria of Differentiation in the Life History* (Informe para el Departamento de Inteligencia, Sección de Control de la Información, gobierno militar de Alemania, septiembre de 1945 (citado por Bertram Schaffner).

LILLA, Mark, «The Enemy of Liberalism», en: *New York Review of Books*, 15/05/1997.

LILLY, John C., «Mental Effects of Reduction of Ordinary Levels of Physical Stimuli on Intact, Healthy Persons», en: *Psychiatric Research Reports*, 5, 1956.

LORD, Francis A., *Civil War Collector's Encyclopedia*, Stackpole, Harrisburg, 1976.

LUCHENI, Luigi, *Ich bereue nichts. Die Aufzeichnungen des Sissi-Mörders*, Zsolnay, Viena, 1998.

LÜDECKE, Kurt, *I Knew Hitler*, Londres, 1938.

LUTHAR, Suniya; ZIGLER, Edward, «Vulnerability and Competence: A Review of Research on Resilience in Childhood», en: *American Journal of Orthopsychiatry*, 61, 1991.

MACCOBY, Michael, *Die neuen Chefs*, Rowohlt, Reinbek, 1979.

MACH, Ernst, *Die Analyse der Empfindungen*, Jena, 1922 [trad. esp.: *Análisis de las sensaciones*, Alta Fulla, Barcelona, 1987].

MACLEAN, Paul, «The Brain in Relation to Empathy and Medical Education», en: *Journal of Nervous and Mental Disease*, 144, 1967.

MALKKI, Liisa H., *Purity and Exile*, Chicago University Press, Chicago, 1995.

MANDELSTAM, Nadiezhda, *Hope against Hope*, Atheneum, Nueva York, 1970 [trad. esp.: *Contra toda esperanza: memorias*, Acantilado, Barcelona, 2013].

MANN, H., *Der Untertan (1918)*, dtv, Múnich, 1964 [trad. esp.: *El súbdito*, Edaf, Madrid, 2002].

MARSHALL, S. L. A., *Men against Fire*, Peter Smith, Gloucester, 1978.

MASER, Werner, *Adolf Hitler. Legende, Mythos, Wirklichkeit*, Bechtle, Múnich, 1971 [trad. esp.: *Hitler*, Acervo, Barcelona, 1995].

MEIER, Heinrich, *Die Lehre Carl Schmitts. Vier Kapitel zur Unterscheidung politischer Theologie und politischer Philosophie*, Metzler, Stuttgart, 1994.

MEYER, Kurt, *Geweint wird, wenn der Kopf ab ist*, Herder, Friburgo, 1998.

MIALE, Florence R.; SELZER, Michael, *The Nürnberg Mind: The Psychology of the Nazi Leaders*, Quadrangle, Nueva York, 1975.

MILGRAM, Stanley, «Behavioral Study of Obedience», en: *Journal of Abnormal Psychology*, 67, 1963.

MILGRAM, Stanley, *Obedience to Authority: An Experimental View*, Harper, Nueva York, 1975 [trad. esp.: *Obediencia a la autoridad: un punto de vista experimental*, Desclée de Brouwer, Bilbao, 1980].

MILLER, Alice, *Am Anfang war Erziehung*, Suhrkamp, Fráncfort del Meno, 1983.

MILLER, Andrew, *Die Gabe des Schmerzes*, Zsolnay, Viena, 1997 [trad. esp.: *El insensible*, Salamandra, Barcelona, 1997].

MILLER, Henry, *Rimbaud oder vom großen Aufstand*, Rowohlt, Reinbek, 1980 [trad. esp.: *El tiempo de los asesinos: un estudio sobre Rimbaud*, Alianza, Madrid, 2003].

MILLS, Charles W., *The Power Elite*, Oxford, Nueva York, 1956 [trad. esp.: *La élite del poder*, Fondo de Cultura Económica, México, 2013].

MITSCHERLICH, Alexander; MIELKE, Fred, *Das Diktat der Menschenverachtung*, Schneider, Heidelberg, 1947.

NAGEL, Wolfgang, «Ein Kind lebt für den Heldentod», *ZEIT-Magazin*, n.º 19, 03/05/1985.

NEUMANN, Erich, *Tiefenpsychologie und neue Ethik*, Fischer, Fráncfort del Meno, 1997 [trad. esp.: *Psicología profunda y nueva ética*, Alianza, Madrid, 2007].

NIEMELÄ, Pirkko, «Working through Ambivalent Feelings in Woman's Life Transition», en: *Acta Psychologica Femica*, 1980.

NIEMELÄ, Pirkko, «Idealized Motherhood and the Later Reality», 6º Congreso Internacional de Psicosomática, Obstetricia y Ginecología, septiembre de 1980. También en: Prill, H. J.; Stauber, M. (eds.): *Advances in Psychosomatics, Obstetrics & Gynecology*, Berlín, 1982 (1982a).

NIEMELÄ, Pirkko, «Overemphasis of Mother Role and Inflexibility of Roles», en: Gross, J.; d'Heurle, A. (eds.), *Sex Role Attitudes and Cultural Change*, Reidel, Dordrecht, 1982 (1982b).

NIEMELÄ, Pirkko, «Psychological Work after Abortion», en: Sanchez-Sosa, J. J. (ed.), *Health and Clinical Psychology*, North Holland, 1985.

NIEMELÄ, Pirkko, «Couple Intimacy and Parent Role Stereotypes», en: *Nordic Intimate Couples-Love, Children and Work*, Estocolmo, 1987.

NIEMELÄ, Pirkko, «Vicissitudes of Mother's Hate», en: *Aspects of Female Aggression*, Academic Press, 1992.

NIENSTEDT, Monika; WESTERMANN, Armin, *Pflegekinder. Psychologische Beiträge zur Sozialisation von Kindern in Ersatzfamilien*, Votum, Münster, 1999.

O'NEILL, Eugene, *Alle Reichtümer der Welt*, Fischer, Fráncfort del Meno, 1965 [trad. esp.: *Una espléndida mansión*, Teatres de la Generalitat Valenciana, Valencia, 2001].

O'NEILL, Eugene, *Trauer muß Elektra tragen*, Fischer, Fráncfort del Meno, 1997 [trad. esp.: *A Electra le sienta el luto*, Hyspamerica Edicions Argentina, Madrid, 1988].

PAPEN, Franz von, *Der Wahrheit eine Gasse*, Múnich, 1952.

PAYNE, Robert, *The Civil War in Spain*, Premier Books, Nueva York, 1962.

PUTNAM, Robert, «Bowling Alone», en: *Journal of Democracy*, 6, I, 1995, págs. 65-78.

RABAN, Jonathan, *Gott, der Mensch & Mrs. Thatcher*, Steidl, Gotinga, 1990.

RECK-MALLECZEWEN, Friedrich P., *Tagebuch eines Verzweifelten*, Fischer, Fráncfort del Meno, 1971.

REEMTSMA, Jan P., *Im Keller*, Hamburger Editions, Hamburgo, 1997 [trad. esp.: *En el zulo. Memorias de un secuestrado*, Salamandra, Barcelona, 1997].

REES, John R. (ed.), *The Case of Rudolf Heß*, Heinemann, Londres, 1947.

RHEINGOLD, Joseph C., *The Fear of Being a Woman*, Grune & Stratton, Nueva York, 1964.

RHEINGOLD, Joseph C., *The Mother, Anxiety, and Death*, Little, Brown & Co, Boston, 1967.

ROSE, G.; MARNOT, M., «Social Class and Coronary Heart Disease», en: *British Heart Journal*, 1981, págs. 13-19.

ROSENBAUM, Ron, *Explaining Hitler: The Search for the Origins of his Evil*, Random, Nueva York, 1998.

ROSKAM, Ann, *Patterns of Autonomy in High Achieving Adolescent Girls who Differ in Need for Approval*, The City University of New York, 1972.

RUMI, Yalal ad-Din Muhammad, *Das Meer des Herzens geht in tausend Wogen. Ghazales* (trad. Friedrich Rückert), Dagyeli, Fráncfort del Meno, 1988.

SACHSSE, Ulrich, *Selbstverletzendes Verhalten*, Vandenhoeck & Ruprecht, Gotinga, 1999.

SACKS, Oliver, «The President's Speech», *New York Review of Books*, 15/08/1985.

SAMPSON, Ronald, «The Will To Power», conferencia pronunciada en el congreso de la sección europea de la Asociación Internacional de Físicos para la Prevención de una Guerra Nuclear, Ascona, Suiza, septiembre de 1989, publicado con el título: «The Will to Power: From Reason of State to Reason of the Heart», en: *Studies in Nonviolence*, n° 17, Londres, 1990.

SAPORTA, Jose; VAN DER KOLK, Bessel, «The Biological Response to Psychic Trauma: Mechanism and Treatment of Intrusion and Numbing», *Anxiety Research*, 4, 1991.

SCHAEFFER, Fridtjor, «Pathologische Treue als pathogenetisches Prinzip bei schweren körperlichen Erkrankungen. Ein kasuistischer Beitrag zur Dermatomyositis», en: *Der Nervenarzt*, 32, 10, 1961.

SCHAFFNER, Bertram, *Fatherland: A Study of Authoritarism in the German Family*, Columbia University Press, Nueva York, 1948.

SCHELL, Jonathan, «The Pure and the Impure», *The Nation*, 1/2/1999.

SCHILDER, Paul; WECHSLER, David, «The Attitudes of Children toward Death», en: *Journal of Genetic Psychology*, 45, 406, 1934.

SCHIRRA, Bruno, «Die Erinnerung der Täter», *Der Spiegel*, n° 40, 28/09/1998.

SCHMITT, Carl, «Der Begriff des Politischen», en: *Archive für Sozialwissenschaft und Sozialpolitik*, vol. 58, 01/09/1927 [trad. esp.: *El concepto de lo político*, Alianza Editorial, 2014].

SCHNEIRLA, Theodore C., *Seminar*, New York University, 1950.

SHALIT, Ben, *The Psychology of Conflict and Combat*, Praeger, Nueva York, 1988.

SHANEEN, Eleanor; ALEXANDER, Doris; TRUSKOWSKY, Marie; BARBERO, Giulio. J., «Failure To Thrive», en: *Clinical Pediatrics*, 7, 255, 1968.

SMITH, Bradley F., «Comment», en: *History of Childhood Quarterly*, 1, 2, 1973.

SOYINKA, Wole, *The Man Died*, Harper, Nueva York, 1972 [trad. esp.: *El hombre ha muerto*, Alfaguara, Barcelona, 1987].

SPEER, Albert, *Erinnerungen*, Ullstein, Berlín, 1969 [trad. esp.: *Memorias*, Acantilado, Barcelona, 2011].

SPEER, Albert, *Spandauer Tagebücher*, Propyläen, Berlín, 1975 [trad. esp.: *Diario de Spandau*, Plaza & Janés, Barcelona, 1976].

STEIN, Barry, «The Refugee Experience», en: *Journal of Refugee Resettlement*, 1, 4, 1981, págs. 62-71.

STIERLIN, Helm, *Adolf Hitler. Familienperspektiven*, Suhrkamp, Fráncfort del Meno, 1976.

STORK, Jochen, «Zwischen Leben und Tod. Aus der Behandlung eines Säuglings. Ein Beitrag zum plötzlichen Kindstod». *Kinderanalyse* I, 1994, págs. 60-94.

SZEJER, Myriam, *Platz für Anne. Die Arbeit einer Psychoanalytikerin mit Neugeborenen*, Kunstmann, Múnich, 1998.

TOCQUEVILLE, Alexis de, *Der alte Staat und die Revolution (1865)*, dtv, Múnich, 1978 [trad. esp.: *El antiguo régimen y la revolución*, Alianza, Madrid, 2018].

TOLAND, John, *Adolf Hitler*, Lübbe, Bergisch-Gladbach, 1977 [trad. esp.: *Adolf Hitler: una biografía narrativa*, Ediciones B, Barcelona, 2009].

TOWNSEND, Peter; DAVISON, Nicolas (eds.), *The Black Report on Inequalitites in Health*, Pelican, Londres, 1982.

TURNER, Victor, *The Forest of Symbols: Aspects of Ndembu Ritual*, Cornell University Press, Ithaca, 1967 [trad. esp.: *La selva de los símbolos: aspectos del ritual ndembu*, Siglo XXI España, Tres Cantos, 2008].

ULSHÖFER, Helmut (ed.), *Liebesbriefe an Adolf Hitler – Briefe in den Tod*, Verlag für Akademische Schriften, Fráncfort del Meno, 1996.

WAGNER, Gottfried, *Wer nicht mit dem Wolf heult*, Kiepenheuer & Witsch, Colonia, 1997.

WAITE, Robert G. L., «Adolf Hitler's Guilt Feelings: A Problem of History and Psychology», en: *Journal of Interdisciplinary History*, 1, 1971.

WASSERMANN, Jakob, *Christian Wahnschaffe (1919)*, dtv, Múnich, 1990.

WEINBERG, Gerhard L. (ed.), *Hitlers Zweites Buch: Ein Dokument aus dem Jahr 1928*, Deutsche Verlags-Anstalt, Stuttgart, 1961.

WEIZSÄCKER, Viktor von, *Pathosophie*, Vandenhoeck & Ruprecht, Gotinga, 1956.

WERNER, Emmy E., «High Risk Children in Young Adulthood: A Longitudinal Study from Birth to 32 Years», en: *American Journal of Orthopsychiatry*, 59, 1989.

WIEDEMANN, Fritz, *Der Mann, der Feldherr werden wollte*, Velbert/Kettwig, 1964.

WINNICOTT, Donald W., «Some Thoughts on the Meaning of the Word Democracy», en: *Human Nature*, vol. III, 1950.

WINNICOTT, Donald W., «Birth Memories, Birth Trauma and Anxiety (1940)», en: *Collected Papers: Through Paediatrics to Psychoanalysis*, Basic Books, Nueva York, 1958.

WOLF, Stewart; BRUHN, John G., *The Power of Clan: The Influence of Human Relationships on Heart Disease*, Transaction, Nueva York, 1998.

WYATT-BROWN, Bertram, citado por Fox Butterfield en: *New York Times*, 27/07/1998.

ZIMBARDO, Philip; HANEY, Craig; BANKS, Curtis, «Interpersonal Dynamics In A Simulated Prison», en: *International Journal of Criminology and Penology*, 1983.